BIBLIOTHÈQUE
DES MERVEILLES

PUBLIÉE SOUS LA DIRECTION
DE M. ÉDOUARD CHARTON

LE TOIT DU MONDE

18978. — PARIS. IMPRIMERIE LAHURE

9, rue de Fleurus, 9

BIBLIOTHÈQUE DES MERVEILLES

LE
TOIT DU MONDE

(PAMIR)

PAR

GUILLAUME CAPUS

Docteur ès sciences
Chargé de missions scientifiques

OUVRAGE ILLUSTRÉ DE 51 GRAVURES SUR BOIS
ET D'UNE CARTE

PARIS

LIBRAIRIE HACHETTE ET Cie

79, BOULEVARD SAINT-GERMAIN, 79

1890

INTRODUCTION

En 1864, le voyageur hongrois Vambéry, se déguisant en derviche, profita d'une hardie et adroite supercherie pour visiter les pays de l'Asie centrale que les difficultés d'accès et le fanatisme des habitants avaient soustraits jusqu'alors en grande partie à l'exploration occidentale. Un voyage à Merv, à Samarcande, à Kokane, était à cette époque aussi difficile et périlleux qu'un voyage à Tombouctou. Moins de vingt-cinq ans plus tard, une visite au tombeau de Tamerlan à Samarcande est devenue une excursion de *globe-trotter*. Seize jours de voyage, par l'Orient-Express, le Caucase, la Caspienne, la Tourkménie et le Boukhara, séparent la gare de l'Est à Paris de celle de Samarcande, et il viendra sous peu le temps où l'on délivrera des billets aller et retour. Là, comme ailleurs, le progrès se répand avec un mouvement accéléré s'alimentant de ses propres forces accumulées. Les explorateurs, puis les conquérants sont allés livrer bataille à l'inconnu, à l'ignorance, au fanatisme; puis le chemin de fer, artère vivifiante et veine à la fois d'un corps renaissant à la vie moderne, est venu parfaire la conquête pacifique de l'Asie centrale. Le sifflet de la locomotive du général Annenkoff doit troubler singulièrement la prière du moullah de Boukhara et réveiller l'esprit des populations, engourdi par des siècles d'arrêt dans le développement intellectuel.

L'Asie centrale est donc ouverte au progrès. Par un effet même du progrès, ce sont les descendants de ces Aryens, anciens habitants de l'antique plaine de l'Oxus — d'après les linguistes, — qui sont appelés à l'œuvre de régénération des races qui, après eux, sont venues occuper le sol de leurs ancêtres.

Ces nouveaux facteurs du progrès, porte-drapeaux de la civilisation occidentale, sont venus du nord, à travers les steppes et les déserts qui séparent le Turkestan de la Sibérie et de l'Oural, et si l'on veut jeter un regard sur la carte de l'Asie, on s'apercevra qu'il a dû en être ainsi. C'est en effet par la voie du nord, par la dépression aralo-caspienne, plaine immense où aucune élévation notable de terrain n'arrête le cavalier, que l'accès au cœur de l'Asie est le plus facile, les obstacles à la marche de fortes masses d'hommes et de bêtes de somme, les moindres à une certaine époque de l'année, et la distance aux premiers centres de la civilisation européenne, la plus courte.

Plus que nulle part dans cette partie du monde on peut constater l'influence prépondérante de la configuration géographique sur la localisation des États et des civilisations. Si, par la pensée, on se transporte au sommet de ce relief gigantesque qu'on appelle aujourd'hui le Pamir, et que le regard tourne autour de l'horizon que l'esprit seul peut apercevoir, il trouvera cet horizon divisé en trois parties dont chacune appartient à une civilisation différente, à une religion adéquate, à des mœurs répondant aux milieux différents dans lesquels vivent les races diverses qui peuplent les secteurs de cette calotte de sphère terrestre dont l'observateur occupe le sommet.

Au sud, dans les chaudes moiteurs des plaines de l'Hindoustan, il verra la civilisation de l'Inde, fille de l'antique Brahmanisme, védaïque, théosophique, classant les hommes selon leur origine et non selon leurs œuvres : en parias et en brahmanes, en guerriers et en travailleurs de la terre. La terre, riche et généreuse assez pour donner à tous, est exploitée au profit du petit nombre et ne reçoit pas dans son sein tous ceux qui meurent pour ne pas avoir eu assez. A ses pieds, l'observateur du Pamir verra des hommes blancs ; puis, plus au sud, la peau brunit, et au fur et à mesure qu'il s'avancera dans les plaines du Punjab vers le Bengale et le Dekkan, les hommes deviendront de plus en plus noirs ainsi que les animaux domestiques : car ainsi le veut l'influence du milieu.

A l'est, séparée de la civilisation de l'Inde par les plus hautes murailles de la terre, triple rempart de montagnes, s'étend la terre chinoise, domaine de Bouddha et de la loi de Confucius. Tout y est différent, depuis le climat jusqu'aux mœurs et aux institutions sociales et politiques. Le patriarchat règle la vie des familles; la passivité, sous la forme conservatrice, et la force d'inertie opposée au progrès du dehors, se manifestent dans toutes les classes de la population, et la terre, fertile aussi, nourrit jusqu'à 87 habitants par kilomètre carré. La femme y est féconde comme la terre et ses fils sont jaunes comme le limon fertile.

A l'ouest, occupant le plus grand segment du pourtour du Pamir, nous voyons le monde musulman, séparé de la Chine par la longue traînée des monts Célestes et de l'Altaï, et du monde indien par les monts Hindou-Kouch. Moins antique que la foi brahmanique et celle du Bouddha, l'islam a poussé des racines profondes et étendues nourries du sang des peuplades vaincues par les conquérants religieux.

Le dogme intolérant de Mohammed, le fanatisme sanguinaire et une doctrine plus matérialiste y tiennent subjuguées des populations participant, par leur origine, de l'Inde et de la Chine. C'est là que l'islam s'est épanoui avec le plus de vigueur et jusque dans les derniers temps Bokhara-i-chériff, Bokhara la ville sainte, est demeurée le refuge du fanatisme musulman pendant que Roum, c'est-à-dire Constantinople, a subi depuis longtemps l'influence du tolérantisme occidental.

Ainsi l'observateur, placé au sommet du « Toit du monde », voit à ses pieds trois mondes différents et, du haut de son observatoire, peut entendre la rumeur des vagues humaines qui s'agitent dans la plaine, courent après le bonheur et le repos sous le souffle de leurs croyances diverses et viennent expirer au pied d'une barrière commune : le Pamir.

Brahma, Bouddha et Allah se sont partagé l'horizon qu'on découvre du « Toit du monde ».

De tout temps le Pamir a servi de barrière aux conquérants, aux migrations des peuples, aux religions, aux marchands, aux voyageurs. Alexandre le Grand, Timour, Baber, Nadir-Chah ont contourné le massif par le Caboulistane et l'Afghanistane pour conquérir l'Inde. Les marchands ont cherché et trouvé des routes moins difficiles quoique plus longues, et Marco Polo n'a pas eu d'imitateurs lorsque la grande route du Iaxartes au pays de la soie fut découverte.

Les fleuves qui guident le plus souvent les grandes masses d'hommes en mouvement ont vite refusé leur aide à ceux qui veulent pénétrer dans le massif monta-gneux. L'Indus, quoique roulant déjà une masse d'eau formidable au sortir de la montagne (fig. 1), coule plus haut dans des vallées étroites et tortueuses, ne laissant pas d'espace suffisant pour le pied de l'homme et les animaux d'une caravane nombreuse. Au reste il ne mènerait pas sur le Pamir proprement dit et les affluents de la rivière Caboul, tributaire de l'Indus, sont d'un accès encore plus difficile.

De même l'Amou-darja se fraye un passage à travers

des vallées non moins étroites, quoique plus droites, et force le piéton à marcher sur la pente des montagnes, dans des sentiers qui n'ont souvent que la largeur de son pied.

Le Tarym, sans doute un fleuve considérable autrefois, se traîne aujourd'hui paresseusement dans les sables du Gobi et finit par se perdre dans les marais du Lob-Nor, sans atteindre le cœur de la Chine auquel il était destiné.

De sorte qu'aucun des trois fleuves que le Pamir envoie de ses flancs comme des artères vivifiantes, du côté des trois centres principaux des civilisations asiatiques, n'a pu établir une communication entre eux par le Pamir et que leur unité, préservée par la configuration orographique et les conditions de milieu, n'a pas été altérée par le système des grands fleuves.

Battu tour à tour par le flot montant des invasions et des conquêtes, le Pamir, borne naturelle et forteresse bien défendue par la nature, n'a jamais été pris d'assaut par le conquérant ou l'envahisseur. Il n'en aurait pas été ainsi sans doute, si la possession de cette forteresse naturelle avait été très avantageuse. Deux causes, en effet, rendent cette possession, même de nos jours, illusoire et infructueuse : la première, c'est la facilité relative des autres voies de communication du Turkestan à l'Inde et en Kachgarie et de la Kachgarie à l'Inde ; la seconde, l'habitabilité précaire du Pamir pendant la majeure partie de l'année.

Les passes du Karakoroum, quoique fort élevées et difficiles — elles montent jusqu'à 18 000 pieds — sont aujourd'hui connues et ont laissé passer des expéditions nombreuses, entre autres celle de sir Douglas Forsyth avec des milliers de bêtes de somme. Elles sont ouvertes aux caravanes pendant toute l'année. Le Terek-davan, qui met en communication le Turkestan russe avec la Kachgarie chinoise, est parfaitement accessible, même en hiver, et la passe de Bamiane ainsi que la route de Kandahar et d'Hérat à la Tourkménie n'opposent pas d'obstacle sérieux à la marche pacifique de grandes caravanes commerciales.

Ce n'est pas dire que l'accès du Pamir n'existe que par les trois routes fluviales de l'Indus, de l'Amou et du Tarym; il y a au contraire beaucoup d'autres chemins qui mènent sur le Pamir, mais tous présentent des difficultés telles que ni le grand commerce international, ni les expéditions offensives n'en tireront profit comme d'un *high road*, pour mettre en mouvement des forces considérables d'hommes et de bêtes de somme.

Pour celui qu'intéresse la géographie de cette partie de l'Asie, nous citerons les routes suivantes, donnant accès au Pamir : du côté de l'Inde, la route du pays de Hounza ou Kandjout, menant au Pamir Taghdoum-bach; la route du Iassine et du Tchitral à la passe de Baroghil et, de là, dans la vallée du Wakhâne-darja, qui prend son origine sur le petit Pamir. De l'ouest : la vallée du Wakhâne-darja par le Badakchâne, la route peu connue du Rochane et du Chougnane; celle de la rivière Sour-khâb ou Kizil-sou, donnant accès à l'Alaï par le Kara-téghine, l'ancien pays des Commèdes. La Kachgarie communique avec le Pamir principalement par la route de Tachkourgane et la passe de Chindana et, plus au nord, par la vallée d'Irkechtam et la passe de Taou-mou-roune à l'Alaï ou par le Markhâne-sou au Pamir proprement dit. Enfin, le Ferghanah (Turkestan russe) donne accès à l'Alaï par différentes passes, les plus faciles de toutes en été, puisque l'une d'elles, la passe du Taldyk, a livré passage à l'expédition militaire de Skobeleff.

Tous les ans, les Kirghizes de l'Alaï s'en vont avec femmes, enfants et troupeaux nomadiser dans les hautes vallées en passant par les défilés et par les cols de la chaîne de l'Alaï et de celle du Trans-Alaï pour revenir dans leurs campements d'hiver, par le même chemin, dès que les pâturages sont épuisés et que l'hiver pré-coce les force au retour. Je connais encore quelques intrépides chasseurs du corps des officiers du Turkestan qui mettent à profit leur congé pour aller, avec leurs compagnes non moins intrépides, courir le gros gibier, le plus beau du monde : l'*Ovis Poli*, le grand cerf maral, le mouflon, l'ours, etc., sur l'Alaï et le Pamir. L'accès du «Toit du monde » est évidemment beaucoup plus aisé, en été, du côté septentrional que du côté méridional, mais le passage est aussi laborieux de l'un que de l'autre. Quelques routes de caravanes relient la Kachgarie avec le bassin de l'Oxus ou Amou par le Pamir : l'une d'elles passe par le Karatéghine et l'Alaï, l'autre remonte, du Badakchane, le Wakhàne-darja ou Pandj, traverse le petit Pamir ou bien le grand Pamir en prenant plus au nord, pour atteindre, par Tachkourgano, la plaine de Yarkand.

Mais tous ces déplacements se font en été, c'est-à-dire pendant quatre mois de l'année, quand les bêtes de somme trouvent ces bons pâturages dont parle Marco Polo lorsqu'il dit qu' « une maigre jument y deviendroit bien grasse en dix jours »; quand les tempêtes de neige ne durent pas jusqu'à menacer d'engloutir les caravanes et que la couche de neige tombée n'empêche pas d'avancer.

En hiver, au contraire, c'est-à-dire pendant sept à huit mois de l'année, quand les froids font geler le mercure du thermomètre et que les vents violents balayent les vallées en accumulant les neiges dans les passages, les hommes se retirent, ceux qui le peuvent, dans les vallées basses, à des altitudes moins élevées, les autres dans quelques places moins exposées aux tourmentes, derrière les anfractuosités des rochers, moins heureux que les grandes marmottes du Pamir qu'un long sommeil sous terre soustrait aux rigueurs de la température et aux affres de la faim.

On pourrait croire que durant ce long engourdissement de la nature, la vie animale est suspendue et que ses représentants, ainsi que l'homme, doivent être chassés vers des régions plus hospitalières ou, sous la terre, comme les plantes, les marmottes et les serpents.

Il n'en est rien et la faune du Pamir en hiver est encore
très variée, eu égard à l'abaissement considérable de la
température et au manque apparent de nourriture.
Alorst l'*Ovis Poli*, la Chèvre sauvage, descendent des
hauteurs où ils se tiennent en été, dans les vallées
de 12 000 à 15 000 pieds, avec le Loup, l'Ours, le
Renard et la Panthère, les uns chassant les autres, et
souvent aux sifflements aigus de la tempête se mêle le
râle du gigantesque Mouton sauvage expirant sous la
dent du fauve.

Des oiseaux de marais et de proie, des passereaux, trouvant leur nourriture je ne sais où, hantent
certaines régions du Pamir même en hiver et, sur le
Rang-Koul, les lièvres gris des steppes se jouent entre
leurs halots toujours libres.

L'habitation du « Toit du monde » est rendue difficile
non seulement par les influences climatologiques, mais
encore par les effets de l'altitude sur l'organisme.
Cette altitude est en moyenne, dans les vallées,
de 12 500 pieds au-dessus du niveau de la mer et la
raréfaction de l'air y produit sur l'homme, même
robuste, les effets plus ou moins funestes du « mal de
montagne[1] ».

Il est vrai que l'organisme semble s'y adapter dans
une certaine mesure et à la longue, mais toujours est-il
que le coefficient des mouvements musculaires et des

---

1. Voir G. Capus. *Effets de l'altitude sur les hauts plateaux du
Pamir.* — *Revue scientifique*, N° 25, 1888.

efforts est considérablement augmenté et que la déperdition des forces et l'épuisement rapides imposent à l'activité des limites très étroites.

Il n'est donc pas étonnant que, jusque dans les derniers temps, la possession bien établie des terres du Pamir ait importé assez peu aux États puissants asiatiques, dont les frontières couraient, indécises, à son pied. Ce n'est que dans les dernières années, lorsque les progrès rapides des armes russes en Asie centrale eurent atteint l'Alaï, puis reculé la frontière de l'immense empire du Tzar blanc sur le Pamir même, que leurs voisins, Chinois et Afghans, ceux-ci alliés des Anglais, pensèrent à mieux revendiquer la possession des parties attenantes du Pamir où les frontières respectives ne sont indiquées que par le droit qu'ont les Kirghizes d'exploiter les pâturages.

Ces Kirghizes eux-mêmes, divisés en quatre tribus, ne savent pas au juste à qui ils appartiennent de droit, car ils ne s'appartiennent pas à eux-mêmes. De fait les Chinois les revendiquent comme leurs sujets actuellement, excepté ceux qui nomadisent sur l'Alaï et dans les limites du territoire russe, depuis 1878. Autrefois tous les Kirghizes du Pamir étaient sujets du Khàn de Kokàne, ce qui était d'autant plus naturel que l'immigration du Pamir s'est faite de ce côté. Ils guerroyèrent même avec lui contre les tribus montagnardes de l'ouest, les Karatéghinois et les Chougnis, lorsque, à l'avènement de Jakoub-beg au trône de Kachgar, ils abandonnèrent leur ancien souverain pour se ranger sous les drapeaux du nouveau prince qui leur promit protection et honneurs.

Mais lorsque, après la mort de Jakoub-beg, les Chinois eurent repris Kachgar, ceux-ci arguèrent de la présence des Kirghizes sous les drapeaux de Jakoub et sur les terres kachgariennes pour les déclarer sujets chinois à l'encontre des réclamations des Kirghizes, qui invoquaient leur qualité de sujets de Kokàne et de mercenaires temporaires de Jakoub.

La question en est là. Peut-être, dit M. Ivanoff, sera-t-elle résolue avec la question de la délimitation de la frontière chinoise, mais il est difficile de dire quand.

Pour nous qui avons vu les habitants du Pamir de près, il est évident qu'ils n'aiment pas les Chinois, qu'ils en ont peur, qu'ils préféreront celui qui leur demandera le moins d'impôt possible et les protégera des incursions de brigandage de leurs voisins, les Kanjoutis et les Chougnis. Ils n'ont plus à en souffrir comme autrefois, depuis que le gouvernement fort de Jakoub a pacifié le Pamir; mais auparavant, ils étaient continuellement sur pied de guerre et, brigands eux-mêmes, redoutaient surtout les Kanjoutis, plus forts et plus brigands qu'eux, car il volaient aussi les hommes et les femmes pour en faire des esclaves.

Quant aux petites principautés qui bordent le Pamir à l'ouest : le Wakhâne, le Chougnane et le Rochane, elles n'ont jamais eu des velléités de conquête ou des prétentions politiques considérables. Toute leur action s'est bornée à se quereller entre eux pour le compte des visées personnelles de leurs princes, ou à défendre leur indépendance contre les empiétements des gouverneurs du Badakchâne et de l'émir de Caboul. Leurs princes se disent descendants d'Alexandre le Grand. Ils sont presque tous apparentés par les femmes, et l'amitié des chefs entraîne naturellement celle des sujets, de sorte que les Chinois vivant en bonne intelligence avec les Kanjoutis et ceux-ci avec les Wakhis, les Kirghizes du Pamir ne sont plus molestés comme ils l'étaient naguère. Le Wakhâne a longtemps été une dépendance du Badakchâne sous un prince indigène, Mir Fet-Ali-Chah. En 1865, ce prince aida Jakoub-beg avec un contingent wakhi à la prise de Kachgar. En 1883 les Afghans, après avoir pris le Badakchâne, s'emparèrent également du Wakhâne et du Chougnane et mirent des gouverneurs afghans à la place des chefs indigènes en fuite: Les Afghans, rapaces et exigeants, étaient cordialement détestés. Tel était l'état des choses quand nous visitâmes le Wakhâne. Depuis l'état politique a changé de nouveau : les princes indigènes ont reconquis le pouvoir et chassé les Afghans en même temps que Ichak-Khân, gouverneur de Mazar-i-Cheriff et parent de l'émir de Caboul, tentait, par un coup de main, de se tailler un État indépendant dans les possessions de son maître. Il a échoué. L'unité afghane n'en est pas moins très précaire et il a fallu l'intervention de la politique européenne pour mettre à même l'émir Abdourrahman de se maintenir sur un trône de plus en plus chancelant[1].

C'est également l'intervention de cette politique occidentale qui réserve peut-être au Pamir un rôle plus important que celui qu'il a joué jusqu'ici.

Mais laissons de côté ces questions politiques que nous n'avons effleurées que pour compléter l'esquisse de notre sujet. Nous avons voulu, dans ce petit volume, appeler l'attention du lecteur sur un des points les plus curieux de la terre. « La région du Pamir, dit M. Paquier, son savant et scrupuleux monographe, s'impose aujourd'hui à l'attention de tous : des savants et des hommes d'État, des industriels et des commerçants. Il n'est pas, sur la surface du globe, de pays plus intéressant à étudier pour l'historien et le géographe. »

Nous sommes de son avis.

Mais pour rendre l'étude du Pamir fructueuse, après que les explorateurs en ont accusé les grands traits, il faudrait, dès à présent, donner à l'exploration une autre forme que celle d'un voyage plus ou moins rapide à travers les différentes parties du grand massif montagneux. L'exploration « extensive » doit céder le pas à l'exploration « intensive », quitte à remplacer les grands explorateurs par des voyageurs forts. Il en est de même de beaucoup d'autres contrées intéressantes du globe. On

---

1. D'après les dernières nouvelles du mois de juin 1889, les Afghans se seraient de nouveau emparés du Chougnane, du Wakhâne et du Badakchâne, d'où les souverains indigènes se seraient enfuis.

en viendra peut-être un jour ou l'autre à la réalisation de l'idée des « laboratoires volants ». Pour le Pamir en particulier, il faudrait quelqu'un, homme dévoué à la science, qui veuille bien, comme le général de Nansouty au pic du Midi, passer une année entière en compagnie de ses instruments sur le « Toit du monde » pour y récolter une ample moisson de faits, d'observations et de collections.

Il ne me déplairait pas d'être ce quelqu'un.

G. CAPUS.

Juin 1889.

LE TOIT DU MONDE

I

LE PAMIR DES ANCIENS.
LE VOYAGE DE HIOUEN-THSANG AU SEPTIÈME SIÈCLE

Le Toit du monde vu de la planète Mars. — Hauteur relative des rugosités de l'écorce terrestre. — Mysticisme des anciens. La montagne, siège de la divinité. — Leurs connaissances du Pamir. — Maës Titianus et Ptolémée. La route de la Sérique. — Routes commerciales de l'Asie centrale au moyen âge. — Le Pamir au moyen âge. — Pèlerins chrétiens et pèlerins bouddhiques. — Voyage de Hiouen-Thsang de 628-643. P. C. — Le « maître de la loi » à la recherche de la loi du Bouddha. — Les aventures dans le désert et dans la montagne. — Traversée du Po-mi-lo (Pamir) et des monts Tsong-ling. — Vie de Hiouen-Thsang. Sa mort, et les honneurs rendus à sa mémoire.

Supposons, cher lecteur, qu'un habitant de la planète Mars ait des yeux comme nous, un télescope puissant et la curiosité nécessaire pour braquer ce télescope sur le globe rouge que nous appelons la Terre. Il verrait dans le quart sud-ouest de l'Asie, dans l'Asie centrale qui n'est pas au centre de l'Asie, une tache fortement ombrée aux bords, d'où partent dans différentes directions des lignes noires que son intelligence, peut-être, lui fera prendre pour l'ombre de chaînes de montagnes et que la comparaison avec des ombres moins fortes lui fera considérer comme des montagnes très-élevées. Cet habitant de Mars aura dans ce cas sur nous le très grand avantage de ne pas s'exposer à se tromper et d'avoir vu le Pamir de face, avec les chaînes de montagnes qui en partent et s'y adossent ainsi que de gigantesques contreforts d'un énorme pilier. Vu de la sorte, le Pamir aura sensiblement la forme d'un quadrilatère avec des bords très accusés à l'est et l'ouest et muni de prolongements aux angles. Ces prolongements sont : au sud-ouest la chaîne de l'Hindou-Kouch, au sud-est les trois chaînes de l'Himalaya, du Karakoroum et du Kouen-Loun, aux angles nord-ouest et nord-est, la chaîne des monts Célestes ou Thiàn-chân. (Fig 1.)

Ayant ainsi reconnu l'élévation relativement considérable de ces montagnes et vu tout aux alentours et dans l'entre-bàillement des chaînes : des dépressions, des surfaces planes, le tout au milieu d'un continent, il donnera peut-être au Pamir le nom d' « ombilic de la terre » ; au steppe des Kirghizes le nom de « mer de la Sérénité », au plateau du Tibet celui de la « mer de la Béatitude » sans savoir qu'il y a des lamas et des bonzes qui mènent dans leurs lamaseries une vie contemplative heureuse ; au désert des Turcomans, le nom de *mare Tranquillitatis* sans se douter que la contrée mérite son nom seulement depuis la conquête des Russes. Il appellera la Kachgarie et le désert de Gobi « marais du Sommeil » et « mer de la Fécondité » ; le plateau de Candahar « mer des Crises » et « golfe de la Rosée », l'Inde.

Cependant ce fortuné astronome « martial » ne saura
sans doute pas reconnaître dans ce fouillis d'ombres,
dans ce dédale de lignes secondaires s'entrecroisant, la
hauteur relative des dépressions, la nature du plateau
de l'Afghanistan et du Tibet, ni, par contre, la faible
élévation au-dessus du niveau de la mer de la plaine
aralo-caspienne et du bassin du Gobi. Quant au Pamir

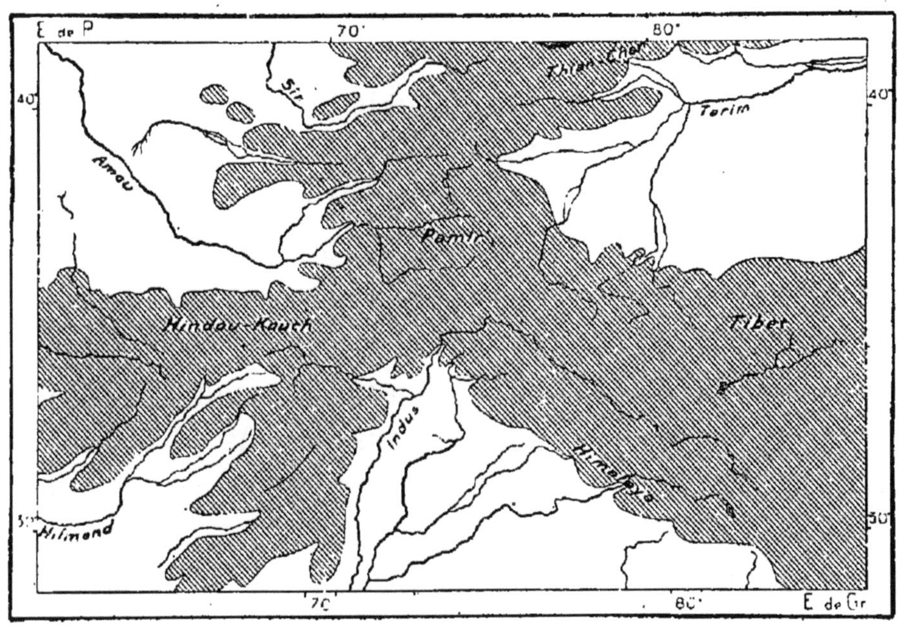

Fig. 1. — Montagnes et plaines de l'Asie centrale.

même, à la partie d'abord uniformément teintée de l'intérieur du quadrilatère, il finira par y voir des rayures
en grand nombre dirigées principalement du nord-est
au sud-ouest, et ne reconnaîtra pas en lui un plateau,
mais bien une surface sillonnée par de nombreuses
chaînes s'anastomosant quelquefois, plus souvent laissant entre elles de longues vallées légèrement courbes
qui vont s'ouvrir, la plupart à l'ouest et au sud-ouest,

dans une plaine que nous appelons la Bactriane et que
parcourt un grand fleuve, l'Oxus. Il y a huit cents ans,
les habitants civilisés de l'Europe n'en savaient pas
beaucoup plus sur le Pamir que l'habitant de Mars
avant d'y avoir braqué son télescope, et depuis une
vingtaine d'années à peine, nous avons appris que le
« Toit du monde » n'est pas un plateau. Il était réservé
au Vénitien Marco Polo de rapporter à l'Europe, incrédule d'abord, étonnée ensuite, les premiers renseignements positifs sur l'Asie centrale et le Pamir. Le fruit des
voyages du Vénitien, voyages qui avaient duré vingt-
cinq ans (1270-1295), fut un livre intitulé *il Millione*,
qu'un certain Amalio Bonaguisi, se gardant bien d'a-
jouter foi « à des choses incroyables, pas tant mensonges
que miracles », copia *per passare tempo et malinconia*, pour tuer le temps et l'ennui, comme il a soin
d'ajouter de sa propre main! Nous dirons plus loin
l'œuvre de Marco Polo, du plus grand des voyageurs
sur le continent.

Aujourd'hui que le « Toit du monde » a été escaladé
et parcouru en beaucoup de sens par des voyageurs
modernes munis de tous les instruments que la science
positive des faits à enregistrer met à la disposition du
travailleur, nous connaissons mieux la superficie, la
structure, le climat, les habitants et la hauteur des
Pamirs. Ce n'est plus le séjour éthéré des dieux et des
génies de Zoroastre quand il dit :

*« J'invoque, je célèbre la montagne, dépositaire de
l'intelligence donnée de Mazda, brillante de pureté,
et de toutes les montagnes brillantes, de pureté, parfaitement brillantes données de Mazda ;*

« *J'invoque, je célèbre le haut, le divin sommet;
source des eaux et l'eau donnée par Mazda.* »

Et ce génie souverain du sommet et de la montagne
est Bordj, ized des *femmes*. Or le sommet est la source
des eaux et l'eau est la nature des femmes. C'est le grand
principe fécondant de la nature et la montagne qui la
renferme est appelée le génie des femmes[1].

C'est sans doute cette allégorie mystique de Zoroastre
qui a fait dire au voyageur moderne Potagos que : « Le
Pamir doit être la région qui sépare l'humanité en deux
espèces. La femme exprime ce changement d'une façon
caractéristique; c'est la première qui attire l'attention
du voyageur. Pour caractériser les mœurs, les habitudes
et la physionomie des races, la femme peut être comparée au rôle des arbres qui caractérisent le climat, ou,
pour mieux dire, la femme détermine à chaque endroit
l'humanité, comme le sol détermine le climat, parce
qu'elle possède sur des points différents, comme la
terre, un type et un mode particuliers. Si nous considé-
rons l'orthographe des mots comme étant arrivée bien
des siècles après l'expression de la parole, nous ver-
rons que les Grecs ont appelé la femme *gunè*, du nom
de la terre, comme étant semblable à celle-ci, l'homme
anèr comme semblable, par son action fécondante, à
l'eau, avec cette restriction que ni l'eau ni l'homme
ne présentent sur toute la surface du globe une très
grande différence comme celle que présente le sol.
Ainsi chez les peuples autochtones, la femme, parais-
sant plutôt née de la terre, a reçu le nom de celle-ci;

1. *Yaçna du Zend-Avesta*, Voir L. A. Martin. *Histoire des civilisations primitives*, p. 320.

Orphée, Eschyle et Aristote appellent la terre « mère de tout[1].... »

Le Pamir n'est plus le séjour de Mithra, « qui occupe les sommets aux pics dorés d'où il fertilise les terres incultes et peuple les déserts (Zend-Avesta) », pas plus que le Parnasse asiatique, séjour d'un autre Apollon et de Muses célébrant Alexandre Zoulcarneïn. Les Grecs en effet ne connaissaient en Asie que des chaînes isolées dont l'une, l'Hindou-Kouch actuel, portait le nom de *Paropamisos*. Or, comme le dit M. Paquier dans une savante monographie du Pamir, il est possible que le Paropamisos ait été altéré dans sa prononciation pour devenir le *Parnassos* et regardé comme la plus grande masse montagneuse de l'Orient, c'est-à-dire le massif pamirien.

Depuis que les mortels, dévorés par le feu que Prométhée vola au ciel, roulent le rocher de Sisyphe et de la science sur les plus hautes montagnes de la terre, les dieux abandonnent leur trône. Homme de cinq pieds six pouces escaladant le faîte du monde « où le ciel repose sur la terre »,

Sublimi feriam sidera vertice.

(HORACE.)

Ils ne montent pourtant pas bien haut, ces fils téméraires de Deucalion ou de Noé, dont un seul a pu arriver jusqu'alors au sommet de l'Ararat. En supposant même que du fond de la fosse des Kourilen, c'est-à-dire de la profondeur la plus grande de l'océan Pacifique du nord, l'homme puisse arriver au sommet du pic

1. POTAGOS. *Dix années de voyage dans l'Asie centrale et l'Afrique équatoriale*, t. I, p. 77

Fig. 2. — Le Gaurisankar. (D'après Schlagintweit.)

Gaurisankar (fig. 2) c'est-à-dire que de 8 513 mètres au-dessous du niveau de la mer, il s'élève à 8 840 mètres au-dessus, soit en tout à 17 kilomètres 353 mètres du point de l'écorce terrestre le plus rapproché du centre, il aurait, par rapport au rayon de la terre, escaladé une montagne beaucoup moins élevée qu'une rugosité d'écorce d'orange !

Aussi, le lecteur aura sans doute, comme moi, éprouvé un sentiment bien vif de curieuse admiration à la lecture première de *Micromégas* : comment, en effet, ne pas être transporté d'admiration pour le génie du philosophe et du conteur incomparable, et de curiosité pour le monde dans lequel il nous transporte et qu'il nous fait voir de haut ! Nous élevant par la pensée et l'imagination à la hauteur de ce géant que les plus hauts pics de nos montagnes ne chatouillent pas à la plante du pied, il nous donne à la fois conscience de notre grandeur et de notre petitesse. L'aventure d'un certain Hans Pfaal, précurseur du héros de Jules Verne, et successeur de celui de Cyrano de Bergerac, est bien l'expression du défi que l'imagination porte à la physiologie de nos organes, à l'imperfection de nos appareils. M. Gaston Tissandier et ses deux malheureux compagnons de voyage du *Zénith*, Crocé-Spinelli et Sivel, M. Graham, à l'ascension des pics de l'Himalaya, ont tenté de soutenir ce défi jusqu'à la plus grande altitude que l'homme ait atteinte jusqu'à nos jours.

Ce n'est pourtant pas tant l'élévation exagérée du « Toit du monde » qui l'a soustrait pendant si long-temps à la connaissance de ses voisins, en le préservant de leur visite, que l'inhospitalité de son climat, les difficultés de son accès et la déviation des routes commerciales reliant, dans un intérêt mercantile, les peuples de l'Est et de l'Ouest. Il est vrai que les premiers documents positifs sur le Pamir nous sont fournis par l'itinéraire d'un marchand macédonien, Maës Titianus, où Marin de Tyr et Ptolémée puisèrent les éléments de leurs récits et de leurs indications de route aujourd'hui si difficiles à identifier. Or il est probable, comme le font remarquer Gosselin et M. Paquier, que les marchands de l'antiquité gardaient avec un intérêt jaloux, sinon le secret, du moins la dissimulation de leurs routes commerciales dans une entreprise où l'absence de concurrence leur assurait de gros bénéfices. Ils s'efforçaient de cacher la source de leur fortune en exagérant ou travestissant les périls, l'accès, les distances pour suivre, sans imitateurs, la vraie route qui y conduisait.

Et pas n'est besoin de remonter jusqu'aux anciens pour trouver des faits de ce genre. Dans les derniers temps encore, les Chinois de la frontière kachgarienne pratiquaient ces falsifications géographiques avec beaucoup d'aplomb. Le gouvernement chinois permettait la publication de renseignements sur des routes d'intérêt commercial ou politique, quand elles n'ont aucune importance, tandis que les vraies routes étaient tenues secrètes surtout depuis la conquête de Kachgar par les Chinois, en 1758. Ritter suppose même une falsification intentionnée par ordre du gouvernement, supposition qui s'est confirmée depuis. C'est d'après un itinéraire ainsi falsifié de propos délibéré que fut composé un voyage apocryphe célèbre, attribué à un certain Georg Ludwig von***. Les Chinois ont de la sorte fait un secret d'État de la connaissance de leur frontière du Pamir et falsifié un peu partout les itinéraires qui le traversent. Sseverzoff, à qui j'emprunte ces notes d'un manuscrit non encore paru, ajoute que cette frontière secrète rappelle quelque peu la ruse légendaire de l'autruche cachant sa tête pour ne point être vue.

La route suivie par Maës Titianus pour, de Bactres (Balkh), gagner la Sérique, le pays de la soie, route décrite par Marin de Tyr avec des indications de positions géographiques, passait à travers la Sogdiane pour s'engager entre les montagnes de la vallée des Comèdes, *vallis Comedarum*. Ensuite, par le pays des Saces, on arrivait à un endroit appelé « Tour de pierre », *Turris lapidea*. Franchissant ensuite les monts *Imaüs*, elle traversait à l'est la station des marchands, *Statio mercatorum*, pour atteindre, par la plaine déserte de la Scythie, la *Sera metropolis.*

L'interprétation du texte de Ptolémée a soulevé de nombreuses et savantes discussions sur ce point important de géographie historique, discussions auxquelles ont pris part Klaproth, Humboldt, Fedchenko, Yule, Paquier, et Ssevertzoff. Ce dernier explorateur a l'avantage d'avoir *vu* et étudié le pays sur place. S'il est d'accord pour rejeter, avec les commentateurs modernes, l'hypothèse d'un itinéraire par la vallée du Iaxartes ou Syr-Darja, en taxant d'inexactes les positions géographiques de Marin de Tyr; s'il fait passer l'itinéraire de Maës par le bassin de l'Oxus, son opinion diffère cependant de celle de ses prédécesseurs. Comme il le fait remarquer avec justesse, la route la plus facile de Bactres en Sérique a dû, de tout temps, passer par les localités du Hissar, du Karatéghine actuel, de l'Alaï et de Kachgar : c'est donc là que passait aussi la route de Maës Titianus, indiquée par Ptolémée. La vallée des Comèdes, pour lui, est la vallée du Karatéghine de nos jours, la « Tour de pierre » se trouvait dans la gorge d'Irkechtam, à l'extrémité orientale de la large vallée de l'Alaï, et la « station des Marchands » se place tout naturellement près de Kachgar, sinon sur l'emplacement même de cette ville, dont cette ancienne *Statio mercatorum* fut peut-être l'origine. Ce serait à peu près une partie de la route suivie en 1420 par l'ambassade de Roukh et, il y a dix ans, par l'explorateur russe Ochanine.

Cependant, lorsque au moyen âge l'invasion des hordes mogoles, sous Gengis-Khân Koragâne et ses descendants jusqu'à Timour le Boiteux, se fut abattue comme une trombe humaine sur les riches oasis de la Sogdiane et de la Batriane; quand, inondées par le flot des conquérants, les vallées de l'Ili, du Naryn et du Syr-Darja eurent trahi la faiblesse de leurs montagnes à les préserver de l'invasion et les brèches qui donnaient plus facilement accès aux pays des Sères (Chinois), l'antique route de Ptolémée fut abandonnée et tomba presque dans l'oubli. Ambassadeurs allant porter les hommages et les projets d'alliance aux Khâns puissants de Karakoroum, devenue nouvelle *Sera metropolis*; pères jésuites, apôtres de la foi du Christ, marchands trafiquant des richesses de l'Empire du Milieu, s'acheminèrent par la route nouvelle du Iaxartes et du Thiân-chân en suivant l'empreinte des pas des envahisseurs mogols et les vestiges des ruines qu'ils avaient laissées derrière eux.

Bien avant que les missionnaires chrétiens n'abordassent le Pamir, les pèlerins bouddhistes, poussés par le zèle religieux et une foi intrépide, l'avaient parcouru et l'on peut dire, exploré. « Il y aurait, dit M. Paquier, un intéressant parallèle à établir entre ces pieux mission-

naires de la loi de Fao qui, du troisième au quatrième
siècle, parcoururent toute l'Asie, de l'ancien Cathay à
l'île de Ceylan, et les missionnaires chrétiens du
onzième et du douzième siècle. Les uns et les autres
n'ont pas été seulement des religieux zélés qu'animait
la foi; c'étaient aussi d'intrépides voyageurs auxquels

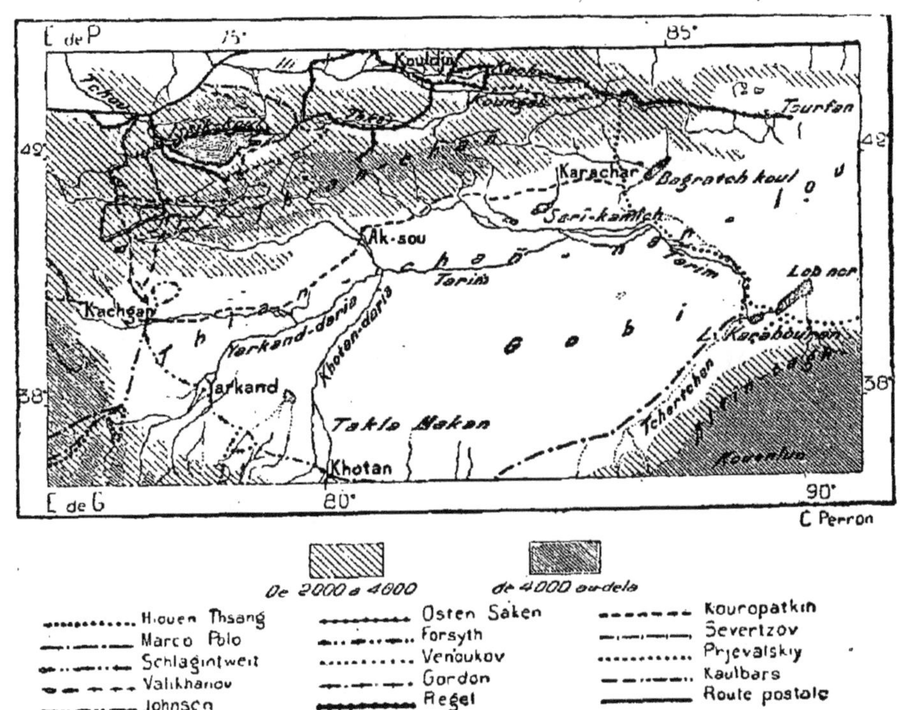

Fig. 3. — Itinéraires dans le Thian-Chan et la Kachgarie.

la science géographique doit une reconnaissance du-
rable. »

Parmi ces héros de la foi du Bouddha, il convient d'en
citer deux: Song-Yuen, qui voyageait en 518, et Hiouen-
Thsang, qui le suivit un siècle plus tard, en 628. Le premier nous laissa des écrits fragmentaires de moindre
importance; Hiouen-Thsang au contraire, dans une
« relation qui subsistera comme un monument impéris-

sablé », a laissé à la postérité reconnaissante les *Si-yu-Ki*, ou *Mémoires sur les contrées occidentales*, où il décrit cent trente-huit royaumes. Cent dix en ont été visités par l'illustre pèlerin et les vingt-huit autres sont parvenus à sa connaissance par les chroniques locales ou les récits des indigènes au milieu desquels il se trouvait. Il était réservé à un sinologue célèbre, à Stanislas Julien, de nous donner la traduction de l'édition impériale chinoise de Hiouen-Thsang qu'il eut le bonheur d'obtenir, en 1843, d'un missionnaire lazariste voyageant dans l'intérieur de la Chine.

Durant quinze ans, de 628 à 643, le conférencier bouddhiste, le prédicateur chinois, parcourut les pays de l'Asie centrale, l'Inde, le Pamir, le Turkestan (fig. 3); ses pérégrinations courageuses sont, en Chine, de notoriété publique, et son nom est, encore de nos jours, entouré d'une telle vénération que nous devons, ne serait-ce qu'en quelques lignes, évoquer la grande figure du *maître de la loi*, et savoir l'homme avant de connaître le voyageur[1].

Au moment de la naissance du Maître de la loi, sa mère avait rêvé qu'il partait pour l'Occident, vêtu d'une robe blanche.

« Mon fils, lui dit-elle, où voulez-vous aller?

— Je pars, lui avait-il répondu, pour aller chercher la *Loi*. »

Ce fut là le premier présage de ses excursions lointaines. Son nom de famille était *Tchin*, son nom d'enfance, *Hiouen-Thsang.* Dès son enfance, il était grave

---

1. D'après l'*Histoire de la vie de Hiouen-Thsang* etc., traduite du chinois par Stanislas Julien, 1853.

comme une personne qui porte une tablette de jade, et montrait une intelligence extraordinaire. A l'âge de huit ans, un jour que son père, assis près de son banc, lui lisait le livre de la piété filiale et était arrivé à l'endroit où Tseng-tseu quitte la natte (se lève devant Confucius), il arrangea le devant de son vêtement et se leva. Son père lui en ayant demandé la cause, il répondit :

« Quand Tseng-Tseu eut entendu les instructions du Maître, il *quitta la natte*. Aujourd'hui que Hiouen-Thsang reçoit vos leçons bienveillantes, comment pourrait-il rester tranquillement assis? »

Les membres de sa famille félicitèrent le père en disant : « Il fera la gloire de votre maison ». Bientôt après il acquit l'intelligence des livres canoniques; il aimait l'antiquité et estimait les sages. Si un livre n'était pas d'une pureté sévère, il ne le regardait pas; il ne fréquentait que les hommes notoirement vertueux. On ne le voyait ni se mêler aux enfants de son âge ni aller à la porte du marché. Lors même que les cloches et les tambours retentissaient sur la place publique, et que les jeunes gens et les jeunes filles s'y réunissaient en foule pour assister à une multitude de jeux accompagnés de chants, il ne sortait jamais de la maison. De bonne heure, il sut s'acquitter avec zèle et respect des devoirs de la piété filiale. Et quand, très jeune encore, l'examinateur religieux lui demanda dans quel but il voulait entrer en religion :

« Mon unique vœu, dit-il, est de propager au loin la loi brillante que nous a léguée le Bouddha. »

A treize ans il commença à fonder sa brillante renommée, et déjà il montait au fauteuil pour exposer aux yeux des religieux émerveillés, à son tour, les principes de ses maîtres avec autant de précision que de clarté..

Il se fixa ensuite avec son frère dans un couvent. On reconnut vite en lui le maître qui devait faire briller de nouveau le *soleil de l'intelligence* et on le comparait à un coursier qui fait mille li en un jour. Voyant le désaccord qui régnait dans les opinions des hommes éminents, ses précepteurs, il fit serment de voyager dans les contrées de l'ouest, pour interroger les sages sur les points qui jetaient le trouble dans son esprit.

A vingt-six ans, il se mit en route. Alors commencèrent pour lui une série de tribulations et de dangers auxquels il échappait chaque fois par l'influence mystérieuse et presque divine que le pieux pèlerin exerce sur les hommes, les bêtes et les choses. On lui dit que les routes de l'Occident sont mauvaises et dangereuses ; tantôt on est arrêté par un fleuve de sable, tantôt par des démons et des vents brûlants. Lorsqu'on les rencontre, il n'est personne qui puisse leur échapper. Souvent des caravanes nombreuses s'y égarent et périssent. Mais Hiouen-Thsang répond que c'est dans l'unique but de chercher la sublime *Loi* que le pauvre religieux s'élance avec ardeur vers les contrées de l'Occident.

« Si je n'arrive point, dit-il, au royaume des Brahmanes, de ma vie je ne retournerai dans l'Orient (en Chine). Quand je devrais mourir au milieu de ma route, je n'éprouverai nul regret. »

A ceux qui veulent l'arrêter il dit : « Quand on devrait me couper par morceaux ou me réduire en poussière, je ne me laisserai jamais emmener ; j'en fais

Fig. 4. — Paysage dans le désert de Gobi.

ici le serment. » Au roi qui veut le retenir, il répond .
« Le roi ne pourra retenir que mon corps, il n'a aucun
pouvoir sur mon esprit et ma volonté. »

C'est ainsi que, protégé miraculeusement contre les
dangers de la nature, désarmant les brigands par l'ardeur
de sa foi et voyant les rois se prosterner à ses pieds,
entouré partout d'une auréole de sainteté, Hiouen-
Thsang traverse la contrée de Hami (fig. 4) la chaîne du
Thiân-chàn occidental, la Bactriane et se dirige par la
passe de Bamiane sur l'Inde. Il visite les régions du
Gange, atteint presque Madras, et, après avoir visité
tous les temples bouddhiques de sa route, prêché et
édifié les disciples de Faó (fig. 5) il remonte par le Caboulistane, passe l'Hindou-Kouch, franchit les montagnes
glacées du Tsong-ling ou Pamir, pour rentrer en Chine
par la Kachgarie.

Après sa rentrée, l'empereur daigne lui-même écrire
une préface à ses livres, en s'excusant « d'avoir désho-
noré les feuillets d'or du voyageur, en semant du gravier et des débris de tuiles dans la forêt de perles »,
c'est-à-dire en joignant à ses traductions précieuses des
livres bouddhistes une introduction d'un style commun
et négligé.

Quand il mourut, saint, comme il avait vécu, l'empereur ordonna que ses funérailles fussent faites aux
frais de l'État. On coucha son corps dans un cercueil
d'or et d'argent, on disposa des parasols en soie unie,
des bannières, des étendards et des arbres *so-lo* au
milieu des rues que le cortège devait parcourir. Cependant, suivant sa volonté suprême, le cercueil du maître
de la loi était porté sur une litière formée de nattes
grossières. Sur le lieu de la sépulture on fit une im-

mense distribution d'aumônes, et la foule, versant des larmes et suffoquée de douleur, se dispersa en silence.

Quoique le biographe chinois ait donné à tous les faits de la vie d'Hiouen-Thsang cette teinte mystique qui convient si bien au caractère du grand pèlerin, nous sommes frappés quelquefois par la peinture vraie et large des tableaux de la nature que le voyageur fait passer sous nos yeux. Il se défend lui même de « ciseler et de fleurir » son récit.

Voici, pour en revenir au premier descripteur du Toit du monde et après lui avoir payé notre tribut d'admiration, comment il décrit le *Po-milo*, le Pamir :

« La vallée de Po-mi-lo a environ 1.000 li[1] de l'est à l'ouest et 100 li du sud au nord ; dans les parties les plus resserrées, elle n'a pas plus de 10 li. Elle est située entre deux montagnes neigeuses ; c'est pourquoi il y règne un froid glacial et des vents impétueux. Au printemps et en été, la neige vole en épais tourbillons, et des bourrasques de vent se font sentir jour et nuit. Le sol est imprégné de sel et rempli de petites pierres. Les grains et les fruits y viennent difficilement, les plantes et les arbres sont rares et clairsemés. Aussi ne trouve-t-on que des lieux solitaires et sauvages, qui n'offrent nul vestige d'habitations. »

« Au milieu de la vallée de Pamir, il y a un grand lac de dragons qui a 300 li de l'est à l'ouest et 100 li du sud au nord. Il est situé au milieu des grands monts *Tsong-ling*. Le sol de cette région est extrêmement élevé ; les eaux du lac sont limpides et claires comme

---

1. Le *li* = 1800 *tchi* = 0^{km}. 5755. La valeur du *li*, ou lieue de Chine, varie selon les provinces.

un miroir; personne n'en a pu sonder la profondeur.

Fig. 5. — Bonzes en prière.

Elles ont une apparence de noir bleuâtre; leur saveur est
douce et agréable. Au fond de ses eaux habitent des

chiens de mer, des serpents, des dragons, des tortues et des crocodiles ; à sa surface on voit nager des canards, des oies sauvages, des grues, des paons et autres oiseaux qui déposent leurs œufs tantôt dans un désert sauvage, tantôt dans une plaine marécageuse, et quelquefois sur des îles formées de sable.... Au sud de la vallée de Po-mi-lo, après avoir franchi une montagne, on rencontre le royaume de *Po-lo-lo (Bolor)* qui produit en quantité de l'argent et de l'or qui est rouge comme le feu. »

En sortant du milieu de la vallée par la route du sud-est, Hiouen-Thsang ne rencontra ni villages, ni habitants. Il gravit des montagnes, traversa des lieux remplis de précipices et encombrés de glaces et de neiges. Tout ce pays n'offre qu'une triste solitude où l'on ne trouve nuls vestiges humains.

Mais, de même que l'itinéraire si mal défini de Maës le Macédonien a exercé la sagacité et l'érudition des meilleurs géographes des temps modernes, de même la route exacte suivie par le pèlerin bouddhiste, pendant sa traversée du Pamir, est restée un sujet d'hypothèses et de calculs auxquels seules les explorations modernes ont apporté quelques lumières. Nous n'entrerons pas dans ces discussions de détail ; il nous suffira d'avoir mis en relief la grande figure de Hiouen-Thsang et de l'avoir signalé comme le premier voyageur nous donnant une description exacte de la configuration du sol du Pamir, à une époque où le bouddhisme, troisième religion de l'État chinois, avait pris de profondes racines dans l'empire du Milieu, couvert les pays aux alentours du Pamir de couvents et de monuments bouddhiques, mais où, au bord de la mer Rouge, l'apôtre de l'Islam fondait une nouvelle croyance qui, bientôt, devait envahir l'Asie centrale et, pareille à une marée montante, gagner les gorges du Pamir et déborder autour du « Toit du monde ».

II

LES AVENTURES DE MARCO POLO AU TREIZIEME SIÈCLE.

Conquête de l'Asie centrale par les musulmans. — Puissance de l'empire mongol au treizième siècle. La cour de Koublaï-Kaâne. Voyage de Plan Carpin et de Guillaume de Rubruquis. — Marco Polo, l'Hérodote du moyen âge. — Un glossateur sceptique du grand voyageur. — Les biographes de Marco Polo : Ramusio et Rusticien de Pise. — Premier voyage en Asie de Nicolo et de Maffeo Polo en 1260. — Second voyage en 1271 ; ils emmènent le jeune Marco. Leur traversée du Pamir. Réception à la cour de Koublaï-Kaâne et son attachement pour le jeune et intelligent Vénitien. — Retour des voyageurs par les mers de l'Inde en compagnie de Kokaïchine, fiancée du roi de Perse. — Arrivée à Venise et incrédulité de leurs compatriotes. — Stratagèmes qu'ils emploient pour se faire reconnaître. Anecdotes sur le grand voyageur. La fin de sa vie. — Description du Pamir par Marco Polo. Exactitude de ses observations. — Les historiographes modernes.

De tout temps les flancs du Pamir avaient été battus par les flots de l'invasion. Pareil à un môle gigantesque, il opposait sa masse granitique aux assauts des peuples, des religions, des idées. Et les peuples, les religions, les idées en firent le tour comme l'écume qui lèche un îlot en courant sur le bord. Abandonnés par la mer qui se retire, dans la plaine fertile ou dans la gorge âpre et difficile, déplaçant et poussant les uns les autres, les peuples se sont succédé dans des heurts continuels, dans une lutte constante pour la possession de la terre ou la possession des âmes.

Au huitième siècle, mille ans après qu'Alexandre le Grand eût ensemencé les plaines de l'Oxus de la civilisation grecque, après qu'ensuite les rois gréco-bactriens eurent cédé leur pouvoir aux Huns du Nord. que l'antique religion de Zoroastre eut fait une large place au bouddhisme, les Arabes vinrent à leur tour planter l'étendard du prophète, étendard vert et couronné du croissant et du *toug*, au pied du Pamir. Fidèles aux paroles du prophète, ils apportèrent le Koran au bout d'un sabre et, contrairement aux doux disciples du Bouddha, imposèrent la religion nouvelle par l'autorité des armes. Presque toutes les peuplades cédèrent à la foi ainsi manifestée : les temples bouddhiques tombèrent en ruines, les feux sacrés s'éteignirent sur les autels et le Pamir fit dès lors fondre ses neiges pour les abblution journalières des vrais croyants.

Au commencement du treizième siècle Djinguiz-Kaáne fonda l'empire mogol qui bientôt, sous son petit-fils Koublaï, fils de Touli, devait arriver à l'apogée de sa splendeur et de sa force. A cette époque, dit Yule, le savant géographe anglais, la puissance des Mogols était telle « qu'un chien ne pouvait pour ainsi dire aboyer en Asie et dans l'Europe occidentale, sans leur permission ».

Koublaï, grand par la puissance, la renommée et le caractère, après avoir succédé heureusement à son frère Mangkou, transporta le siège de l'empire de la « cité » célèbre à Karakoroum, au bord septentrional du désert de Mongolie et devint par cela plutôt empereur chinois que Kaáne mogol.

Les missionnaires Plan Carpin et Guillaume de Rubruquis, l'un en 1246, l'autre en 1253, avaient pénétré jusqu'au royaume du potentat mogol et rapporté en Eu-

rope la nouvelle de l'existence, aux bords de Cathay
(Chine) ou du pays des Sères, d'une grande contrée
peuplée et civilisée. Guillaume de Rubruquis avait été
envoyé en ambassade à la cour tatare par saint Louis.
Il avait suivi la route la plus fréquentée à cette
époque, c'est-à-dire celle du bassin du Iaxartes qui
laisse le Pamir au sud pour franchir le Thiâne-châne
à peu près à l'endroit où Hiouen-Thsang l'avait franchi
huit cents ans auparavant. Le livre qu'il nous laissa est
rempli d'observations exactes, de détails nombreux et
de peintures vives et animées; mais il n'a jamais atteint
à la célébrité de celui que nous laisse le plus grand
voyageur par terre du moyen âge et on peut dire,
des voyageurs modernes, je veux parler du livre de
Marco Polo.

Hérodote du moyen âge et plus que Hérodote, Marco
Polo fut le premier Européen qui porta l'écho de la
civilisation occidentale par-dessus « le Toit du monde »
aux oreilles du Grand Koublaï, barbare intelligent qui
fut pénétré d'admiration et se prit d'amitié pour cet
homme étranger à sa race, à sa religion, mais, comme
lui, avide de savoir et de faire de grandes choses. Polo
fut le premier voyageur traçant une route à travers
toute la largeur du continent asiatique, nommant et
décrivant l'un après l'autre tous les royaumes qu'il vit
de ses yeux.

Aujourd'hui que les explorateurs modernes ont
marché sur ses pas, étudié les contrées lointaines
qu'il nous décrit, nous admirons plus que jamais les
merveilles de son voyage, merveilles tantôt de courage
et tantôt de patience, de force et d'habileté, de sincé-
rité dans les récits et de simplicité dans le style. Le nom

de cet homme extraordinaire brille d'un éclat nouveau à la lumière de la science géographique moderne, après que sa réputation d'historien véridique eut été attaqué de son vivant et sa mémoire livrée aux doutes et aux calomnies même de quelques ignorants de la postérité ingrate. Et pour ne citer ici qu'un exemple, nous traduisons la glose qu'un certain Amalio Bonaguisi, podestat de Ciarreto Guidi, écrivit en 1392, de sa propre main, à la fin d'une copie du livre de Marco Polo. Il avoue avoir fait la copie *per passare tempo e malinconia*, pour passer le temps et l'ennui :

« Ici finit le livre de Messer M. P. de Venise, écrit de ma propre main, à moi Amalio Bonaguisi, étant podestat de Cierreto Guidi, pour tuer le temps et l'ennui. Le contenu me semble des choses incroyables, pas tant mensonges que miracles ; et il se peut que tout soit très vrai ce qu'il raconte, mais je n'y crois pas ; quoique assurément et par le monde beaucoup de choses différentes soient trouvées dans différentes contrées. Mais ces choses, ainsi me sembla-t-il en copiant, sont assez amusantes, mais pas de nature à être crues ou qu'on puisse y ajouter foi ; cela, finalement, est mon opinion. »

L'incrédule et sceptique Bonaguisi vécut un siècle après l'illustre Vénitien et c'est là son excuse, mais que dire de ce grave savant allemand qui publia au commencement de notre siècle un livre sérieux où il finit par déclarer que toute l'histoire de Marc Paul est « une grossière imposture ! »

Le premier biographe de l'illustre Vénitien fut, au seizième siècle, son compatriote Ramusio. Il recueillit pieusement tous les souvenirs sur les faits et gestes du grand voyageur, d'après des copies de son ouvrage écrit deux cents ans auparavant. Il admirait Polo au point de mettre sa gloire au dessus de la gloire de Christophe-Colomb.

De nos temps, les savants ont érigé à la mémoire de Marco Polo, des monuments qui dureront aussi long-temps que « ceci tuera cela ». Ces monuments d'éru-dition et de conscience sont : *le livre de Marco Polo*, publié en 1865 par M. Pauthier dans le texte original en vieux français, et *The book of Marco Polo the Venetian* du colonel Yule.

L'histoire des grands hommes est faite souvent de petits faits qui engendrent de grandes choses. Souvent, le hasard de la destinée aide les qualités de leur caractère pour les pousser dans la voie où ils reluisent d'un pur éclat et acquièrent gloire et immortalité. L'homme n'attend pas toujours les événements, mais les événements font plus souvent l'homme. Celui-qui, dans la tourmente de l'océan humain, sait profiter de la première vague propice pour se faire porter au pied du phare est plus heureux que l'intrépide nageur qui s'épuise à percer les vagues et en vue du soleil. Cependant l'or brille au fond de l'eau et le bouchon est terne même à la surface.

C'est ainsi qu'après six cents ans d'oubli presque dans les eaux croupissantes de l'exploration du Pamir, le nom du premier voyageur européen brille comme un phare sur le « Toit du monde. » Son histoire mérite au frontispice les premiers vers de l'Odyssée d'Homère.

Marco Polo naquit en 1254 de la famille noble des

1. Yule. *The book of Marco Polo*, t. I, p. 112. 1885.

Ca'Polo, *sages et noble citaiens de Venece*, dit Rusticien de Pise[1]. Il eut un frère, Maffeo, qui ne voyagea pas.
Son père, Nicolo, et son oncle, Maffeo, firent, en 1260,
un premier voyage aux bords du Volga, à Boukhara,
puis à la cour du Grand Kaáne Koublaï aux bords du
Cathay. Koublaï n'avait jamais vu d'Européen auparavant. Il fut joyeux de la visite des deux Vénitiens,
écouta avec grand intérêt leurs récits du monde latin
et fut si désireux d'entrer en relations avec les peuples
de l'Occident qu'il les renvoya comme ambassadeurs au
pape avec un officier de sa cour. Il leur remit des
lettres pour le pape, alors Clément IV, le priant de lui
envoyer un corps nombreux de missionnaires afin de
prêcher le christianisme chez ses peuples. Il espérait
sans doute que la doctrine chrétienne amènerait
l'adoucissement des mœurs et que l'église orthodoxe
d'occident réussirait mieux dans cette tâche que l'église
nestorienne dont il y avait des représentants jusqu'en
Chine par une chaîne de sièges épiscopaux tendue de
Constantinople jusqu'en Chine, et mieux aussi que le
bouddhisme dont il craignait sans doute l'immobilité
extatique incompatible avec le progrès d'un état
politique qui veut se perfectionner. Les deux frères
arrivèrent à Saint-Jean d'Acre au mois d'avril 1269 et
trouvèrent l'Église sans chef élu, car Clément IV était
mort et on ne lui avait point donné de successeur. Ils
se rendirent à Venise où Nicolo trouva sa femme dans
la tombe et son fils Marco vivant de sa quinzième année.
Quand, après deux années d'attente, l'interrègne papal

---

1. Nous esquissons la biographie de Marco Polo d'après les documents
anciens du livre de M. Yule et d'après le livre même.

menaçait de durer, nos ambassadeurs se souvenant de
la promesse faite au grand Kaäne, ne voulurent point
lui fausser parole et repartirent pour l'Orient. Ils emme-
nèrent le jeune Marco. En route, ils furent rejoints par
des messagers leur annonçant l'élection du pape Gré-
goire X, un de leurs amis qu'ils avaient connu à Acre
sous le nom de Tedaldo Visconti. Cependant, au lieu de
nombreux missionnaires, le pape leur envoya deux
dominicains qui perdirent courage dès le début du
voyage et retournèrent sur leurs pas.

Ils partirent donc seuls, en novembre 1271, d'Acre,
se dirigeant sur la Mésopotamie et le golfe Persique;
mais, obligés d'abandonner la route de mer, ils prirent
par le Kirman et le Khoraçan, Balkh et le Badakchane
pour s'engager dans les gorges sauvages du haut Oxus
et traverser le Pamir (fig. 6). Du Pamir, ils descendirent
dans la plaine de Kachgar, Yarkand, Khotane, prirent la
direction du Lob Nor, grand lac du désert de Gobi, et
arrivèrent par le pays de Tangout, après trois ans
et demi de voyage, à Karpingfou, résidence d'été du
grand Kaáne.

Koublaï les reçut avec joie et protégea le jeune
Marco, le « jeonne bacheler » qui s'appliqua incontinent
à l'étude des langues et des principaux caractères écrits
des nombreuses nations faisant partie de l'empire. Son
habileté et sa discrétion lui assurèrent bientôt la faveur
et la confiance de Koublaï qui l'employa au service
public. L'empereur le choisit de préférence comme
ambassadeur dans les pays lointains, parce que Marco
Polo ne manqua jamais de noter partout ce qui
pouvait intéresser Koublaï. Car le grand Kaáne ne
cachait pas l'ennui et le dégoût que lui inspirait le

récit stupide que ses envoyés indigènes lui faisaient de toutes sortes de futilités, tandis qu'il prenait grand plaisir à écouter le récit des particularités, la peinture des mœurs et des merveilles des contrées inconnues. C'est ainsi que Marco Polo visita les pays à la frontière du Yunnan, la Cochinchine et l'Inde. Pendant trois ans, il fut même gouverneur de la ville de Yangchau. Koublaï, pour reconnaître son intelligence et son dévouement, lui aurait conféré quelque vice-royauté de l'empire. Et comme les hommes intelligents et les princes éclairés agissent, dans tous les pays et à toutes les époques, de la même façon, nous voyons, cinq siècles et demi plus tard, le maharadjah de Lahore, Runjet Singh, offrir, à peu près dans les mêmes circonstances, la vice-royauté de Cachemire à Jacquemont.

Cependant, au fur et à mesure qu'ils prolongeaient leur séjour, nos Vénitiens voyaient l'image de la patrie grandir dans leurs souvenirs et les attirer. Koublaï Kaáne avait appris à les apprécier, surtout le jeune Marco, et ne voulut point consentir à leur départ.

Ils commencèrent à se fatiguer de l'attente et peut-être aussi de l'immobilité si antipathique aux voyageurs de race, lorsqu'un événement lointain leur rendit l'espoir et bientôt la liberté.

Arghoun Kaáne, roi de Perse et parent de Koublaï, perdit sa femme et, voulant se marier avec une princesse de sa nation, envoya des ambassadeurs lui chercher une fiancée à la cour du Grand Kaáne. Le choix tomba sur Kokaïchine, jeune fille de dix-sept printemps « moult bele dame et avenant ». Les Tatares n'étant pas navigateurs expérimentés et le voyage de la princesse mogole devant se faire par mer, les ambassadeurs

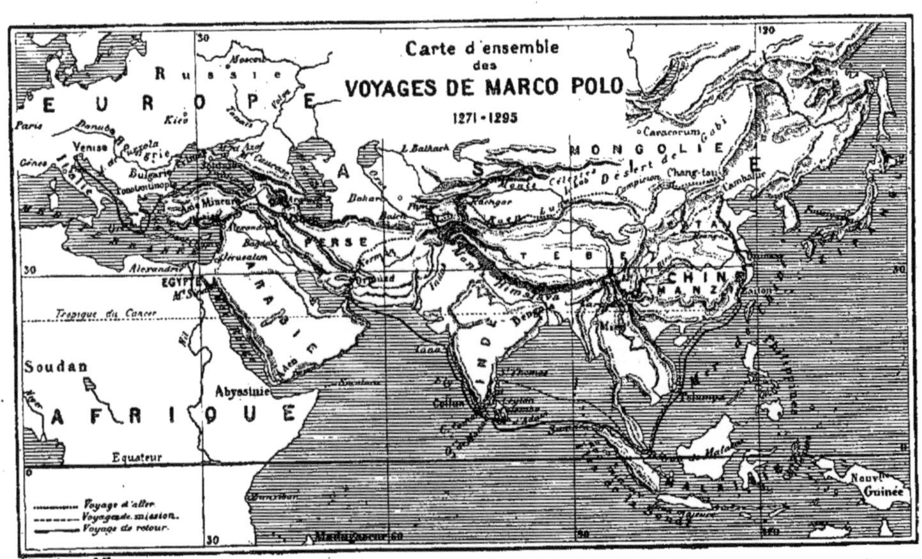

Fig. 6. — Itinéraires des Polo en Asie.

prièrent Koublaï de leur adjoindre les trois Faranghis. Koublaï ne consentit qu'à contre-cœur ; cependant il organisa le voyage avec toutes les pompes royales, et chargea les Vénitiens de compliments pour les princes d'Europe.

A peine Marco Polo était-il revenu d'une dernière mission lointaine qu'ils partirent. Ils mirent à la voile en 1292 d'un port de Chine ; mais, retenus longtemps et souvent sur les côtes de Sumatra et de l'Inde, ils mirent deux ans avant d'aborder sur les côtes de Perse. Les trois Vénitiens et la princesse Kokaïchine demeuraient en bonne santé ; trois membres de l'ambassade et beaucoup de gens de leur suite étaient morts en route. Arghoun Kaáne aussi avait quitté la terre, avant même leur départ de Chine, et ce fut Ghazane, fils de son frère et successeur Kaïkhatou, qui épousa la fiancée de son oncle. La princesse gagna au change, car son mari avait les hautes qualités du guerrier et, s'il était laid de figure, il avait l'âme belle et l'intelligence haute. Kokaïchine pleura le départ des nobles Vénitiens.

Ils s'arrêtèrent longtemps à Tabriz et rentrèrent à Venise en 1295, après une absence de vingt-cinq ans.

Une si longue absence avait presque effacé leur souvenir dans la pensée de leurs compatriotes. Au retour, dit Ramusio, ils éprouvèrent le sort d'Ulysse qui, après vingt ans de voyages et d'absence, ne fut reconnu par personne.

On les avait crus morts depuis longtemps, car longtemps le bruit en avait couru. Les fatigues, les anxiétés et les souffrances de ce long voyage avaient altéré leurs traits ; leur physionomie était devenue celle des Tatares et ils avaient presque oublié leur langue maternelle.

Leurs habits, de coupe tatare étaient usés, râpés. C'est ainsi qu'ils se présentèrent à leur palais de Saint-Jean Chrysostome, connu plus tard sous le nom de *Corte del Millioni* ou « cour des Millions. » Leurs gens, leurs parents les reçurent comme des étrangers, ne pouvant croire que c'étaient eux les trois gentilshommes de la famille des Ca'Polo qu'ils croyaient morts depuis tant d'années. Afin de se faire reconnaître, ils employèrent un statagème qui, du coup, devait leur rendre, avec la certitude dans l'esprit de leurs parents, la considération et l'estime de toute la cité. A cet effet, ils invitèrent à leur maison un certain nombre de membres de leurs familles et leur offrirent un divertissement qu'ils prirent soin de rendre splendide et éclatant. Quand l'heure de se mettre à table fut arrivée, ils sortirent de leur chambre, tous les trois habillés de longues robes de satin cramoisi telles qu'on les portait alors à l'intérieur de la maison. Et quand on eut servi l'eau d'ablutions et que les convives furent assis, ils changèrent ce costume pour revêtir des robes de damas cramoisi et les premières furent décousues et partagées entre les domestiques. Ensuite, après avoir goûté de quelques plats, ils sortirent et revinrent habillés de robes de velours cramoisi et les premières furent de nouveau réparties entre les domestiques. Quand le dîner fut fini, ils en firent de même des robes de velours et s'habillèrent du costume ordinaire à la mode de l'époque. Ces procédés causèrent une grande surprise mêlée de curiosité aux convives. Quand les domestiques, emportant leurs cadeaux, eurent quitté la salle du festin, Messer Marco, comme le plus jeune des trois, se leva de table pour aller chercher les trois costumes usés et râpés, en toile grossière, qu'ils

avaient portés à leur arrivée. Avec des couteaux tran-
chants, il décousirent la doublure pour en sortir des
bijoux du plus haut prix : rubis, saphirs, escarboucles,
diamants et émeraudes, cousus dans les habits avec
tant d'artifice que personne ne pouvait en soupçonner
la présence. Car, à leur départ de chez le Grand Kaáne,
ils avaient changé toutes leurs richesses contre ces
joyaux, bien convaincus qu'ils étaient de l'impossibilité
de transporter sur eux une si grande quantité d'or par
une route aussi longue et difficile. Et quand les convives virent ces tas de bijoux jetés sur la table, ils
furent comme ahuris. Ils reconnurent de la sorte qu'en
dépit de leurs doutes antérieurs les trois voyageurs
étaient bien les dignes et nobles membres de la famille
des Ca'Polo et ils leur payèrent honneur et révérence.
A Messer Maffeo fut conféré l'honneur d'un office de
grand dignitaire; tandis que les jeunes gentilshommes
de Venise vinrent tous les jours rendre visite à
Messer Marco. Toujours prévenant et gracieux, il s'en-
tretenait avec eux et répondait à leurs questions sur
Cathay et le Grand Kaáne avec tant de courtoisie que
chacun se considérait en quelque sorte comme son
débiteur. Et comme, pour donner une idée de la magni-
ficence du Grand-Kaáne, il lui arrivait souvent de parler
de ses revenus montant à dix ou quinze *millions* d'or et
comme, d'autre part, pour évaluer les richesses des
contrées, il employait le mot million, on lui donna, en
manière de sobriquet, le nom de Messer Marco *Millioni*.
Marco Barbaro, écrivant en 1566, nous raconte un
trait plaisant d'un de nos illustres voyageurs et qui,
si non e vero, prouve au moins que la légende populaire a gardé d'eux le souvenir d'hommes intelligents

en attribuant ce cachet d'intelligence à une action fort
originale.

« Quand les trois Vénitiens, dit-il, arrivèrent chez
eux, ils étaient habillés de vêtements si dépenaillés que
la femme de l'un d'eux fit cadeau, le lendemain, d'un
de ses habits à un mendiant qui vint demander l'aumône à sa porte. Quand son mari lui demanda quelque
temps après ce vêtement pour en retirer les bijoux, il
apprit l'aumône faite à un mendiant que sa femme ne
connaissait pas. Il employa alors le stratagème suivant :
il alla se poster au pont del Rialto et tourna, sans
propos apparent, une roue, comme s'il était pris de
folie; et à tous ceux qui, en foule, venaient l'entourer en
lui demandant ce qu'il faisait, il répondit : « Il viendra,
s'il plaît à Dieu ». Après deux ou trois jours de ce
manège, il reconnut son vieil habit sur le dos d'un de
ceux qui venaient bayer à sa folie et rentra dans son
bien. Dès lors, en effet, on le considéra comme tout
l'opposé d'un fou. De ses trésors, il bâtit un beau
palais et la famille reçut le nom de Ca'Million parce
que la croyance populaire leur attribuait des bijoux
pour la valeur d'un million de ducats.

Après tant de courses de par le monde et tant de
labeur vainqueur, Marco Polo eût pu aspirer à une
vieillesse tranquille; mais il était poussé par cette
inquiétude, ce besoin de mouvement qui hantent l'esprit
et le corps du grand voyageur, ce *saoubogui,* comme
disent les Asiatiques, ver insatiable qui ronge le foie du
nomade sans lui laisser de repos.

A peine de retour, Marco Polo prend part à une
expédition navale dirigée contre la flotte génoise.
Lampa Doria, capitaine de cette flotte, vint attaquer

l'île de Curzola et Venise arma ses galères pour la défendre. Le commandement d'une de ces galères fut confié à Marco Polo sous les ordres du capitaine Andrea Dandolo. La flotte vénitienne fut défaite et Polo, avec Dandolo et 7000 prisonniers, furent chargés de fers et emmenés dans les prisons de Gênes. Dandolo, ne voulant survivre à sa défaite, refusa toute nourriture et se brisa la tête contre un banc de galère. Marco Polo, dont la renommée avait pénétré au cachot avant son arrivée, ne fut pas longtemps traité avec rigueur. Le prisonnier devint bientôt un objet d'estime et d'amitié pour toute la ville. Il reçut la visite des plus nobles et des cadeaux de toute sorte. Voyant l'empressement des curieux et leur désir de connaître ses voyages, obligé de raconter pendant toute la journée jusqu'à la fatigue, il résolut d'écrire ses pérégrinations. Il s'adressa à son père pour avoir ses notes et celui-ci lui dépêcha un de ses amis et compatriotes. Ce messager fut Rusticien de Pise qui, tous les jours, pendant des heures, écrivit sous la dictée de Marco Polo, ce manuscrit en vieux français qui a servi de modèle à toutes les copies ultérieures. Grâce à l'intérêt que lui porta la ville entière, Marco Polo, quelques années plus tard, fut rendu à la liberté.

Pareil à Christophe Colomb, il vécut assez longtemps pour éprouver l'amertume de l'ingratitude de son pays. Mais laissons la parole à un manuscrit du quatorzième siècle. J'aime bien la saveur de cette langue « au si doux parler » :

« Après que Messires Marco Pol avoit pris fame et si étoit demouré plusours ans de sa vie à Venysse, il advint que mourut Messires Mafès qui oncles

monseignour Marc estoit (et mourut ausi ses granz chiens qui avoit amenée du Catai...); adonc n'avoit oncques puis messires Marc nullui, fors son esclave Pierre le Tartare, avecques lequel pouvoit penre soulas à s'entretenir de ses voiages et des choses dou Levant. Car la gent de Venysse si avoit de grant piesce moult anuy près des loncs contes Monseignour Marc et quand ledit Messire Marc issoit de l'uys sa meson ou saint Crisostome, souloient li petit marmot és voies dariere-li courir en cryant Messer Marco Miliôn! cont'à nu un busiôn! que veult dire en François « Messires Marcs des millions di-nous un de vos gros mensonges. » En oultre, la dame Donate fame anuyouse estoit et de trop estroit esprit, et plainne de convoitise. Ausi advint que Messires Marc desiroit es voiages rantrer durement... èt chevaucha aux parties d'Occident.

Mais non seulement « li *petit* marmot » lui prodiguait par la voix l'insulte qui était dans l'esprit des grands; il s'est trouvé au lit de mort du voyageur pour l'immortalité des amis anxieux, de lui faire rétracter ses histoires extraordinaires, comme des péchés mortels.

Longtemps après sa mort. la populace de Venise s'égayait au carnaval d'un masque qui prenait le caractère réputé de Marco Milioni et racontait des farces invraisemblables et risibles.

Depuis 1827, une plaque commémorative rappelle au visiteur l'emplacement de la maison de Marco Polo, près de l'ancien théâtre Malibran à Venise. L'inscription porte : *Aedes Proxima, Thaliae Cultui Modo addicta, Marci Polo P. V. Itinerum Fama Praeclari Jam Habitatio Fuit.*

Et maintenant que le lecteur connaît l'histoire de l'illustre Vénitien, suivons-le sur Pamir, car pendant trois cents ans, jusqu'au voyage de Benedict Goëz (1603), aucun Européen n'abordera les montagnes de glace et les mornes solitudes de ce massif rempart qui sépare

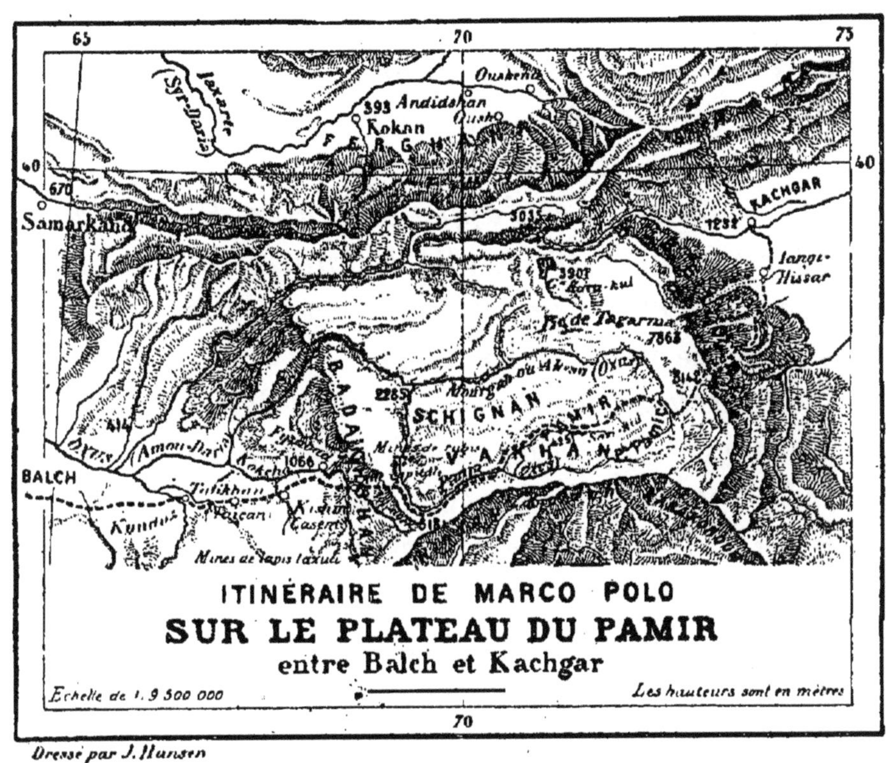

Fig. 7. — Un des itinéraires présumés de Marco Polo sur le Pamir.

l'Asie orientale de la Chine (fig. 7). La description de Polo est si vraie et si caratéristique qu'on n'a qu'à la compléter par les détails des voyageurs modernes pour en faire un document scientifique moderne.

« … Si chevauche l'en trois journées par Grec (NE.) toutefoiz par montaignes, et monte l'en tant que on dit que c'est le plus haut lieu du monde.

« *Et quant l'en est montez si treuve l'en un plain (plateau) où il a un flun moult bel et la meilleur pasture du monde; car une maigre jument y deviendroit bien grasse en dix jours. Il y a grant habondance de toutes sauvagine; et y a moutons sauvages assez qui sont moult grant; car il ont les cornes bien six paumes longues. Et de ces cornes font les pastours escuelles pour mangier. Et font encore de ces cornes les clostures là où il demeurent de nuit pour les bestes. Et par cest plain chevauche l'en bien douze journées et s'appelle Pamier. Et en toutes ces douze journées n'a nulle habitation ne nul herbage fors desert. Si que il convient que les passans portent ce que mestier leur est.*

« *Nul oiseau volant n'y a, pour le haut lieu et froit qui y est. E si vous di que le feu, pour cel grant froit, n'y est pas si cler (brillant) ne de tel chaleur comme en autre lieu, ne si peuvent pas si bien cuire les viandes.*

« *Or, vous conterons encore avant par grec et par levant (ENE). Et se vait (on va) l'en bien quarante journées toutesfois par montaignes et par cotes; et par vallées par où passe mains fluns (fleuves), et mains desers lieus. Ne en tant ce chemin n'a habitation ne herbage; mais convient aux cheminans porter avec euls ce que mestier leur est.*

« *Cette contrée est appelée Belor. Les gens demeurent es montaignes moult haut. Il sont ydres (idolâtres) et moult sauvages, et ne vivent fors que de chassoi de bestes; et leur vestemens sont aussi de cuir de beste; et sont mauvaise gent surement.*

Rien dans cette description qui rappelle le penchant

Fig. 8. — La chaîne du Pamir (monts Tsoung-ling) vue de la plaine de Yangui-Hissar. (D'après M. Chapman.

au merveilleux, à la croyance aux dragons et aux génies de Hiouen-Thsang, mais la simple observation du fait, et c'est par cela que Polo est précieux et digne de confiance, car il est réservé et rempli de discernement. N'est-elle pas d'un fin et intelligent observateur cette remarque, faite quatre cents ans avant la découverte de Torricelli et cinq cents ans avant celle de Lavoisier, constatant que, sur les hauteurs du Pamir, on ne peut pas si bien cuire les viandes et que le feu n'y est pas si « cler » et donne moins de chaleur ! Que de fois le touriste moderne, escaladant les pics des Alpes ou des Pyrénées, n'accuse-t-il pas l'alcool de la lampe à café « de ne pas chauffer ! »

Après Marco Polo, le Pamir retombe dans l'oubli et le silence que le pas hardi de trois Européens n'avait même pas réussi à troubler pour un moment.

Vasco de Gama ouvrit une route nouvelle et plus facile au pays des épices d'abord, à celui des Sères ensuite. Il ouvrit du coup une ère nouvelle aux découvertes par mer. D'un autre côté, si les communications de l'Europe avec la Chine se maintenaient, elles se faisaient par la grande route du Syr-darja ou Iaxartes et la Dzoungarie, contournant au nord le massif pamirien sans que même les voyageurs pussent, des plaines de la Dzoungarie, apercevoir bien loin au sud-est le rempart cerclé des monts Tsong-ling, muraille de cette forteresse gigantesque du Pamir que défendent non les hommes, mais la mort par le froid et la faim (fig. 8).

III

LE PAMIR AU DIX-NEUVIÈME SIÈCLE. — LES ANGLAIS SUR LE BAM-I-DOUNIAH.

L'exploration du Pamir subit un temps d'arrêt. — Le missionnaire Benoît Goëz. — Reprise de l'œuvre scientifique en 1837. La série des voyages modernes est inaugurée par celui du lieutenant anglais John Wood. — Traversée de l'Afghanistan, du Wakhane et découverte des sources de l'Oxus et du lac Victoria (Sir-i-Kol). — Aventures de Wood sur le Pamir. Les guides et les Kirghizes. Le froid et la neige. La raréfaction de l'air. — Description du lac Sir-i-Kol. Réflexions du voyageur sur le « Toit du monde ». — Retour dans l'Inde. Sa mort. — Les continuateurs anglais de son œuvre. — Les martyrs de l'exploration central-asiatique. — La tombe d'Hayward à Guilguit. — Voyage d'Hayward dans le Yassine. — Mir Vali, le mehtar Amman-oul-Moulk et les roitelets montagnards de l'Hindou-Kouch. — Intrigues d'Amman-oul-Moulk. Mort d'Hayward, assassiné en 1870 au pied de la passe de Darkot. Les parents du mehtar. Pahlvan Khan. — La mission de Sir Douglas Forsyth en 1873. Le major Biddulph. Traversée du Pamir méridional.

Après Marco Polo, plus de trois siècles se passent sans que le Pamir soit visité par aucun Européen, ni même par aucun voyageur ayant laissé des traces écrites. En 1602, le missionnaire jésuite Bénédict Goëz, marchant sur les traces de Hiouen-Thsang, part de Lahore, dans l'Inde, pour se rendre en Chine. Attaqué et repoussé dans les montagnes avoisinant le mystérieux Kafiristane, il est obligé de faire le détour par le Caboulistâne, atteint l'Oxus et traverse le Pamir par un itinéraire mal défini, mal connu, pour déboucher au pays de *Sarpanil*, dont le nom est sans doute un travestissement du mot *Sar-i-Pamir*, ou tête du Pamir; car les Kirghizes disent plus souvent *Pamil* ou *Pamel* que Pamir, et l'appellation de *Sar* ou *Sir*, *Ser* (tête, commencement, chef) est donnée à beaucoup d'endroits.

Les maigres notices de Bénédict Goëz n'ajoutent guère à nos connaissances du Toit du monde, et il faut patienter jusqu'à l'aurore de notre siècle, jusqu'au réveil de l'activité scientifique sous toutes les formes, et à l'épanouissement de l'idée exploratrice sur tous les champs de culture du savoir humain.

C'est en 1838 que commence, avec le voyage du lieutenant anglais John Wood, la véritable exploration scientifique du Pamir. Alexandre Burnes venait de visiter le nord de l'Afghanistan et la Boukharie, d'où il avait rapporté de précieux renseignements géographiques. C'est lui qui provoque et met en œuvre le voyage de Wood sur la base des connaissances géophysiques déjà acquises par ses prédécésseurs de l'Inde.

Wood part le 3 novembre 1837 de Caboul, traverse le col de Bamiane et se dirige sur Koundouz dans le Turkestan afghan. Il remonte ensuite les pentes de l'Hindou-Kouch par le Badakchane, en suivant la route de Marco Polo, et atteint les bords de l'Oxus à Ichkachm. L'arrivée des étrangers était un événement considérable pour les gens du pays, qui les reçurent hospitalièrement. Ils atteignent bientôt Kila Pandj, capitale du Wakhâne, puis Hissar, où la vallée principale se divise en deux. Wood, s'en rapportant au dire des indigènes lui indiquant la vallée septentrionale, le Darra Sir-i-Kol, comme menant au Toit du monde, l'autre venant du Tchitral et de Mastoudj (en réalité elle mène au petit Pamir), Wood et ses compagnons s'engagent dans l'étroite vallée que parcourt la rivière de Pamir, le Pamir-Darja, et le 19 février 1838, à cinq heures du soir, campent sur le Toit du monde, au bord d'un grand lac. La source de l'Oxus était découverte.

« Comme, dit Wood, peu de temps avant mon voyage nous avions reçu la nouvelle de l'avènement au trône de Sa Gracieuse Majesté, je fus tenté fortement de donner le nom de Victoria à ce lac, si je puis dire ainsi, redécouvert. Cependant, comme l'introduction, dans nos cartes, de ce nom nouveau, quelque honoré qu'il soit, pouvait donner lieu à une grande confusion dans la géographie, j'estimai préférable de retenir le nom de Sir-i-Kol, donné au lac par nos guides. La description de cet itinéraire, écrite, il y a près de six cents ans par le bon vieux voyageur Marco Polo est si correcte dans ses points principaux, que j'ai cru juste d'en tenir compte dans une proportion considérable. »

Remarquons que Wood est un des voyageurs les plus modestes et les plus consciencieux, au point que son livre, comme l'a fait remarquer justement M. Paquier, pèche quelquefois par un excès de sobriété, si toutefois la préférence donnée au simple énoncé du document, du fait vu et constaté n'est pas une qualité[1].

---

1. Malheureusement le lecteur superficiel des récits de voyages veut être amusé avant d'être instruit. Le document scientifique doit trop souvent céder le pas au récit pittoresque et à l'intermède émouvant. L'éditeur sacrifie au goût du grand public et l'auteur à « la scène à faire ».

Cependant on était en plein hiver. Nos voyageurs avaient revêtu des costumes qui auraient fait la joie d'un Esquimau. Le Mounchi en particulier était tellement emmitouflé qu'à peine se pouvait-il servir de ses bras, tandis que ses courtes jambes n'avaient presque plus de prise sur les flancs de son cheval. A la charge du cavalier et de son volumineux accoutrement s'ajoutait, pour chaque monture, la charge de huit jours de vivres pour l'un et l'autre, ainsi qu'un peu de combustible. On avance aussi vite que la profondeur de la neige le permet. Le soir on campe au sommet d'une colline, seul endroit dépourvu de neige ; par contre il est exposé au moindre souffle de l'air dans une direction ou dans l'autre. Bientôt la marmite chante sur un bon feu, on s'apprête à festoyer et à s'abandonner à la gaieté lorsque tout à coup, du haut de la vallée, se précipite, en hurlant, la tempête, éteignant le feu et la bonne humeur à la fois. Celle-ci se rallume vite, mais le feu résiste plus longtemps aux efforts réunis. A la longue, la patience aidant, les Kirghizes sont arrivés à préparer une tasse de thé qui fait la ronde, infusant la chaleur dans les membres engourdis et dans le cœur des voyageurs, plus heureux à ce moment que maints autres sirotant quelque fine liqueur au sein de la vie luxuriante d'une civilisation raffinée.

« Néanmoins tout bonheur est relatif, et je dois confesser, dit Wood, que nous n'étions pas couchés sur un lit de roses ; les plaintes d'un vent glacial ne charmaient point particulièrement l'oreille et le froid mordant n'était guère agréable au corps ; les pieds souffraient particulièrement : ils étaient comme chargés de plomb. Quelques Afghans souffrirent si cruellement qu'ils durent retourner sur leurs pas. Le mercure du thermomètre, gradué seulement jusqu'à + 6 degrés F., s'était retiré dans la boule, et l'on ne put évaluer le degré du froid, plus intense encore par la raréfaction de l'air à une altitude de 12 000 pieds. »

Le lendemain on continue dans une vallée étroite et sauvage, mais la caravane peut marcher, avec moins de deux pieds de neige, sur la surface de la rivière gelée. Dans l'après-midi il se produit une alerte. Une bande d'individus est signalée sur la hauteur; ils attendent l'arrivée des voyageurs. On commande halte! Et pendant qu'une partie des Kirghizes est envoyée en reconnaissance, on prépare les armes. Mais, à la satisfaction générale, les sentinelles signalent des amis et l'on va à leur rencontre. C'étaient des Kirghizes qui, après avoir porté des lettres à leurs frères du petit Pamir, revenaient dans le Wakhane. Grâce à eux on avait pu, jusqu'alors, avancer sans trop de difficultés ; car leur passage antérieur avait laissé des trous profonds dans la neige, ce qui épargnait aux chevaux le travail difficile de se frayer un sentier sur une surface gelée, il est vrai, mais insuffisamment pour les porter. La rencontre fort opportune de quelques bouleaux, les seuls qu'on devait trouver jusqu'aux sources de l'Oxus, permit de charger un peu de combustible, très peu, car les chevaux commençaient à être exténués.

On se trouvait alors dans une contrée où chaque pouce de terrain était connu des Kirghizes. Quittant la rivière, ils conduisirent la caravane à la montée d'un défilé en désignant comme lieu de campement un endroit lamentable, couvert de trois pieds de neige. Aux remontrances des voyageurs, les Kirghizes se mirent à rire et, saisissant leurs pelles de bois, eurent bientôt retiré de dessous la neige une ample provision de combustible sous forme de fiente de mouton et de chameau. Toute dispute au sujet du choix du campement cessa du coup, surtout après que l'abondance du combustible eut permis d'entretenir du feu pendant toute la nuit et que tout le monde se fut trouvé bien à l'abri et au chaud derrière les hauts remparts de neige qui bientôt environnèrent la place. On était alors à une altitude de 13 500 pieds. Cependant les piétons étaient tellement épuisés par la fatigue de la marche qu'on dut les abandonner à cet endroit, avec mission de fureter dans les environs jusqu'au retour des cavaliers, afin de découvrir une cachette hivernale de provisions que les Kirghizes y avaient établie.

Le lendemain, on rencontra moins de neige. La sagacité dont avaient fait preuve les guides, la veille, permit de camper également ce soir-là dans un bon endroit à la hauteur de 14 400 pieds au-dessus du niveau de la mer. Mais les compagnons indigènes de Wood commencent à faiblir, leurs murmures de mécontentement se changent bientôt en refus de continuer la route.

« J'essayai d'abord, dit-il, de discuter avec calme et bonne grâce. Voyant l'inefficacité de ce procédé, je tentai de leur exposer la lâcheté de leur conduite; mais la honte n'avait pas de prise sur cette bande de fourbes, et malgré tous mes efforts pour faire éclater mon indignation, mon langage ne produisit pas l'effet correspondant sur ces lâches. Plus mes paroles devenaient violentes et mes reproches amers et plus leur entêtement se manifestait. J'eus hâte donc de partir avec ceux qui étaient restés fidèles, avant que la défection n'eût éclairci davantage nos rangs. Deux Kirghizes étaient parmi les fidèles, et comme le but de notre expédition ne devait être qu'à une distance de 24 milles, nous pouvions attacher moins d'importance au nombre de nos compagnons; l'un d'eux pouvait nous servir de guide pour nous conduire au but. »

La cause de cette défection ne tarda pas à être connue. Le sentier ébauché dans la neige, et qu'on avait suivi jusqu'alors assez commodément, cessa bientôt de suivre la direction que l'expédition devait prendre, de sorte qu'on était forcé de creuser le chemin jusqu'au haut du défilé, et c'est ce travail que les déserteurs n'avaient osé affronter.

On mit deux heures pour forcer le passage à travers un champ de neige de moins de 500 yards de long. Chaque cavalier prit à tour de rôle la tête de la marche, forçant son cheval à lutter jusqu'à ce que l'épuisement le couchât dans la neige où il lui fut permis d'être couché et de reprendre haleine pendant qu'un autre fut poussé en avant. On arrive ainsi jusqu'à la rivière gelée. La satisfaction d'y rencontrer un meilleur terrain pour la marche est telle que Wood, dans l'exubérance de ses sentiments, met son cheval au trot, ce que voyant, un Wakhi l'arrête par la bride et met l'imprudent cavalier en garde contre les effets du *vent de la montagne.*

Depuis le départ du Wakhane, en effet, on avait toujours eu à souffrir de la raréfaction considérable de l'atmosphère; mais comme, jusque-là, l'ascension avait été graduelle, les effets en avaient été moins pernicieux que ceux qu'on peut attendre de l'ascension rapide d'une montagne abrupte de bien moindre altitude.

En approchant des sources de l'Oxus, la glace devint
plus faible. La disparition subite d'un cheval en fut le
premier avertissement. Heureusement l'eau, quoique
profonde à cet endroit, n'avait qu'un faible courant; le
cheval était sauvé, mais sa charge perdue. Avec une
sollicitude d'autant plus grande qu'il ne l'aurait pas
montrée au même degré à son fils, le muletier, chari-
table pour sa bête, se dévêtit de sa chaude pelisse pour
en envelopper le cheval tout frissonnant. Le lendemain
le cheval était rétabli et le muletier adressa à la Providence des actions de grâce très éloquentes. Enfin les
voyageurs, après une dernière montée, aperçoivent à
leur pieds la nappe blanche, en forme de croissant de
14 milles de long, du lac Sir-i-Kol (fig. 9).

« Partout le regard ne rencontre qu'un tapis étin-
celant de neige, tandis que le ciel apparaît comme une
masse noire et menaçante. Rien ne repose les yeux, pas
même un nuage. Pas un souffle ne se fait sentir à la surface du lac; aucun être vivant, pas même un oiseau, n'est
visible. Le son de la voix humaine aurait semblé une
musique à l'oreille; mais, dans cette saison inhospita-
lière, personne ne pense à s'aventurer dans cette contrée de glace. Le silence règne aux alentours, un silence
si profond qu'il opprime le cœur. Et comme je contem-
plais les mornes sommets de ces montagnes que jamais
le pied d'un homme n'avait arpentées, où se sont
accumulées les neiges des temps passés, l'image de
ma chère patrie et de tous ses bienfaits sociaux se présentait à mon esprit avec une vivacité de souvenir
comme jamais je ne l'avais sentie auparavant. Les
hommes, habitants des cités populeuses, ont beau être
dégoûtés du monde et parler des délices de la solitude,

Fig. 9. — Le lac Sir-i-Kol. (D'après M. Gordon.)

qu'ils viennent passer seulement vingt-quatre heures sur les bords du Sir-i-Kol et ce séjour fera plus pour les rendre contents de leur sort que mille arguments. Le vrai milieu de l'homme est la société; qu'il en abuse à sa volonté, ce monde actif, remuant, est une bonne place où, grâce à la bonté de la Providence, le bonheur goûté du genre humain excède de beaucoup la misère. Ainsi, du moins, m'a-t-il toujours semblé. »

Et ce devait être, malgré les souffrances et le sombre paysage qui se reflétait dans son âme, une grande joie pour le hardi voyageur d'avoir escaladé le Toit du monde, premier pionnier de cette civilisation dont il parle un peu plus loin, premier voyageur considérant le Pamir non comme un obstacle, mais comme un but. L'esprit grandit et s'épure à ces hauteurs, dans cette atmosphère plus éthérée, et les choses de la vie humaine, ces mille détails qui font la joie ou le chagrin des individus, amoindris par la perspective, deviennent des mesquineries. Il se dégage de la pensée plus intense et plus compréhensive, comme si le voyageur isolé au sommet d'un rocher battu par les passions humaines, avait dépouillé son égoïsme de lutteur pour la vie dans l'arène sociale; il se dégage, dis-je, du cerveau de l'homme intelligent, pensant dans la morne solitude du Pamir, des idées grandes, souvent tristes, selon le tempérament et la vie vécue, mais intenses, vraies et profondément senties. Elles naissent ainsi spontanément dans l'homme, qui se sent moins homme, moins attaché au sol boueux et glissant de cette plaine limoneuse arrosée par les fleuves du Toit du monde ou, si l'on veut, de cette vie de culture et de civilisation souvent maniérée et fausse, où l'éducation trop hâtive et la religion de la richesse nous font patauger.

Et si je parle d'éducation et de religion, c'est pour relever une bien belle idée de Wood, une de ces idées qui « planent » et qu'on trouve de temps à autre dans le livre d'un grand voyageur, de ceux qui ne souffrent pas de myopie d'esprit.

« Tout en cheminant sur le lac du Pamir, dit-il, je ne pus m'empêcher de penser à ces contrées nombreuses qui doivent leur importance et leur richesse aux rivières dont les sources jaillissent dans les solitudes de ces montagnes entassées sur leurs bords. Cette chaîne élevée appartient à l'Inde, à la Chine et au Turkestan; c'est d'elle, comme point central, que rayonnent les fleuves, chacun grossissant dans son cours jusqu'à ce que l'Océan et le lac d'Aral recueillent leurs masses tributaires gonflées, pour les rendre ensuite, et dans une alternance infinie et merveilleuse, les livrer aux courants des vents du ciel, qui les restitutent comme flocons de neige à ces mêmes hauteurs qui les ont laissées s'écouler.

« Combien étrange et combien intéressant serait le groupe formé, sur le sommet du Pamir, par la réunion des individus représentant chacun une des nations dont les fleuves ont leur origine première dans le Pamir ! Quelle variété n'y aurait-il pas dans le type, le langage et les manières ! Quel contraste entre le rude montagnard, fier, entier, et l'habitant de la plaine, plus civilisé et plus efféminé ! Combien de qualités et combien de défauts, sous mille aspects différents, ne trouverait-on pas parmi eux tous ! Et avec quelle force la conviction pèserait sur l'esprit que l'amélioration de tout cela ne peut s'opérer que par la diffusion d'une civilisation saine et d'une religion plus pure! »

Wood reste une journée sur les bords du lac Sir-i-Kol, qu'il explore en tant que ses moyens et la saison hivernale le permettent, essayant, sans succès, d'évaluer les dimensions à la vitesse du son, creusant la glace, observant les effets des grandes hauteurs, faisant des observations scientifiques de toute sorte. Puis, après avoir vu le soleil luire dans un ciel très limpide, il reprend le chemin du Wakhane, distant de 70 milles, que la caravane parcourt en quatre jours. Du Wakhane, Wood revient à Koundouz et visite ensuite la vallée d'Indar-àb, passe par le col de Khavak dans celle du Panjir et, par Caboul et Djellalabad, rentre à Pchaour.

Il avait rendu de grands services non seulement à la science géographique, mais encore au gouvernement de l'Inde. Homme droit, sans artifices et fidèle à la parole donnée aux Afghans qu'il avait assurés du bon vouloir de son gouvernement, il fut abandonné. Infatigable, il va faire œuvre de colon à la Nouvelle-Zélande et en Australie, puis revient naviguer dans les eaux de l'Inde, où il fait partie d'une compagnie de navigation sur l'Indus. Il meurt en pleine activité, des suites de fatigues pendant un voyage à Simla, entrepris dans la saison chaude. Alors seulement il se repose des nombreuses fatigues de sa vie de labeur. Le grand voyageur eut une belle devise, une vraie devise d'explorateur infatigable : *Rather to wear, than to rust out.*

Le voyage heureux de Wood devint la base de toute une série d'explorations en Asie centrale, autour du massif central pamirien d'abord, sur le Pamir ensuite. Wood a le premier porté le flambeau de la science dans l'obscurité épaisse de la géographie du Pamir en l'éclairant d'un jour nouveau.

Guidés par cette lumière, les Anglais d'un côté, les Russes de l'autre, vont monter à l'assaut de l'inconnu et bientôt, en moins de cinquante ans après les découvertes de Wood, leurs itinéraires s'entre-croiseront et le Pamir n'aura plus de grands secrets. Les idées théoriques de Humboldt sur la structure orographique du Pamir seront modifiées, la théorie du berceau du genre humain sera abandonnée pour le Pamir et reportée dans une autre contrée de l'Asie; l'immense massif entrera en ligne de compte dans les calculs politiques de deux puissances européennes, et la science moderne aura résolu un des problèmes les plus obscurs de la connaissance de la terre.

Dans la liste glorieuse des noms échelonnés sur les pentes du Toit du monde, nous saluons des noms de martyrs et des noms de pionniers tombés sur le champ de bataille de l'exploration asiatique. Stoddart et Conolly, abandonnés à la démence furieuse de Nasr-Oullah, émir de Bokhara, succombent, l'un sous l'excès des privations et des misères, l'autre sous le couteau du bourreau d'un barbare fanatique en délire. Schlagint-weit, à Kachgar, paye de sa vie le refus de livrer une lettre confidentielle de la reine d'Angleterre et de l'Inde à l'émir de Bokhara.

Hiouen-Thsang avait à combattre les mauvais génies, les dragons et les esprits des Rig-i-Ravan qui sont collines de sable chantant, et les « imageries » créées par les démons; Marco Polo avait trouvé dans Koublaï-

Khán un barbare intelligent et pénétré de principes humanitaires. Tous les deux avaient à lutter suffisamment contre la seule nature ennemie. Depuis, l'homme, plus inexorable que la fatigue et la maladie, l'homme de Kachgar et celui de Yassine, l'émir de Bokhara et le mehtar de Tchitral, jaloux en raison inverse de leur puissance politique, flairant toujours l'espion redoutable même dans le paisible voyageur scientifique, tuent. Ils tuent Stoddart, Conolly, Schlagintweit et Hayward.

Le docteur Stoliczka succombe aux fatigues du passage du Karakoroum. Fedchenko parcourt le Turkestan, affronte les dangers des gorges et des montagnes inconnues de l'Alaï et, après avoir accompli une des plus belles œuvres de l'exploration moderne, meurt d'un accident de climat dans les Alpes. Ssevertzoff, le « père », le doyen de l'exploration central-asiatique, échappe aux Kirghizes, aux Bokhares, aux Kokandais, et vient mourir dans les glaces d'une petite rivière de Russie où la rupture d'un essieu de voiture l'avait précipité, et Prjévalskij, le plus grand voyageur des temps derniers, tombe victime de la fièvre aux bords de l'Issyk-Koul.

Il y a au nord de Cachemire, tout près de la frontière de pays inconnus, une petite ville-forteresse du nom de Guilguit. La vallée est riante ; une grande rivière, très rapide, la parcourt et, par endroits, se heurte aux angles de berges très élevées. De tous côtés de hautes montagnes, d'où pointent au delà des pics gigantesques blancs de neige éternelle, entourent la vallée d'une ceinture haute de plus de vingt mille pieds. Au bord du chemin, à côté d'une misérable masure en terre d'un indigène, se trouve une tombe. L'ombre trouée des mûriers et des abricotiers la recouvre d'un tapis aux fleurs mobiles, et tout autour des filets d'eau, échappés du ruisseau, ruissellent entre le gazon. Au milieu d'un petit enclos de cailloux entassés se trouve une grande plaque engravée : à Hayward, « the gallant officer and perfect traveller ». Une simple croix en bois, avec la traverse cassée, se dresse comme pour protéger l'épitaphe des souillures, des animaux de la basse-cour voisine, et des troncs de vigne, comme tordus de désespoir, s'accrochent aux arbres et se penchent au-dessus de la tombe. C'est dans ce frais hallier, sur les rives de cette rivière de Yassine, qu'il a teinte de son sang généreux, que repose Hayward, assassiné en 1870, au moment où il allait mettre le pied sur ce toujours mystérieux Pamir.

Comme les vivants racontent ordinairement beaucoup, quelquefois trop, ce qu'ils ont fait, et comment ils ne sont pas morts, nous dirons plus volontiers quelques mots des travaux et du sort du malheureux voyageur anglais tombé victime de l'intrigue et de la trahison du chef actuel de Tchitral. Nous le pourrons d'autant mieux que nous tenons le récit de sa mort d'un indigène du nom de Maoulah Kafour qui nous accompagna dans notre voyage du Tchitral au Cachemire, et qui fut chargé de ramener à Guilguit les corps de Hayward et de ses compagnons.

Hayward, délégué de la Société royale de géographie de Londres, fit en 1868 un voyage important et fructueux en Kachgarie, à une époque où l'orographie des montagnes du système du Tagharma, les monts Tsoung-ling ou des « Oignons » comme les appellent les Chinois,

Fig. 10. — Indigènes du Yassine et du Pounial. (D'après une photographie de M. Capus.) (Page 65.)

n'était point encore connue. N'ayant pu, de là, aborder le Pamir, il entreprit en 1870 un deuxième voyage, dans le but d'atteindre le Pamir par le sud-ouest, en passant par Guilguit, le Yassine, la passe de Darkôt et le Wâkhâne. « Espérons, dit sir Rawlinson à cette époque, que M. Hayward sera plus heureux dans sa seconde tentative, qu'il arrivera à franchir l'Hindou-Kouch et à traverser le Pamir par cette route nouvelle ! »

Au printemps de 1870 Hayward atteignit Yassine, résidence du gouverneur Mir Wali, dont il fit la connaissance et qui le reçut fort hospitalièrement. Malheureusement la passe de Darkôt menant au Wakhâne était fermée par les neiges, ce qui décida le voyageur à retourner dans l'Inde en attendant l'été et le libre passage du col. Il revint au mois de juillet de la même année. Le bon accueil que lui avaient fait une première fois Mir Wali et la population de Yassine (fig. 10) ne sembla troublé en rien, du moins en apparence, car la suite des événements allait prouver que les sentiments et les intentions du chef indigène avaient subi une forte altération.

Pour bien comprendre les causes de ce drame, il faut connaître les relations de famille existant entre les différents petits chefs d'État de ces principautés montagnardes, et savoir quel est le caractère de ces relations. A chaque pas dans l'Orient, nous trouvons des exemples pareils à celui qui nous occupe : l'histoire de ces potentats est celle des héros et des monstres de notre moyen âge, car ces populations barbares en sont encore aujourd'hui au moyen âge de leur histoire. L'évolution de leurs idées juridiques et politiques a suivi la même marche que chez nous, mais plus lentement, avec des temps d'arrêt plus longs.

Amman-oul-Moulk, le mehtar ou chef actuel du Tchitral, âgé aujourd'hui d'une soixantaine d'années, présente le type le plus caractéristique de ces potentats tyrannisant, auxquels l'abrutissement et la misère de leurs sujets d'une part, l'accaparement des richesses foncières de l'autre, ménagent un pouvoir moral et effectif que les appétits et les ambitions d'un entourage adulateur et entretenant le fanatisme religieux accroissent dans un intérêt commun. Cet Amman-oul-Moulk — son nom signifie « paix du peuple » — est un homme intrigant, faux, fanatique, à qui tous les moyens, y compris le meurtre et la trahison, semblent bons pour arriver à son but. Il délègue, comme tous les princes de l'Orient, les pouvoirs de gouverneur de province à de proches parents attachés à sa cause, et naturellement à ses fils, qui sont au nombre de vingt-quatre et plus ou moins nobles d'origine du côté maternel.

Il y a une vingtaine d'années, son pouvoir, — et ce pouvoir comprend la possession et les revenus des terres, — ne s'étendait pas aux pays de Mastoudj, de Drassoune, ni de Yassine. Mastoudj et Drassoune appartenaient à Mir-i-Amman Fettichah, un parent qui était également apparenté à Mir Wali, gouverneur de Yassine. Il chercha querelle à Mir-i-Amman, le surprit dans sa forteresse et l'en délogea pour mettre à sa place Pahlvan-Khan son neveu, et plus tard son propre fils Lorzel-Khan. Il amena le vieux Mir comme prisonnier à Tchitral. C'est là que je le vis vivant de la charité du mehtar, lui et ses enfants, réduit à aller deux fois par jour s'asseoir en rond par terre autour du mehtar et

manger son riz et boire son thé. Son fils Jablak-Amman,
ex-héritier de Mastoudj, vint mendier tous les jours du
sucre, du thé, de l'argent, et finit par me demander
une vieille paire de pantoufles parce que les cailloux
de la route lui blessaient les pieds nus. Étrange fortune! Cet homme était couvert de blessures qu'il avait
reçues en défendant son père contre les soldats du
mehtar. Les exemples de frustrations pareilles, de procédés aussi sommaires sont tellement fréquents et
terribles en Asie centrale, qu'on serait tenté de considérer le mehtar comme un ennemi relativement
humain, parce qu'il n'a pas exterminé la famille de
son adversaire....

Restait le Yassine, qui avait fait autrefois partie de
Mastoudj. Mir Wali avait succédé à son père en 1860.
A ce moment, Amman-oul-Moulk attaqua de nouveau
Yassine comme il l'avait fait sans succès trois ans
auparavant, mais cette fois il fut plus heureux dans
sa tentative, car Mir Wali se soumit sans accepter le
combat, ce qui lui valut de rester gouverneur de Yassine
sous les ordres du mehtar, et de recevoir une de ses
filles en mariage.

A l'occasion du voyage de Hayward, en 1870, le
mehtar crut le moment favorable pour renouer ses
anciennes intrigues. Dans l'espoir de compromettre Mir
Wali et de s'emparer définitivement de son pays, il lui
aurait écrit pour l'engager à tuer l'Anglais, le dénonçant
comme un espion venu pour préparer la conquête du
pays par les infidèles, insistant même sur la valeur des
richesses, entre autres les beaux fusils, qu'Hayward
avait en sa possession. Mir Wali avait déjà donné une
première preuve de faiblesse de caractère en acceptant,

sans coup férir, la suzeraineté du mehtar; il prêta une oreille favorable au conseil du lâche assassin.

Hayward partit sans défiance de Yassine, remontant vers la passe de Darkôt, lorsqu'au pied de la passe, n'étant plus qu'à 20 milles de Sarhadd, dans le Wakhâne, il fut attaqué par une troupe armée envoyée à sa poursuite. Surpris pendant la nuit, il ne put rallier assez vite ses fidèles compagnons, tous bien armés. Il eut le temps, nous dit Maoulah Kafour, de se réfugier avec ses armes, mais sans provisions, derrière un rocher où il fut momentanément à l'abri de ses ennemis. Il y tint plusieurs jours et plusieurs nuits, toujours aux aguets, ne pouvant dormir et succombant lentement à la faim et à la fatigue. Finalement, dans un moment de torpeur, les hommes de Mir Wali se précipitèrent sur lui, le massacrant et le tuant à coups de pierres. Tous ses serviteurs avaient été tués, excepté son mounchi, qu'on épargna d'abord, mais qui fut mis à mort plus tard, à Tchitral.

L'assassinat du vaillant explorateur souleva un cri d'indignation général qui se répercuta et vint aux oreilles du mehtar de Tchitral. Cet homme faux déclina naturellement toute responsabilité et exprima l'intention de punir sévèrement son gendre Mir Wali. Il envoya effectivement des hommes armés pour se saisir de lui. En même temps il s'empara des objets de Hayward et garda les fusils, que plus tard on trouva en sa possession. Il permit, avec de grands signes de repentir, aux envoyés de l'Inde, de ramener à Guilguit e corps de sa victime, enterrée sous un tas de pierres, à l'endroit même où elle avait succombé.

Huit ans plus tard, l'agent politique anglais à

Guilguit, M. Biddulph, pénétra jusqu'à Tchitral. Sans doute que l'enquête sur le meurtre impuni de Hayward ne fut pas étrangère à sa mission. Il y a bien eu punition, mais elle n'atteignit pas le plus coupable. En 1873, Fethi-Ali-Chah, mir du Wakhane, affirme à M. Gordon que Mir Wali est relativement innocent parce qu'il n'a fait qu'exécuter un ordre formel d'Amman-oul-Moulk, son suzerain. « C'est pour cela, dit-il, que je donne l'hospitalité, *le pain et l'abri* à Mir Wali. » Celui-ci, en effet, à l'approche des émissaires du mehtar, s'était réfugié dans le Wakhane.

Comme l'histoire de ces principicules qui s'agitent au milieu de leurs passions ardentes, au pied du Pamir, jette un jour particulier sur la race humaine et l'état des choses dans un pays qui donne accès au Toit du monde, et dont les indigènes disaient : « C'est la grande porte du Turkestan », nous dirons quelques mots de celle de Mir Wali et de sa famille, histoire qui nous reporte au siècle des Borgia et des Guises.

Après que Mir Wali se fut retiré dans le Wakhane, le gouvernement de Yassine fut conféré à Pahlvan-Khan, neveu du mehtar. Cependant sa faveur ne dura que peu de temps. Mir Wali se présenta à Tchitral pour demander sa grâce et celle de sa femme. Il finit par l'obtenir entièrement après avoir rendu au mehtar le service de tuer un de ses neveux le gênant. Pahlvan, de son côté, venait de tuer Ghazi-Khan, un de ses frères qu'il soupçonnait de conspirer contre lui. Mir Wali est remis à la place de Pahlvan. Au bout d'un an, le mehtar a pardonné à Pahlvan, lui rend une deuxième fois sa faveur et le dépêche contre Mir Wali pour l'assassiner. Celui-ci apprend la conspiration et se réfugie une deuxième fois dans le Wakhane, en emmenant avec lui beaucoup de familles du Yassine dévouées à sa cause.

D'autres émigrent du côté de Guilguit, dans le Pounial.

Quelques années plus tard, nouveaux meurtres, nouvelles substitutions. Le pays se dépeuple, les hommes deviennent des brigands. Mir Wali est tué par son frère Pahlvan qui, avec un autre frère, Moulk-i-Amman, se réfugie dans le Yaguistane. Dès lors, le mehtar a le champ libre : il donne le Yassine à son fils aîné et le fait voyager dans l'Inde, jusqu'à Calcutta et Simla. Mais soit plaisir, soit crainte d'une surprise, le nouveau gouverneur n'habite Yassine qu'en hiver, quand les passes du Yaguistane sont fermées, et se retire en été dans la vallée de Tourikho, plus près de Tchitral.

Cependant le mehtar, dit-on, écrivit à Pahlvan et à Moulk-i-Amman une lettre, séparément, engageant l'un et l'autre à se débarrasser l'un de l'autre et promettant à chacun la possession du Yassine.

Pahlvan est prévenu dans ses desseins fratricides et tué par le fils de Moulk-i-Amman. Inquiet des projets de vengeance de ce dernier, le mehtar lui écrit pour lui offrir son amitié et une de ses filles en mariage. Mais il reçoit comme réponse le message suivant : « Il ne me suffit pas d'avoir une de tes filles; avant de mourir je veux prendre tes femmes et manger la cervelle de ton crâne! »

Depuis, le methar ne dort plus tranquille.

Voilà ce qui se raconte dans le pays.

Et ne dirait-on pas, dans le récit de tant de crimes,

entendre une de ces généalogies monotones de la Bible
où les noms propres sont joints par le mot « engendre »,
avec cette différence que dans cette généalogie de
crimes « engendre » est remplacé par « tue » !

Trois ans après la tentative malheureuse de l'infor-
tuné Hayward, le gouvernement de l'Inde équipe et envoie
en Kachgarie et sur le Pamir une des plus importantes
missions du siècle, importante par la qualité des
membres qui la composent, par l'abondance de ses
ressources et presque le luxe de son organisation, enfin
par les résultats de premier ordre auxquels, dans ces
circonstances, il lui aurait été difficile de ne pas arriver.
Placée sous la direction supérieure de sir Douglas Forsyth, la mission traverse les passes du Karakoroum, explore la Kachgarie jusqu'au Thian-châne et
se dirige en partie, par Tachkourgane, sur le Pamir.
L'origine double de l'Oxus est constatée, l'Ak-Sou, une
de ses branches maîtresses, suivie sur un grand parcours. Biddulph avance jusqu'à Sarhadd dans le
Wakhane, et fixe l'altitude à 12 000 pieds et la position
du Baroghil, une passe importante de l'Hindou-Kouch.
Enfin, des topographes indigènes, des Maounchis lettrés
et savants, des Pandits, rayonnent autour de la mission
et contribuent au succès de la première grande expédition sur le Pamir.

IV

LE PAMIR AU DIX-NEUVIÈME SIÈCLE.
LES RUSSES SUR LE « TOIT DU MONDE ».

Les Russes à l'assaut du Pamir. — Voyage de Fedchenko dans le Kokâne et sur l'Alaï en 1871. — Panorama de la passe d'Isfaïram et découverte du Trans-Alaï. Le pic Kauffmann. Le Bam-i-douniah. — Difficultés avec les indigènes. — Les Kokandais empêchent le voyageur d'aller sur le Pamir. — Prophétie et désirs accomplis. — Expédition du général Skobeleff sur l'Alaï en 1876 — Le colonel Kastienko visite le lac Grand Kara-Koul et la passe d'Ouz-bel — Soldats et savants. Le général Kauffmann. — Marche de l'expédition Skobeleff sur Gouldtcha et le Taldyk. — Les Kirghizes révoltés et Abdoul-beg — Opérations de la colonne. — Les Cosaques en Asie centrale. — Capture de la « datkha », mère d'Abdoul-beg. — Le panorama du Kara-Koul et du Pamir. Fuite d'Abdoul-beg et fin de l'expédition. Voyages de M. Mouch-kétoff et de Severtzoff. — Mission scientifique du capitaine Poutiata, de l'ingénieur des mines Ivanoff et du topographe Bendersky en 1883. Diffi-cultés d'un voyage d'été sur le Pamir. — L'élément « homme ». — Première rencontre des Kirghizes chinois. — Marche sur Tach-Kourgane. — Arrivée d'un détachement chinois sur le Rang-Koul. — Pourparlers avec les ambanes de Kachgar. — Le Pamir exploré dans tous les sens. — Le brigand Sahib-Nazar et son entourage. — Suite et fin de l'expédition. — Des itinéraires anglais et russes sont rattachés et le Pamir n'a plus de grands secrets.

Dès lors la partie méridionale du grand massif est sortie de l'inconnu et se dessine avec ses formes exactes sur nos cartes. Les Anglais l'ont attaqué du sud, mais les Russes, dont les progrès militaires rapides ont singu-lièrement favorisé les études géographiques, l'escaladent du nord, et bientôt, douze ans après que le premier d'entre eux, Fedchenko, eut mis le pied sur l'Alaï, les itinéraires russes ont recoupé les itinéraires anglais dans la vallée de l'Ak-sou (Fig. 11).

Ainsi les pionniers de l'exploration ont creusé des traces lumineuses au travers des montagnes. Fedchenko y porta du Nord le premier flambeau. Cinq ans avant la conquête du Khanat de Kokâne, devenu depuis 1876 province turkestanienne du Ferganah, il le parcourait dans tous les sens, explorait les vallées, les glaciers, les lacs inconnus des monts Alaï; puis, par une des brèches de cette chaîne puissante, il descendit sur le plateau de l'Alaï et se trouva inopinément émerveillé, comme d'autres l'ont été et le seront après lui, devant le beau, le merveilleux spectacle de la chaîne du Trans-Alaï. Mme Olga Fedchenko, savante et vaillante comme son mari, qu'elle accompagnait dans ses voyages les plus difficiles et les plus pénibles, nous a laissé l'image coloriée de ce paysage inoubliable qu'admirent jusqu'aux Kirghizes.

Suivons les voyageurs sur le seuil de l'Alaï, de cette première terrasse du Toit du monde, pour assister à un de ces moments, toujours solennels, où l'homme surprend un des secrets de la nature.

Nous sommes dans la seconde moitié du mois de juillet 1871, à la hauteur de 11 000 pieds au-dessus de la mer, en face du col d'Isfaïram. Depuis un mois la caravane, guidée par les Kokandais, a quitté Kokane, la capitale, et s'est dirigée au sud, vers la chaîne de l'Alaï. Malgré qu'on soit au cœur de l'été, la température nocturne s'élève à peine de quelques dixièmes de degré au-dessus de zéro. Dans la tente le thermomètre n'indique que 2°,5. Les gens de l'escorte, indigènes de la cour du Khan, grelottent à la belle étoile sous des khalats trop minces; le bois, trop vert, ne donne que de la fumée, et pour préparer une tasse de thé on est obligé de brûler un coffre.

Cependant la montée de la passe est facile : 800

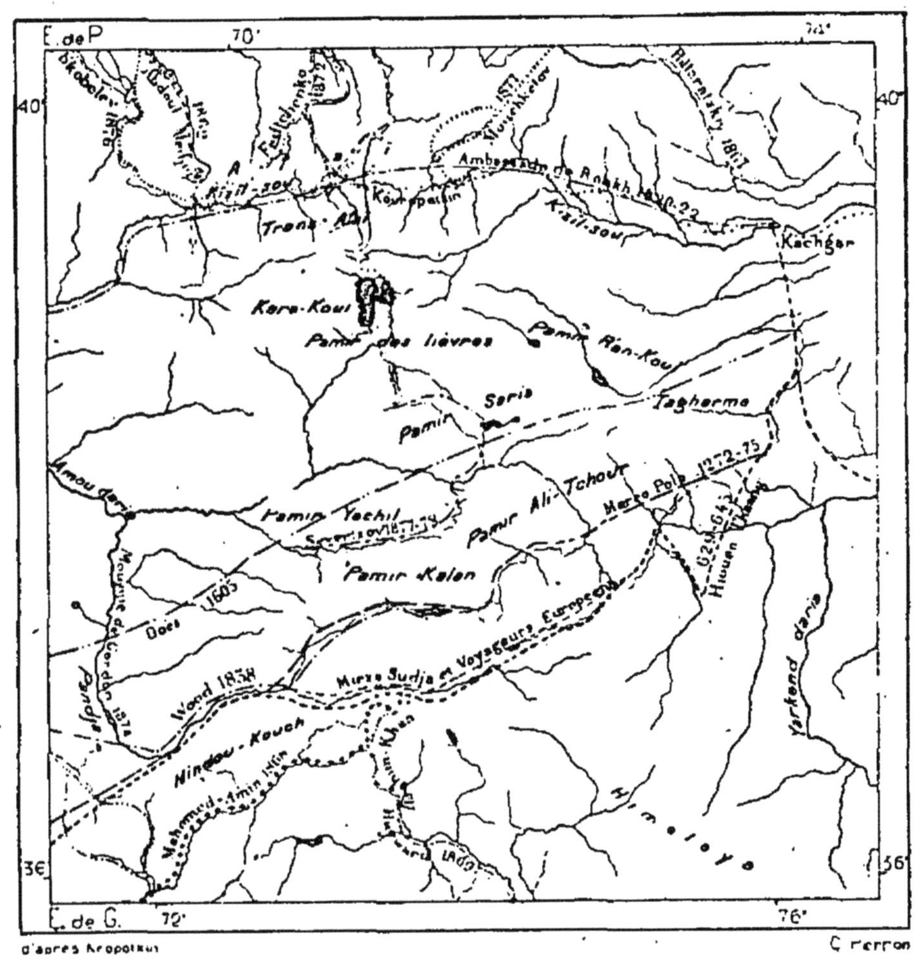

Fig. 11. — Itinéraires sur le Pamir.

à 900 pieds à gravir sur un terrain mou. Au sommet de la passe le voyageur s'arrête : devant lui s'ouvre un panorama de montagnes couvertes de neige éternelle, mais qu'une chaîne plus rapprochée cache encore en partie. Il sait qu'à ses pieds se trouve un endroit, une large vallée ou un plateau appelé Alaï; mais ce qu'il y a au delà de l'Alaï, personne ne le sait. Il escalade la montagne à droite de la passe, à 700 pieds plus haut. De cette montagne il voit encore une masse énorme de montagnes neigeuses. La plus grande à droite se montre sous un angle de 198° : c'est un groupe entier et compact de pics s'élevant bien au-dessus de la limite des neiges éternelles, rarement se détachant des massifs environnants. A l'est se profile déjà une rangée entière de géants neigeux. Un pic visible sous un angle de 115°, et malgré la grande distance, apparaît au-dessus de tous les autres. Son sommet est presque toujours enveloppé de nuages, et il faut le regarder longtemps avant d'en pouvoir reconnaitre la forme. Et cette forme est très caractéristique : une pyramide très grande par rapport à la hauteur et irrégulière. Pas un point noir n'arrête le regard sur les pentes luisantes de cet immense cristal blanc, tout est uniformément couvert de neige. Fedchenko estime qu'il en est à 60 verstes de distance et considère ce pic comme ayant environ 25 000 pieds d'élévation, c'est-à-dire comme le pic le plus élevé des monts Célestes. En l'honneur du gouverneur général du Turkestan, il lui donne le nom de « pic Kauffmann ».

Le premier gouverneur général et le premier des gouverneurs du Turkestan, le grand pacificateur de l'Asie centrale, a prêté son nom à la plus belle pyramide de la terre. Son œuvre dans le Turkestan en est digne.

« Du haut de la montagne que j'avais escaladée, dit Fedchenko, je vis aussi l'Alaï, une terre basse et plate, mais une petite partie seulement, sous un angle de 99 de-

Fig. 12. — Vue sur le Trans-Alaï et le Kizil-Sou (plateau de l'Alaï.) (D'après Mme Olga Fedtchenko.)

grés, et une rivière que je reconnus plus tard pour être un affluent du Sourkhab. Plus au nord aussi apparaissent des montagnes, très distinctement visibles ; cependant mes yeux se tournèrent rarement de ce côté : ils regardèrent obstinément vers le sud, fascinés par la grandeur du spectacle et la pensée de l'inconnu qu'il devait me révéler. La chaîne massive et neigeuse s'étend devant moi sur une ligne d'environ 50 verstes. Je ne pressentis pas à ce moment que ces montagnes devaient être pour moi réellement une muraille au delà de laquelle il ne m'était point donné de jeter un regard. Je me hâtai de descendre pour aller droit à ces montagnes, espérant arriver dans ces parages où l'imagination des indigènes place le toit du monde, le *Bam-i-donniah*. Je ne pouvais m'imaginer que le caprice d'un « colonel » kirghiz me forcerait à m'arrêter au bord du Toit du monde. »

« Et jusqu'à ce jour je ne puis penser sans regrets aux circonstances qui m'ont forcé à quitter l'Alaï. Mais que faire ? Il me reste à attendre que, n'ayant pu voir de mes yeux, j'apprenne des autres ce qui est caché derrière ces montagnes ! »

Ceux-là seuls qui, en face de l'inconnu, en face d'un pays inexploré qu'un pas en avant leur ouvrirait, leur dévoilerait — mais ce pas leur est défendu — ont dû rebrousser chemin, maudissant les hommes, savent combien il y a d'amertume dans cette réflexion du vaillant et hardi explorateur.

Cependant il ne reste pas longtemps à forger des idées au sommet de la montagne d'où il a découvert le Trans-Alaï et le pic Kauffmann (fig. 12). Ses compagnons se préparent à partir, ce qui signifie que Mme Fedchenko a terminé son dessin, et l'on se remet en marche sur l'Alaï en suivant la gorge de la rivière Daraout. La vallée est déserte. Une seule kibitka (tente) kirghize, habitée par une femme, se trouve sur le bord du chemin. Car les Kirghizes, passant tout l'été sur l'Alaï avec leurs troupeaux, veulent se ménager des pâturages pour le retour et ont soin de ne pas s'arrêter sur le chemin qui y mène, de peur de ne plus trouver d'herbe sur le chemin qui en vient.

Le paysage pourtant est pittoresque : de grandes Ombellifères, par une illusion d'optique fréquente, simulent des arbres aux branchages élégants ; la gorge étroite ménage des surprises au détour des rochers et la chaîne neigeuse du sud ne laisse apercevoir qu'un seul pic dans l'étincellement des névés amassés sur ses flancs. Tout à coup la gorge étroite s'ouvre et la vallée de l'Alaï apparaît, dorée, bleuâtre au fond, gardée à l'entrée par le Kourgane kokandais en pisé de Daraout. Un peu plus loin, au bord d'une grande rivière charriant des eaux jaune rougeâtre des tentes indigènes sont dressées à l'intention des voyageurs. Ismaïl toksaba, le chef du fortin et des Kirghizes de l'Alaï, Kirghize lui-même, gros, redondant, est occupé à servir le thé, puis le palao d'honneur à ses hôtes, le tout agrémenté de force compliments, protestations de dévouement et autres aménités parlées.

Cependant lorsque Fedchenko lui fait part de son désir de pénétrer au delà du Trans-Alaï, et de visiter le Pamir, le tocksaba tergiverse, fait la sourde oreille et finalement déclare que c'est impossible.

« Vous voilà sur l'Alaï, où vous vouliez aller, reprennent les Kokandais, que vous faut-il davantage?

« Les Kirghizes de l'Alaï ont le caractère ombrageux, dit le Tocksaba. »

« Les Karatéghinois vous épient déjà et vous tueront, disent ses gens. Vous pourrez aller jusqu'à ce pont qui traverse la rivière, mais pas au delà, pas dans la montagne. »

Or, les Bokhares et les Asiatiques musulmans en général ont l'entêtement solide, surtout s'ils en ont reçu l'ordre de leur chef. Ils vous accablent de leur dévouement, vous abreuvent de paroles mielleuses et serviles, mais, au fond, pour vous donner une plus grande idée du chagrin simulé de leur refus. Le tocksaba trouve même un prétexte pour ne pas envoyer des chasseurs indigènes à la recherche d'animaux pour les collections :

« Les Kirghizes ont peur, dit-il, des incursions des Karatéghinois qui sont grands voleurs; mais un homme pourra vous apporter des plantes et des herbes. »

Et de fait on apporte des plantes arrachées du sol et en mauvais état, quoiqu'on leur eût recommandé de ne prendre que des échantillons entiers.

« La chose la plus précieuse que j'avais sur moi, raconte Fedchenko, était une montre dont j'eus l'idée de faire cadeau au tocksaba. Par malheur, elle fut si mauvaise, qu'à peine arrivée au Kourgane, elle s'arrêta. Le tocksaba me la retourna en me priant de la réparer ou de la lui changer. Je me doutais bien qu'il l'eût détériorée en la faisant marcher par plaisir, mais cela n'avançait point les choses, parce que la réparer ou la changer je ne pouvais. »

Circonvenus de la sorte et emprisonnés par le mauvais vouloir des Kokandais, les voyageurs sont forcés d'abréger même leur séjour sur l'Alaï et de borner leur exploration à quelques excursions autour du campement. Déjà, le lendemain de leur arrivée, les djiguites viennent clamer qu'il faut incontinent s'en retourner. Le troisième jour ils essayent de l'apeurement, disant avoir reçu des nouvelles d'une action offensive imminente des Karatéghinois, et continuent par le récit de différents autres épouvantails.

Le tocksaba lui-même vient, le soir, débiter officiellement les balivernes et manifester les craintes que les djiguites n'avaient cessé de feindre durant la journée, et inviter les Russes à camper dans le Kourgane, insistant sur la nécessité absolue du départ. Naturellement, la nuit ne fut aucunement troublée. Ceux qui connaissent le caractère bokhare auraient été étonnés qu'il en fût autrement.

« Je me levai la nuit, dit Fedchenko, et fis le tour du Kourgane. Personne ne se réveilla; seul, un petit chien donna de la voix longtemps sans qu'aucun des dormeurs y fît attention. Le lendemain je m'aperçus que les provisions d'orge que, pour parer à toutes les éventualités, j'avais pu emporter avec beaucoup de difficultés, avaient considérablement diminué; et comme, à Outch-Kourgane on m'avait dit qu'ici nous pourrions refaire nos provisions, je m'aperçus que dans le Kourgane également elles avaient diminué! »

Lorsque Mme Olga Fedchenko eut fini son aquarelle de l'Alaï, on résolut de partir, et le 24 juillet l'expédition s'engagea, par la passe de Kavouk, dans la gorge d'Ak-boura et rentra le 1er août à Och. La caravane s'était augmentée d'un jeune yack (*Bos grunniens*) dont le tocksaba, pour ne point rester à court d'amabilités, avait fait cadeau à nos voyageurs. Il fut résolu de ne pas le tuer, au grand déplaisir les djiguites, car ils aiment beaucoup la très succulente viande de cet animal de l'Alaï et du Pamir. Il arriva en bonne santé à Tachkent où, dans les premiers temps du moins, il ne justifia pas les craintes de son refus d'acclimatement à une altitude si basse, comparée à celle de son pays natal.

Fedchenko a atteint en 1871 le point le plus rapproché de l'itinéraire des explorateurs anglais, qui était alors le lac Sary-Kol, visité par Wood en 1838. Il n'en fut qu'à une distance de 240 verstes.

« Cette distance est à peu près celle qu'en Europe on peut parcourir en cinq heures, distance égale à celle qui sépare Tachkent de Samarcande. Malgré cela, je le crains, le lac de Wood sera plus éloigné pour les voyageurs futurs de l'Alaï que s'ils faisaient le tour par Suez et l'Inde; et cependant on pourrait faire cette route par le Pamir en douze jours, ainsi que l'a parcourue le moullah émissaire des Anglais. Ces 240 verstes constituent une zone neutre où jamais ni Russes ni Anglais n'ont mis le pied, et pourtant cette contrée présente le plus grand intérêt scientifique. Les Anglais ont fait les plus louables efforts pour l'explorer, et un des leurs, Hayward, a payé de sa vie ses tentatives héroïques pour dévoiler les mystères du Pamir. »

« Mon plus profond désir, celui de visiter le Pamir, ne se réalisa pas. Mon itinéraire s'est arrêté au bord du « Toit du monde ». En y réfléchissant aujourd'hui, au moment ou j'écris ces lignes, j'ai conscience qu'il a dû en être ainsi. Arrivés à quelques journées de marche seulement d'une des contrées les moins connues du globe terrestre, il se trouve un colonel, un tocksaba kirghiz, qui à mon désir, à ma demande « aller plus loin » oppose un « non, pas plus loin, il faut retourner. »

« J'étais alors fort dépité contre ce colonel, contre ce concours fatal de circonstances défavorables, mais je dois avouer que cet homme avait raison. Comment aurions-nous pu, sans vivres, sans fourrage et dans l'impossibilité de nous en procurer, nous aventurer pour quelques jours seulement dans une contrée déserte; car ce que nous avions avec nous en fait d'approvisionnements ne suffisait même pas pour le retour de l'Alaï, et nous avons souffert de la faim pendant deux jours. Si c'était aujourd'hui, avec les renseignements que j'ai recueillis pendant le voyage, on aurait pu partir pour le Pamir et je serais parti. Je l'aurais visité en entier et n'aurais demandé la route à personne; les seules difficultés que j'aurais pu rencontrer auraient été d'ordre politique. Le Pamir et, en général, la contrée du haut Oxus ne pourra pas demeurer longtemps inconnu ni inexploré : Anglais ou Russes, on dévoilera le mystère, car les conditions ont bien changé dans les dernières années. »

« Je crois du reste, ou du moins je le désire, que ce soient les Russes qui exploreront le Pamir et qu'une fois de plus ils inscriront glorieusement leur nom sur la liste des explorations géographiques. Je le crois d'autant plus que l'accès du Pamir est beaucoup plus facile du nord. Pour autant que j'en ai connaissance par la lecture, le passage des montagnes du côté de l'Inde est difficile et, avant d'arriver au bassin de l'Amou, il faut traverser une large zone montagneuse habitée par des tribus très sauvages et pillardes, tandis que, du côté de la Russie, les conditions sont plus favorables. S'il ne s'agissait rien que de passer par le Pamir, sans l'explorer, un chasseur pourrait, en un mois, partir de Tachkent, traverser le Pamir jusqu'au Sary-Kol et revenir. »

Le désir si noble et si patriotique de Fedchenko ne fut réalisé que cinq ans plus tard, après que Biddulph, Gordon, Trotter et le docteur Stoliczka, les compagnons de Forsyth, eurent exploré le Pamir méridional.

Alors seulement, en 1876 pour la première fois, les Russes pénétrèrent au delà de cette barrière immense du Trans-Alaï et mirent le pied sur le Pamir proprement dit. Le colonel Kastienko, de l'état-major du général Skobeleff, visita les bords du lac Grand-Kara-Koul, le lac des dragons de Hiouen Thsang, et poussa jusqu'à la passe d'Ouz-bel, dans la direction du lac Rang-Koul et du lac Petit Kara-Koul dont l'existence était jusqu'alors problématique.

En cette année de 1876, le khanat de Kokane fut occupé par les troupes russes et réuni au gouvernement général du Turkestan, sous le nom de province de Ferganah. Les Kirghizes de l'Alaï et des montagnes environnantes étaient soi-disant sujets du khan de Kokane, mais sujets bien turbulents et peu disposés à payer l'impôt. Ils se moquaient des ordres du khan, descendaient dans la plaine en hiver, puis, leur coup fait, se retiraient dans les gorges difficilement accessibles de l'Altaï. Ils échappaient de la sorte presque entièrement au contrôle du gouvernement. En outre, les caravanes marchandes, celles, par exemple, qui se rendaient en Kachgarie, ne le pouvaient que flanquées d'une bonne escorte militaire. Le gouvernement russe ne pouvait tolérer cet état de choses. Le général Skobeleff, qui venait de conquérir ses lauriers dans la campagne du Ferganah, fut chargé de mettre les Kirghizes à la raison sur l'Alaï même, dans leur résidence d'été. Il amena, dans son état-major, des savants qui devaient explorer le pays au point de vue scientifique.

Et remarquons ici combien cette association de l'élément savant, travaillant sous la protection de l'élément militaire a déjà porté de fruits en Asie centrale. Dans sa haute sollicitude pour les sciences, le général Kauffmann ne dirigea aucune expédition dans un pays mal ou point connu, sans lui adjoindre des savants spécialistes luttant sur un champ de bataille plus pacifique d'ordinaire, mais prêts à changer la loupe, le piochon, le baromètre, contre un *berdane*. L'expédition de Khiva, celle du Ferghanah, celle de l'Iskandre-Koul et beaucoup d'autres de moindre importance comme but stratégique et politique, ouvrirent aux Russes le pays, à la science des trésors pour les musées et des horizons nouveaux pour l'étude. Napoléon, en Égypte, avait donné le modèle.

L'expédition de Skobeleff partit de Gouldtcha à la fin du mois de juillet 1876, se dirigeant au sud, vers la passe du Taldyk qui donne accès à l'Alaï.

Je ne connais rien de plus difficile pour une colonne en marche que les sentiers de montagne du pays kirghiz, et il faut que les soldats aient la valeur, le courage, l'endurance et l'habileté du cosaque, du tirailleur du Turkestan, pour surmonter, sans pertes, des obstacles comme ceux que la nature du terrain oppose à la marche d'un corps expéditionnaire dans les montagnes du Turkestan. Déjà en 1868 le général Abramoff avait dirigé avec une habileté admirable une colonne dans les pays du haut Zérafchâne, et son entreprise fut couronnée d'un

Fig. 13. — Cosaques et Chinois.

plein succès; pourtant les difficultés du terrain étaient sinon plus grandes, du moins tout aussi dangereuses que celles que rencontrait Skobeleff, et celui-ci devait opérer à une altitude de 12 000 à 15 000 pieds et traînait de l'artillerie de montagne.

Il faut avoir les nerfs solides, écrit Kastienko dans la « Russische revue », pour résister au vertige en suivant des chemins en corniche qui sont à peine des sentiers. Des ponts très primitifs, jetés sur des ravins profonds, ne peuvent être passés que par un homme et un cheval à la fois et à une distance suffisante pour que l'un ne s'y engage que quand l'autre a passé.

A quelques verstes en amont de Gouldtcha, où Skobeleff, trois mois auparavant, avait eu à soutenir un combat sérieux, une forte bande de Kara-Kirghizes, sous le commandement d'Abdoul-Beg, veulent tenter la fortune d'un combat de montagne. On se bat pendant trois heures. Les Kirghizes, retranchés derrière les murailles, en cailloux entassés, d'un fortin, ne lâchent pied que quand ils voient les tirailleurs, ayant contourné la position, les menacer du haut de la montagne. Nous avons vu ce fortin, aujourd'hui en ruines; nous avons suivi, dans notre marche vers le Pamir, la route de Skobeleff; nous avons marché également sur les sentiers du Fan-Darja et de l'Iskandré-Koul, où Abramoff avait opéré naguère, et nous admirons les soldats du Turkestan.

Les Kara-Kirghizes, dans leur fuite, coupent le pont du ravin. Trois heures suffisent pour le réparer, et la colonne continue sa marche en avant. Tantôt on escalade des pentes couvertes d'éboulis, tantôt on longe des précipices sur des corniches larges de 30 centimètres (un quart d'archine); plus loin un sentier, large d'un pied, les mène dans des gorges profondes. On passe des torrents charriant une eau glaciale qui monte à la poitrine des soldats. Et pourtant on ne perd qu'un seul cheval de bât : un faux pas l'a précipité avec sa charge dans le ravin, et il disparaît. La colonne a fait une étape de vingt verstes; le lendemain elle en fait vingt-huit!

Cependant Hassan-Beg, frère d'Abdoullah, se présente devant le général pour lui annoncer la soumission des Kara-Kirghizes. Skobeleff le reçoit bien et lui fait cadeau d'une robe d'honneur (*khalat*) et d'une montre en or. Dès lors on nourrit l'espoir que l'expédition se terminera sans effusion de sang, que les savants auront plus de besogne sur l'Alaï que les soldats.

Au milieu de ces projets pacifiques se répand le bruit que les Kara-Kirghizes, sous les ordres d'Abdoullah, auraient massacré le messager qu'on leur avait dépêché. Immédiatement une colonne volante, sous le commandement du prince Wittgenstein, et envoyée à leur poursuite et prend les devants. Le lendemain, 29 juillet, le gros de l'expédition avance à son tour et s'engage bientôt dans le sauvage et pittoresque défilé d'Artchat. On laisse à droite la passe du Taldyk, afin de marcher sur les traces du détachement de Wittgenstein. Les pentes abruptes de la montagne sont couvertes de genévriers (*artcha*), de spirée, d'aubépine, d'arbustes auxquels se mêle, de-ci de-là, un bouleau rabougri. Par un sentier rapide et ondulé on arrive à la hauteur de 10 300 pieds, lorsqu'au sommet de la passe éclatent les hourras des soldats en face du tableau grandiose qui s'offre à leurs regards. A leurs pieds s'étale la

plaine de l'Alaï, toute couverte de hautes herbes argentées et ondoyantes sous la brise, traversée par le long
ruban rouge des eaux argileuses du Kizil-Sou[1]; puis,
au fond, la muraille neigeuse du Trans-Alaï avec le
pic Kauffmann et, au delà, le Pamir. Bientôt le
sabot des chevaux foule l'herbe épaisse, succulente et
fleurie de la haute steppe, et quand, à l'altitude de près
de dix mille pieds, le bivouac est établi, que le samovar
a fait sa besogne, la gaieté s'exhale en chansons joyeuses
et guerrières du vieux temps de Poukatcheff. Mais il y
a beau temps que les cosaques gardaient la frontière
sur l'Oural, l'Emba et l'Irtich; ils viennent, le 29 juillet 1876, de la reculer sur le Toit du monde, en
chantant.

Leurs refrains n'ont pas changé. Ils les ont chantés
en 1857, au pied du Thian-chan, du côté de Vernoïé;
en 1866 sous les murs de Tachkent; en 1868 sur les
ruines de la forteresse bokhare de Samarcande; en 1873
sur les bords de l'Oxus, du côté de Khiva; en 1875 dans
l'oasis de Kokàne; et, dans quatre ans, Skobeleff les
mènera, drapeaux au vent et musique en tête, à l'assaut
de Géok-Tepé, où quatre-vingt mille Turcomans s'obsti-
nent à ne pas aimer leurs refrains.

Pendant que le corps expéditionnaire est venu prendre
position sur l'Alaï, la colonne Wittgenstein a poursuivi
les Kirghizes fuyant vers le Pamir. De grands troupeaux
de moutons, de chevaux et, chose plus importante, la
mère et les femmes d'Abdoul-Beg sont tombés au pouvoir des Russes. Aussi le lendemain les chefs et les
anciens de toutes les tribus kirghizes nomadisant sur

1. *Kizil* = rouge; *Sou* = eau.

l'Alaï se présentent devant le général pour faire leur soumission aux Russes, au Tzar blanc. Skobeleff, usant d'une magnanimité politique d'autant plus efficace qu'elle ne pouvait être interprétée comme une faiblesse, les frappe d'une peine légère. Pour les punir de leur désobéissance autant que du fait de leur participation en assez grand nombre à la révolte d'Abdoullah, il leur impose une augmentation extraordinaire de quatre à six roubles de l'impôt sur les moutons, et leur annonce que, dans le courant de l'année, ils auront à fournir quelques centaines d'ouvriers pour faire le chemin de Gouldtcha à Soufi-Kourgane. Il rend d'ailleurs tous les prisonniers à la liberté. Quant à la mère d'Abdoullah, portant le titre de « datkha » et vénérée des siens pour ses qualités d'esprit, elle fut honorée de la visite du général. A la nouvelle de l'approche des Russes, elle avait d'abord fui à Kachgar; puis, après avoir été exposée aux vols et aux mauvais traitements des Kachgariens, elle était revenue au milieu des siens, où le prince Wittgenstein l'avait faite prisonnière. Skobeleff la reçut avec les égards dus à ses qualités, lui fit de beaux cadeaux, et l'engagea à exercer désormais toute son influence à l'apaisement des esprits parmi les Kara-Kirghizes. Elle accepta très volontiers et promit d'écrire à son fils Abdoul-Beg pour l'amener à se soumettre à la domination russe.

Abdoullah, dit-on, voulut fuir d'abord en Afghanistan, puis, en Kachgarie. Afin de lui couper la retraite et amener éventuellement le gouvernement de Kachgar à le livrer comme chef de la révolte, le prince Wittgenstein, avec le colonel Kastienko et un détachement de cosaques, furent envoyés sur le Pamir.

Le campement des troupes se trouvait alors au pied du Trans-Alaï, en face de la passe de Kizil-Art. On partit le soir, à neuf heures, par une obscurité presque complète. Au fur et à mesure que les chevaux avancent, le terrain devient de plus en plus difficile. Des ravins, des bas-fonds alternent avec des monticules où d'innombrables trous de marmottes s'ouvrent sous le pied des chevaux.

« Il fallait, dit Kastienko, entièrement se fier à l'instinct de nos montures, et nous marchions ainsi pendant sept verstes dans l'obscurité, la lune ne devant se lever que plus tard. »

A l'entrée de la gorge de Kizil-art, nouvelles difficultés : on marche dans le lit d'un torrent ; les cailloux charriés par les eaux sont d'abord petits, mais bientôt deviennent si gros et si nombreux que les chevaux ne peuvent avancer qu'avec la plus grande difficulté. Au moment où la marche devient presque impossible, la lune apparaît et, la clarté blafarde de ses rayons illuminant un paysage lunaire, on atteint le sommet de la passe, à 14 500 pieds. Alors apparaissent au loin les entassements fantastiques des chaînes de montagnes du Toit du monde, une mer de montagnes d'où émergent des crêtes comme des vagues figées et des pics sans nombre couverts de neige éternelle, comme des glaçons.

Nous avons vu ce paysage en hiver, et il nous a laissé une impression ineffaçable.

Kastienko et ses compagnons ne peuvent donner plus de temps à l'admiration et à ce recueillement particulier qui nous arrête à la vue d'un paysage grandiose, qu'il n'en faut au souffle de leurs chevaux pour devenir moins précipité. Mais de quel côté dirigeront-ils leur chasse à l'homme? Abdoullah connaît le Pamir. A leur pied se montre un dédale de vallées larges, étroites, s'entre-croisant, s'incurvant sans que le roc ni l'éboulis aient conservé l'empreinte des pas du fuyard. Ils campent, à 3 840 mètres d'altitude, au bord du lac Grand Kara-Koul dont les eaux n'avaient jamais reflété la figure d'un Européen, sinon de Marco Polo. Les journées sont chaudes, les nuitées froides, et le thermomètre, le 1er août, tombe à zéro. On se chauffe en brûlant la fiente des animaux. Kastienko explore le lac et les environs, fait des observations scientifiques du plus haut intérêt et pousse son exploration jusqu'à la passe d'Ouz-Bel, à 4 660 mètres d'altitude. Il diminue de plus de 150 verstes la zone inconnue du Pamir en rapprochant son itinéraire de celui de la mission Forsyth, et fournit de nouvelles données à la cartographie si indécise de la région transalaïenne.

Entre temps la nouvelle de la fuite rapide d'Abdoullah vers l'Afganistan se confirme. Il fuit les Russes, son pays et les siens pour se réfugier chez l'émir de Caboul et se propose, dit-on, de faire un pèlerinage à la Mecque[1].

Le but de l'expédition est désormais atteint. Skobeleff ramène ses troupes par l'Alaï jusqu'à Daraout-Kourgane où, cinq ans auparavant, Fedchenko avait souhaité l'arrivée de ses compatriotes. Après que Kastienko eut traversé une seconde fois la chaîne du Trans-Alaï à la passe de Terss-Agar et découvert la rivière pamirienne de Mouk-Sou, après que les savants eurent fait une ample récolte de collections et de documents géogra-

---

1. Il est mort depuis, à Caboul sans s'être réconcilié avec les Russes. Nous retrouverons ses frères et son fils à Goultcha.

phiques nouveaux, le corps expéditionnaire passe le 50 août le col de Kara-Kazyk et rentre à Kokâne.

A partir de ce moment, l'Alaï est russe et la frontière du grand empire moscovite court sur le Pamir, au sommet des chaînes qui entourent au sud le Grand Kara-Koul. Mouchketoff en 1877 et 1878, mais surtout Sévertzoff en 1878, se rapprochent du point le plus septentrional atteint par les Anglais.

Le premier Européen, Sévertzoff, campe sur les bords du lac Rang-Koul, d'où il découvre au loin le Moustag-Ata, « le père des montagnes de glace », qui élève sa pyramide irrégulière, couverte de la neige des temps passés, à 7 860 mètres. Il pénètre jusqu'au centre même du Pamir, dans la vallée de l'Alitchour, visite le Jachil-Koul ou « lac jaune » et, ne se trouvant qu'à trois ou quatre journées de marche du lac Sary-Kol, aurait rejoint l'itinéraire des explorateurs du Sud, si le manque de provisions ne l'avait forcé à revenir sur ses pas.

Enfin, en 1883, l'expédition pamirienne de Poutiata. Ivanoff et Bendersky, la plus importante comme étendue et comme résultats acquis, visita le Pamir dans presque toutes les directions. Pendant cinq mois et demi, du 20 juin au 2 décembre, le capitaine Poutiata et le topographe Bendersky d'un côté, l'ingénieur des mines Ivanoff de l'autre, arpentent la surface du Toit du monde, multiplient leurs itinéraires, dont le réseau coupe et recoupe les itinéraires antérieurs, de sorte qu'on peut dire aujourd'hui qu'aucune chaîne de montagnes considérable, aucun cours d'eau notable du Pamir n'ont échappé au regard. L'orographie de l'immense massif nous est, depuis lors, connue dans ses grands traits plus que suffisamment pour renverser les hypothèses antérieures, notamment l'hypothèse d'une immense arête méridiennale pamirienne à laquelle Alex. de Humboldt avait donné l'appui de la grande autorité de son nom.

Je ne voudrais pas « ennuyer » le lecteur par le récit monotone et dogmatique des découvertes réalisées par cette expédition, quoique les voyages les plus importants ne soient pas ceux où les voyageurs sont à chaque instant exposés à trouver la mort sous les dents d'un fauve, la flèche d'un sauvage ou au fond d'un précipice; mais je prendrai dans le récit du capitaine Poutiata quelques épisodes typiques qui montreront quel genre de difficultés rencontre une expédition d'été sur le Pamir et surtout combien, en dehors des éléments dits naturels, l'élément *homme* doit entrer en ligne de compte dans une région de la terre où, au premier abord, le voyageur semble n'avoir à lutter que contre la nature.

Nous avons eu, dans notre traversée du Pamir en 1887, outre la neige, les tempêtes et la famine, les mêmes vexations à supporter de la part des Kirghizes chinois, des Afghans et des Tchitralis; et après nous le capitaine Grombchefsky, dans son voyage au Kanjout, a dû vaincre les mêmes résistances du fait des habitants du Pamir. Ces voyageurs « qui collectionnent des pierres, des plantes, des insectes, qui dessinent, écrivent, regardent les étoiles à travers un tube et mesurent la hauteur des montagnes » ne sont jamais crus sur parole, car la curiosité des choses de la nature est une de ces qualités modernes qu'on chercherait vainement dans les ornements de l'esprit d'un Asiatique. Il comprendra qu'on voyage pour faire du commerce, même sur le Pamir, qu'on fasse le *hadj*, c'est-à-dire le pèlerinage à la Mecque, qu'on aille au loin trouver un débiteur, qu'on soit derviche ou fakir ambulant, ou pèlerin vers les tombes des saints illustres; mais il ne se déplacera pas pour le plaisir de voir un paysage, un peuple différent du sien, pour trouver une route nouvelle pouvant profiter à son pays ou à d'autres que lui et les siens. L'égoïsme personnel est très développé en dehors de l'hospitalité légendaire, mais l'égoïsme national, si l'on peut dire ainsi, fait défaut chez le Turkestanien, qu'il soit sujet de Kachgar, de l'émir de Bokhara ou de celui de Caboul. Le Sarbaze, le Karaoul défend le pays, la frontière, parce qu'il en a reçu l'ordre d'un chef, d'un plus fort que lui et qu'il en serait puni dans sa personne et dans celle des siens, s'il ne le faisait pas.

Tel n'est pas l'Afghan.

Mais suivons l'expédition russe sur le Pamir.

Le 20 juin l'expédition, composée en tout de vingt-deux hommes, dont douze cosaques, et de soixante-quatre chevaux, quitte la ville d'Och. Après avoir passa le col de Taldyk et l'Alaï, puis la passe de Kizil-art, elle arrive sur le Pamir et atteint les bords du grand Kara-koul. Le col de Kara-art, un des plus élevés du Pamir, car il atteint 5 000 mètres, la mène à l'est dans une région non encore explorée, et bientôt à la frontière kachgaro-chinoise. Ici se présente une difficulté sérieuse. Il était très probable que de leur première rencontre avec les Kirghizes chinois dépendait le succès du voyage. Ce ne fut donc pas sans curiosité qu'ils virent le beg de Mougi, chef des Kirghizes chinois de l'endroit, forfaire à tous les principes de l'hospitalité orientale, ne pas venir les complimenter, ne pas se montrer et même ne pas envoyer prendre des nouvelles de leur santé. Un interprète envoyé au beg pour demander des

guides au lac Petit Kara-Koul et transmettre les civilités
des Russes, revint bientôt accompagné du beg Kassim,
entouré d'une foule considérable de Kirghizes.

Kassim-Beg, un vieillard malade, souffrant de conjonctivite suppurée, se montra fort loquace. mais fit
savoir, dès les premières paroles, qu'il lui était impossible de laisser les Russes poursuivre leur chemin
avant qu'il n'en eût reçu l'ordre de Kachgar; que, par
conséquent, ils devraient attendre la réponse de Kachgar.
On eut beau lui dire qu'à Kachgar les autorités étaient
prévenues depuis deux mois; que la Russie et la Chine
n'étaient pas sur pied de guerre; qu'au reste on
passerait outre, il fallut remettre au beg, pour sa
propre décharge de responsabilité, un bout de papier,
un « khatt » orné d'un cachet, grand si possible, car
une lettre fait toujours plus d'effet qu'une avalanche de
paroles, que les meilleures raisons. Muni de son khatt
et ne pouvant s'opposer par la force au départ des
Russes, il les laissa poursuivre leur voyage en attendant
anxieusement le courroux et les reproches, qui ne
tarderaient pas à lui parvenir de l'autorité supérieure
de Kachgar. Ivanoff, d'un côté, Poutiata et Bendersky
de l'autre, prennent des routes différentes.

Cependant les Kirghizes, croyant que l'expédition
était venue pour rectifier la frontière ou pour châtier
le brigand Sahib-Nazar, écumeur redouté sur le Pamir
entier, et ces deux choses leur plaisant beaucoup, la
reçurent sans hostilité, se contentant d'expédier estafette
sur estafette à Kachgar. Néanmoins à Tach-Kourgane le
beg leur refuse des vivres et des guides; mais l'atti-
tude énergique de Poutiata en impose aux Kachgariens.
Bien qu'à contre-cœur, ils finissent par accéder à ses

demandes et lui font même voir leur forteresse, qui n'en valait du reste pas la peine.

Arrivés, après quelques jours de marche, à l'entrée de la vallée d'Ak-baïtal (vallée de la jument blanche), les cosaques escortant les bagages et les Kirghizes voient, à leur grand étonnement, s'élever au loin un nuage de poussière. Bientôt, au milieu du nuage, ils ont reconnu un détachement de cavaliers. A leur vue, les Kirghizes sont pris de panique et, aux cris de « les Chinois! les Chinois! » s'enfuient dans toutes les directions. C'étaient effectivement plus de cent cavaliers chinois, commandés par deux « ambanes », que le gouverneur de Kachgar avait envoyés à la rencontre ou plutôt à la poursuite des Russes sur le Pamir, car ils arrivaient trop tard pour les empêcher d'explorer le Sarykol et Tach-Kourgane. Poutiata, à ce moment, avait établi son camp à 28 verstes du Rang-Koul. Les Chinois lui envoient des courriers pour lui annoncer qu'ils étaient venus pour connaître le but de l'arrivée des Russes sur le Pamir. Ils commencent par questionner les trois cosaques, restés avec les bagages, sur tout ce qui était arrivé jusqu'alors, en insistant pour connaître ceux des Kirghizes qui avaient rendu service à l'expédition tout le long du chemin. Nous sûmes plus tard, quand, avec Bonvalot et Pépin, nous passâmes par le Rang-Koul et qu'une aventure presque identique nous arriva avec les postes chinois, que tous ceux qui avaient facilité la marche des Russes en 1883, ceux qui leur avaient loué des bêtes de somme, vendu des vivres, accepté des cadeaux, avaient été bâtonnés et condamnés, les chefs à la dégradation et à l'exil au fond de l'Obi — dans ce que nos djiguites appelaient la « Sibérie chinoise », — et les propriétaires, en outre, à la confiscation de leurs biens.

Poutiata, pensant qu'un entretien de vive voix avancerait les choses plus rapidement qu'un échange de courriers et de lettres, se rend dans le camp chinois, où il trouve les deux ambanes occupés à fumer leur pipe d'opium. A sa vue, l'aîné des deux dignitaires chinois se lève et l'invite à s'asseoir. La conversation s'engage d'abord sur un ton aimable, les Chinois regrettant que les Russes n'aient pas annoncé leur venue, parce qu'on les aurait mieux reçus, tremblant à l'idée qu'il aurait pu leur arriver malheur.

« Et quel rang occupe le chef Poutiata? demande l'ambane Djandarine.

— Je suis capitaine d'état-major, et probablement du même rang que l'ambane », répond Poutiata. Mais Djandarine comprend mal sans doute par la bouche des deux interprètes, et intitule dès lors son interlocuteur « capitaine général » et « colonel ».

« Le chef russe a eu tort tout de même; il est venu sur nos terres sans permission. Que diraient les Russes si nos troupes venaient inopinément dans le Ferghanah? Nous sommes occupés à rectifier nos frontières... votre arrivée est malencontreuse.... Le Sarykol est bien à nous!

— Nous n'avons pas de troupes avec nous, répond le capitaine. Il n'y a que les douze cosaques de l'expédition mentionnés dans la lettre ouverte. Vos sujets viennent librement dans le Turkestan, et sans doute en ce moment plusieurs marchands chinois sont établis à Marguelane. Chez nous, rien n'est fermé pour personne. Il est vrai que je suis venu sur vos terres, mais où elles finissent exactement, je ne sais. Les commissaires délégués s'occupent de la frontière et cela ne me regarde point... nous voyageons dans un but spécial tout différent.:

— Le général-capitaine aurait dû attendre auparavant une réponse de Kachgar.

— Je vous ai déjà expliqué pourquoi j'ai continué. J'ai beaucoup à faire et je n'ai guère de temps pour rester longtemps au même endroit. »

L'ambane garde le silence pendant quelques minutes, puis reprend :

« Voici l'affaire.... Nous sommes envoyés par notre général pour savoir les intentions du détachement russe venu dans le Sarykol. Nous croyons tout ce que nous a dit le commandant russe; mais il se pourrait que le général en chef ne nous crût pas.... Poutiata ne voudrait-il pas nous accompagner à Kachgar?...

— Je serais très heureux d'accepter votre invitation, car je suis fatigué de la montagne et j'aurais du plaisir à me reposer pendant quelques jours à Kachgar. Mais de même que vous désirez faire de votre mieux pour exécuter les ordres de votre général, de même je dois exécuter ceux de mon chef et me rendre là où j'ai reçu l'ordre d'aller, c'est-à-dire sur les Pamirs et non à Kachgar. »

Peu à peu la tente s'était emplie de Chinois armés.. En présence de la tournure désagréable que la conversation commençait à prendre, Poutiata essaye de la terminer au plus vite.

« Ainsi, reprend l'ambane, le commandant est surchargé de besogne, mais ne pourrait-il, en son nom, envoyer quelqu'un de ses aides ?

— Mes compagnons me sont très nécessaires; je réfléchirai à ce qu'on pourra faire, mais comme je suis très fatigué aujourd'hui, je donnerai une réponse définitive demain. »

Et Poutiata se lève sans qu'on essaye de le retenir; l'ambane lui tend la main, mais le commandant feint de ne pas s'en apercevoir et, au moment de partir, le deuxième ambane, Vé-van-de, lui dit :

« Nous pourrions bien retenir auprès de nous le commandant russe et l'amener à Kachgar, mais nous ne le faisons pas, parce qu'il a rang de général-capitaine.... Pensez à nous! »

En revenant au bivouac russe, Poutiata et ses compagnons, trompés par la neige et la pluie, s'égarent, et ce n'est que le lendemain matin que la rencontre propice de deux Kirghizes leur permet de rentrer au campement. Ce même jour, le commandant russe envoie à l'ambane une lettre dans laquelle il lui explique l'état des choses, fixe les responsabilités et s'offre de lui dépêcher, pour l'accompagner à Kachgar, un de ses interprètes sous condition que l'ambane lui détache un de ses compagnons, qu'on enverrait à Tachkent. Les Chinois, contrairement aux principes élémentaires de l'hospitalité, avaient fort mal reçu les Russes, aussi le capitaine finit-il sa lettre en priant l'ambane de lui faire l'honneur d'accepter son invitation et de venir lui rendre visite; il ajoute que le cosaque a reçu ordre de joindre le camp avec les bagages et de mettre à la disposition de l'honorable ambane tout ce dont il pourrait avoir besoin, dans un pays aussi désert, où sans doute il manquerait de beaucoup de choses. Ce post-scriptum rendit Djandarine très confus, mais il montra surtout de l'inquiétude à la lecture d'un passage de la lettre où il était dit que « nos cosaques nous sont nécessaires dans le pays que nous allons parcourir sur le Pamir. Ils sont peu nombreux, mais ils tirent si bien et sont tellement braves qu'un seul homme en vaut dix. »

Djandarine, ne comprenant pas le sens de la phrase s'écrie :

« Cependant votre commandant m'avait dit qu'il n'était accompagné que de douze cosaques, et voilà qu'il nous écrit que chaque Russe en a dix avec lui ! Enfin, combien êtes vous ? »

Et le cosaque porteur de la lettre a de la peine à lui expliquer le sens de la phrase.

Cependant l'affaire s'arrange. Les Chinois, venus surtout dans le but d'empêcher le voyage des explorateurs sur leur territoire, se trouvant en présence d'un fait accompli et, voyant les Russes s'éloigner de leur frontière, laissent partir les bagages et, fort mécontents, retournent à Kachgar tandis que Poutiata et ses compagnons continuent l'exploration du Pamir dans la direction de l'ouest.

Le 11 août, par la route si difficile du Wakhane-darja que, quatre ans plus tard, nous devions suivre pour gagner l'Inde, l'expédition atteint Sarhadd, premier village du Wakhane, puis la capitale, Kala-i-Pandj. La révolution qui éclata à ce moment et devait, quelque temps après, abandonner la petite principauté au pouvoir des Afghans, empêcha les voyageurs de passer dans le Tchitral et d'avancer plus à l'ouest. Ils reviennent sur le Pamir, se séparent, se réunissent pour le mieux explorer dans toutes ses parties, et se rencontrent à

Kok-djar, à l'endroit où se tenait alors Sahib-Nazar, la terreur des Kirghizes pamiriens.

Ce brigand célèbre est un des « outlaws » les plus intéressants qu'on puisse rencontrer. Kirghize d'origine, voleur de profession, il n'appartient à aucune nationalité. Chef d'une nombreuse famille qui lui forme une garde du corps, il règne sur la région du lac Koudara, où il fait paître ses troupeaux et hante les cauchemars des Kirghizes nomadisants de l'Alaï et du Sarykol. Il ne descend jamais dans la plaine, passe l'hiver dans les neiges, à treize mille pieds d'altitude, et livre de temps à autre bataille à ses voisins pour s'emparer de leurs troupeaux. Il opère jusque sur les bords du lac Rang-Koul, sans que jusqu'alors les Chinois de Kachgar aient pensé à se débarrasser de lui. Depuis que les Russes ont pris possession de l'Alaï, il n'ose plus molester les sujets du Tzar blanc. Les Kirghizes, terrifiés, racontent des merveilles de son courage et des ruses qu'il emploie dans ses expéditions de brigandage. Cependant, dit Poutiata, sa physionomie ne répond pas à l'idée qu'on pourrait se faire de sa personne d'après les histoires des Kirghizes. Il a l'air plutôt d'un vieillard vénérable que d'un brigand. Agé de soixante-dix ans, haut de taille et de formes athlétiques, avec une physionomie avenante où brillent deux yeux petits et malins, il est fort malade. Sa main droite, cassée, est entourée de bandages. Il souffre beaucoup de la fracture de l'os de la hanche et de quelques côtes. Il y a quelques années, une chute de cheval, sur l'Alaï, l'a fortement endommagé. Depuis lors il se livre à la dévotion et passe des journées entières en prière, à genoux. Il abandonne les expéditions à ses frères, à ses petits-fils. Il est allé à la rencontre de Poutiata, entouré de la foule armée de ses descendants, tous adolescents avec des physionomies de brigand, pour se dire le dévoué sujet du Tzar blanc, et prêt à exécuter tous les ordres des Russes. Il s'exprime dans un langage fleuri et donne de la besogne aux interprètes pour se faire comprendre. « Pour la troisième fois, dit-il, ceux de l'Alaï se rassemblent pour se mesurer avec moi, mais je ne sais pas encore s'ils me porteront sur les épaules ou si je les exterminerai tous. »

Ce Sahib-Nazar est certainement un des représentants les plus curieux de l'espèce humaine. Être chef de brigands sur le Toit du monde ; représenter, dans cette partie du monde qu'on a considérée longtemps comme le berceau du genre humain, le premier degré de civilisation de l'humanité, quand la lutte pour une vie précaire et misérable réserve l'héritage du progrès au chef de brigands défendant et enrichissant les siens par la force et la ruse, ce n'est pas banal. Ce Kirghize du Pamir lutte contre une nature implacable, plus que les Lapons et les Tchouktches. Les Fuégiens et les Australiens sont encore hospitaliers dans la mesure de leurs moyens et, après avoir lutté contre l'ennemi : le froid, la faim, le loup et l'homme, le brigand du Pamir redevient quelquefois homme après avoir été brute. Sahib-Nazar se fait dévot, et le Pir, un autre brigand du Pamir que nous rencontrerons dans notre récit de voyage, fait, sur ses vieux jours, l'admiration de trois Européens par ses qualités de l'esprit et du cœur.

Sahib-Nazar rend à l'expédition russe un grand service : il lui permet de se ravitailler par un aksakal du Chougnan, pays dont la frontière est voisine.

Sahib-Nazar a sans doute le respect des armes russes, et les petits États environnants lui ont sans doute aussi proposé leur amitié en échange de la sienne : mais, contrairement au Vieux de la Montagne, il demeure à l'écart du mouvement politique. Kérim-Khân vient de l'Afghanistan fomenter la révolte parmi les Kirghizes de l'Alaï, et se fait prendre au Kokoui-bel, non loin de la résidence actuelle de Sahib-Nazar, par le fils même d'Abdoullah, cet autre chef pamirien qui, naguère, tenta de résister aux Russes.

Après avoir passé trois jours à Kok-djar, en attendant l'arrivée d'Ivanoff, l'expédition se dirige vers le le nord, sur l'Alaï. Bendersky visite le glacier Fedchenko. Peu s'en faut que cette visite ne lui devienne fatale, car n'ayant pu atteindre le campement avant la nuit, il est exposé, sans tente et sans feu, au froid d'une nuit pamirienne. Cependant il a assez de force pour regagner le poste de son compagnon de voyage, où il tombe sans connaissance. La crise est heureusement combattue par les soins que lui prodigue celui-ci, et le 2 octobre, après avoir passé trois mois à une altitude de plus de 10 000 pieds, les voyageurs descendent dans les vallées basses du Karatéghine et du Hissar, où le voyage, dès lors, après les difficultés et les fatigues supportées sur le Pamir, devient une promenade.

Enfin, le dernier jour, Poutiata et Bendersky font une étape de 108 verstes à cheval (115 kilomètres de Derbant à Chahr-i-çabz), laissant aux cosaques qui accompagnent le bât, le soin de la faire en trois jours, et rentrent le 2 décembre à Samarcande, après cinq mois et demi d'absence. Ivanoff, de son côté, avait complété l'exploration du Pamir par celle du Karatéghine, du

Darwaz; puis, par le col d'Isfaïram, était rentré dans le Ferghanah.

Depuis lors le Pamir ne figure plus comme une tache blanche sur nos cartes. Les levés topographiques russes se sont soudés à ceux des Anglais, le soleil a fixé des points de repère nombreux, et le poids de l'air accusé la hauteur des montagnes et des vallées; les plantes, les animaux, les roches attendent, nombreux, dans les musées d'Europe, le savant qui étudiera dans son fauteuil, sur leurs momies, dans leurs squelettes, les êtres animés dont les graines, les parents, ont colonisé le Toit du monde à l'époque lointaine où les roches commençaient à se réchauffer au soleil d'une époque nouvelle, après avoir été couvertes par les mers de glace et les neiges « éternelles » de la période glaciaire.

V

EXPÉDITION DE TROIS FRANÇAIS SUR LE PAMIR.
DE MARGUELANE AU TALDYK.

Trois Français sur le Pamir en hiver. — Pronostics divers. — Données de Ssevertzoff sur le climat du Pamir. — Préparatifs de voyage à l'approche du printemps dans la plaine — Choix de la route et passes de l'Alaï. — La ville d'Och. — Les chevaux du Turkestan. — Les vivres. — Le costume. — Les guides. — Le Kara-Kirghize Sadyk, ancien djiguite d'Abdoullah. — Départ d'Och. Le premier campement. Reprise de la vie nomade. — Langar et le panorama de Gouldtcha. — Le dernier point civilisé du Turkestan russe. — Les Kara-Kirghizes de Makhmoud et de Batyr-beg. La mère d'Abdoul-beg. — La passe du Terek-davane et les Doungânes. Arrivée à Akbassogua, au pied de la passe de Taldyk. — Notre campement. — Vie de l'aoul Kirghize. — Batyr-beg et les pionniers kirghizes. — Trois jours d'attente émouvante. — Les travailleurs de la neige. — Abdou-Reçoul et Satti-Koul, le guide pour le Kandjout. — En avant pour le Pamir!

Et maintenant que le lecteur connaît la plupart de nos devanciers sur le Pamir, nous essayerons de lui retracer à grands traits le passage du « Toit du monde » par trois Français. Ils veulent, après plusieurs tentatives malheureuses pour forcer la frontière de l'Afghanistan, joindre par un nouvel itinéraire le Turkestan à l'Inde et, pour cela, affronter les froids polaires de l'hiver pamirien. Personne jusqu'alors n'avait creusé de sillon dans ces neiges accumulées pendant neuf mois de l'année, et notre tentative fut dès l'abord qualifiée de folle et pour le moins d'irréalisable. « Vous mourrez de froid, de faim; le vent, décuplant les froids, vous tuera et vous serez ensevelis dans une « bourrane ». D'autres, moins pessimistes, nous prédisaient un prompt retour ou plutôt une retraite désastreuse. Ils conseillèrent l'abstention. Deux ou trois amis, de ceux qui ont confiance en leur jugement et soumettent préalablement le mot *impossible* aux épreuves de la méthode expérimentale, nous encouragèrent par des conseils éclairés et une aide pratique et généreuse. En dépouillant le « *Veni, vidi, vici* » de son caractère présomptueux et infatué, ils estimèrent, comme nous, que si le conquérant peut intervertir l'ordre de ces trois facteurs, l'explorateur en face de la nature capricieuse, nous semble-t-il, mais impeccable, peut et doit tenter, livrer assaut à l'impossible d'aujourd'hui, au possible du lendemain et, en suivant la gradation du mot de César, rendre service à ses successeurs même par sa défaite.

Le Pamir jouissait d'une mauvaise réputation. « On ne le traverse, dit Reclus, que pendant quatre mois, de juin en septembre; durant les deux tiers de l'année, la terre est couverte de neige, et les vents sont trop froids pour qu'on puisse s'exposer à leur violence. » (T. VI, p. 320.) Ssevertzow n'est pas plus engageant : « Il n'y a sur le Pamir que dix à quinze jours sans gelées nocturnes; dans la seconde moitié de juillet et en août le thermomètre tombe déjà pendant la nuit à 15 et 17° C. au-dessous de zéro. Dans les vallées longues du Pamir, sur le Kara-Koul et l'Alitchour, par exemple, des vents furieux et continus soufflent sans interruption et deviennent souvent des tempêtes. En septembre, ces vents apportent déjà plus de neiges et des gelées pendant le jour; en octobre, les lacs se prennent de glace, ensuite les rivières, et ne dégèlent qu'à la fin d'avril ou au mois de mai, les lacs plus tard ; mais le mois de juin est encore froid et la neige tombe souvent. L'hiver y dure huit mois environ. Les plus fortes quantités de neige s'accumulent pendant les mois de février, mars et avril, avant le printemps. »

Ce qui, en dehors de l'ambition très légitime de l'explorateur, de faire œuvre grande et nouvelle, nous fit choisir l'hiver pour le passage du Pamir, fut l'ignorance dans laquelle on se trouvait jusqu'alors des conditions physiques sur les grandes hauteurs du formidable massif, et ensuite un avantage d'un ordre tout différent que ne présente pas actuellement l'été, mais qui pouvait alors nous ouvrir mieux la route de l'Inde du fait des hommes et nous permettre le choix d'un itinéraire nouveau. L'hiver, en effet, chasse du Pamir tous les nomades et tous les habitants qui peuvent, dans les vallées plus basses, trouver abri pour eux et leurs troupeaux. Parmi ces habitants temporaires il y a des postes de « soldats », des *Karaouls* chinois et afghans qui gardent avec une singulière jalousie la frontière mal définie de la Kachgarie d'un côté et du Wakhane de l'autre. Or, les tribulations auxquelles récemment, en 1883, l'expédition russe fut exposée, les aventures désagréables que nous-mêmes avions eues il y a quelques mois avec les Afghans des bords de l'Amou-Daria, nous firent considérer comme une éventualité favorable le retrait des Karaouls en hiver, où le gouvernement, quoique méfiant, ne pouvait supposer l'arrivée d'aucun intrus politique du côté de la Russie.

Il est inutile de faire remarquer que tout voyageur, tout Européen, tout étranger, est considéré avant tout comme un espion politique. Dans ces pays où la polistique défiante et jalouse de petits roitelets montagnard-impertinents intrigue pour ou contre les grandes puissances, leurs voisins, la menace de la frontière par l'arrivée d'un individu paraît leur sembler chose plus redoutable que celle d'une conquête de leur pays par une armée.

Nous étions à la fin du mois de février. La plaine du Ferghanah s'était débarrassée de la légère couche de neige qui fond rapidement aux premiers rayons du soleil printanier. Le ciel gris et terne de l'hiver se découvrait au-dessus de la plaine; les derniers contreforts de la chaîne de l'Alaï apparaissaient au sud avec les chaudes bigarrures de leurs marnes et grès. multicolores, tachetés de plaques jaunes de neige pareilles à d'immenses lichens; tandis qu'au loin, au delà de l'immense chaîne dentelée, planant sur le Pamir, s'amassaient journellement de gros cumulus noirs chargés de tempête.

Déjà, au bord des aryks et des rivières rapides et gorgées de neige fondue, d'élégantes bergeronnettes se balançaient en se promenant sur un duvet verdissant de gazon, piqué d'un pointillé jaune de *Gagea*, de *Leontodon* et de la roue blanche des pâquerettes.

Tout annonçait le prompt réveil de la nature printanière dans la plaine steppeuse.

Le moment du départ était venu : car, de l'autre côté du Pamir, dans les vallées et les gorges que nous devions suivre dans un mois, sans chemin tracé sans doute, les rivières et les torrents ne tarderaient pas à dégeler, à grossir de la fonte des neiges et à nous barrer peut-être le passage.

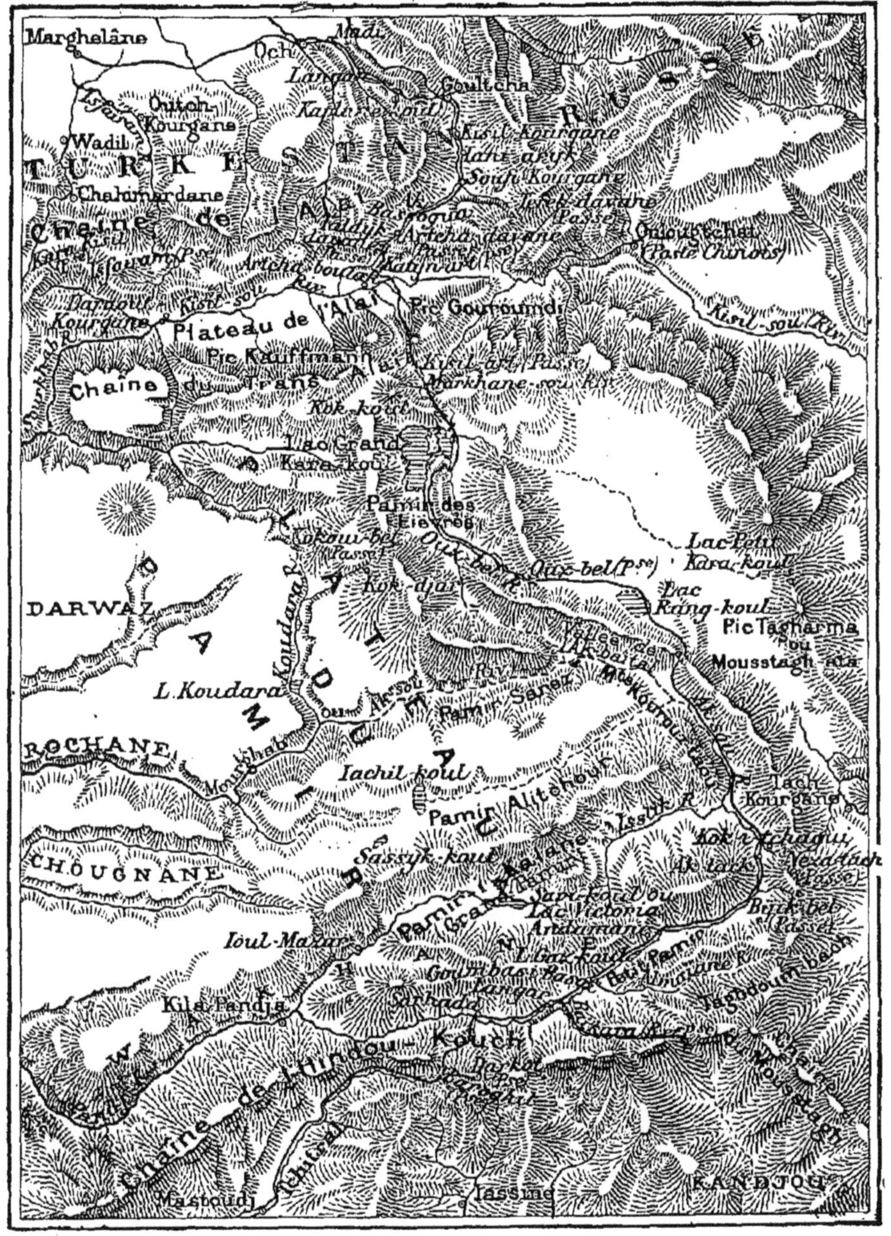

Fig. 14. — Carte du Pamir. Itinéraire de l'expédition française.

Plusieurs routes, assez faciles en été, s'offraient à notre choix pour aborder l'Alaï, cette première terrasse au nord du Pamir. La longue chaîne des monts Alaï qui, sur une ligne latitudinale de 250 kilomètres de longueur, s'offrait à nos regards dirigés vers le sud, présentait plusieurs brèches où le plateau du même nom communique avec la plaine de Kokâne (Ferghanah). Trois de ces passages auraient pu nous convenir dans l'ignorance où l'on était de l'état même du plateau de l'Alaï et des difficultés de marche plus ou moins grandes qui nous y attendaient. C'étaient la passe d'Isfaïram ou du Kara-Kazyk, en face de Marghelâne ; celle du Taldyk, en amont de Goultcha, et le col du Terek ou Terek-davane, seuil de la Kachgarie, accessible il est vrai en hiver, mais qui nous aurait forcés à revenir sur nos pas par le col de Taou-mouronne, afin de gagner l'Alaï par un détour. La route du Terek-davane fut abandonnée la première, parce qu'aux désavantages du détour s'ajoutait celui d'une rencontre possible, d'une opposition probable du poste chinois d'Irkechtàm. Quant à la passe d'Isfaïram, elle nous aurait obligés à nous frayer un chemin dans les neiges de l'Alaï, sur une étendue de 100 kilomètres, avant d'arriver à la passe de Kizil-art du Trans-Alaï et occasionné, dès le début, une dépense de force et peut-être un sacrifice de bêtes de somme trop disproportionné avec la dépense et les sacrifices qu'attendrait de nous le Pamir. On ne choisirait cette route que lorsque le Taldyk aurait été reconnu inabordable, et le Taldyk donnant accès à la haute vallée de l'Alaï se trouvait à peu près en face de la passe de Kizil-art, menant au Pamir proprement dit

On se renseigna de toutes façons auprès des Kirghizes.

on les questionna souvent et longuement : car seuls ils pouvaient avoir une opinion juste sur l'état de l'Alaï et du Pamir. Ces Kara-Kirghizes, en effet, vont, pendant l'été, nomadiser sur les hautes vallées avec leurs énormes troupeaux de moutons, de chevaux, et se retirent de nouveau dans les vallées plus basses des contreforts de la chaîne de l'Alaï quand les pâturages sont épuisés et que la neige commence à s'amasser (fig. 15.)

Batyr-beg, volosnoï des Kirghizes de Goultcha, district d'Och, et Gamtchi-beg, son frère, vinrent nous voir à Marghelâne. Ils opinèrent pour la passe du Taldyk, nous promettant peu de neige en deçà de la passe, et beaucoup au delà. Au besoin on pourrait, avec une centaine de piétons, de chevaux et de yaks, creuser un sentier dans les neiges de la passe jusqu'au débouché de la gorge sur l'Alaï. Tout, du reste, dépendait de l'état de l'atmosphère au moment de l'entrée en campagne. Pendant que Bonvalot partit en avant pour Och, afin de choisir et d'engager des guides, au moins un guide connaissant bien le Pamir, nous fîmes à Marghelâne, avec Pépin, une partie des achats que seuls les magasins européens de la capitale du Ferghanah pouvaient nous offrir. On expédia en Europe les dernières collections et tout ce qui ne fut pas de première nécessité en fait d'habillements et d'instruments, car le poids des bagages, des *impedimenta*, devait être réduit au minimum. Nous gardâmes les appareils photographiques, la pharmacie de voyage fut complétée ; malheureusement aucun hygromètre ni thermomètre à alcool ne purent être trouvés.

Le 1ᵉʳ mars nous étions à Och, dans l'angle oriental

du Ferghanâh, à l'entrée des montagnes. Tous les
jours, le ciel sombre, noir du côté du Pamir, nous en-
voyait de la neige, et tous les soirs, explorant l'horizon
et la direction du vent, on espérait enfin un changement
favorable pour le lendemain. Il nous semblait que

Fig. 15. — Chef kirghize de l'Alaï. (D'après une photographie.)

chaque flocon de neige tombée nous barrait le passage,
avec cette angoisse impuissante qui doit étreindre le
riverain d'un fleuve menaçant d'inonder sous des
pluies incessantes.

Du haut de la terrasse de la maison du chef de district, qui nous avait offert une aimable hospitalité, on

découvrait la ville d'Och, fouillis de maisons jaunes en terre, entassées comme les moellons d'un énorme chantier, au milieu des hauts peupliers en manche à balai; puis, à l'extrémité de la ville, un rocher isolé aux formes bizarres, taché d'une petite mosquée blanche, le Takht-i-Soulimâne ou Trône de Salomon, que quelques géographes ont cru pouvoir identifier avec la tour de pierre de l'itinéraire de Ptolémée. A droite s'étend la plaine d'Andidjâne; à gauche, la vallée s'étrangle entre des collines de plus en plus élevées, et tout au fond, par-dessus les premiers chaînons, apparaissent les dentelures des puissants contreforts de l'Alaï, tout ouverts de neige.

C'est ici que nous organisons définitivement notre caravane. Dans une expédition comme celle que nous sommes à la veille d'entreprendre, qu'on nous dit être pire qu'un voyage dans les glaces du pôle, il faut préparer avec un soin minutieux tous les détails, compter sur le pis afin, pouvant l'inutile, de faire le nécessaire. La réussite de notre entreprise dépendra de quatre facteurs de première importance : les chevaux, les vivres, le costume et les guides. Notre cavalerie doit être d'élite, les vivres abondants, sans superflu de charge, le costume imaginé de façon à garantir du froid faisant congeler le mercure tout en permettant le mouvement; enfin les guides, ou tout au moins le guide principal, devront connaître le Pamir, l'accès aux passes de l'Hindou-Kouch et du Kandjout, et présenter des garanties de dévouement suffisantes pour écarter toute possibilité de trahison ou d'abandon.

Les chevaux du Turkestan sont de races diverses et se divisent aisément en montagnards et chevaux de plaine. Ceux-ci ne peuvent nous convenir, quoique le petit cheval kirghiz, poilu, gros des membres, doux et sanguin, endurant au possible, car il ne voit jamais d'écurie, possède des qualités que nous chercherions vainement dans nos chevaux d'Europe. Quant au *karabaïr*, c'est-à-dire au grand et plus fin cheval bokhare, cheval de ville et de sédentaire, il aurait les défauts du kirghiz de la plaine sans en avoir l'endurance. Restent les chevaux de montagne ; ceux dits de Kachgar ou *iabou* jouissent dans le Turkestan d'une excellente renommée, méritée du reste, mais ils sont rares et se payent cher. Les chevaux kirghizes, dits de l'Alaï, sont répandus et présentent au plus haut degré les qualités d'endurance du cheval kirghiz de la plaine et la sûreté de pied de celui de la montagne. Les Kirghizes en élèvent des troupeaux nombreux appelés *tabounes*, errant en été sur les beaux pâturages de l'Alaï, en hiver, descendant peu à peu dans les vallées de plus en plus basses, où l'on peut les voir vaguer en liberté sur les pentes des montagnes, à la recherche des herbes sèches que leur pied découvre habilement sous une couche de neige souvent épaisse. Que de fois n'avons-nous pas vu ces vaillantes bêtes, lâchées autour du campement, entrer dans la neige profonde de 20 à 30 centimètres, la fouiller à coups de sabot des pieds de devant, pour arriver au sol et aux brindilles d'herbe sèche, qu'elles savaient trouver là où d'autres chevaux affamés auraient baissé la tête. Été comme hiver ces chevaux sont à l'air, jamais couverts, exposés à toutes les intempéries. Aussi la sélection leur a-t-elle permis de se couvrir le corps en hiver d'un poil long et dru qu'ils perdent en été comme, du reste, tous les

animaux domestiques à poil de ce climat extrême.
Plutôt petits, de la taille des « doubles poneys » des
Anglais, ils ont l'encolure droite, le chanfrein légèrement busqué, les reins et le poitrail solides, les arti-
culations de moyenne force, le pied d'une sûreté étonnante, un courage à toute épreuve allié à une douceur
remarquable. Une simple barre, jamais de mors ni de
gourmette, suffit à la douceur de leur bouche ; la mar-
tingale ne sert jamais au Kirghiz et il ne connaît pas
l'éperon. Quatre doubles poignées d'orge et une botte
de luzerne par jour suffisent à la sobriété du cheval, à
la ration du riche, et les autres n'ont jamais d'orge ;
d'aucuns ne reçoivent de leur propriétaire que du roseau
coupé au bord d'un lac des hauteurs.

Tel est le cheval de l'Alaï. Avec de l'orge, il peut
faire dans la plaine, facilement, pendant plus d'un
mois, des étapes journalières moyennes de 55 kilomètres
et sur le Pamir, en été, à plus de 1200 pieds d'altitude,
donner lieu à l'observation suivante, qui est de notre
ami le capitaine Gluchanovsky : « J'ai fait, nous dit le
capitaine, sur le Pamir, 150 verstes sur le même cheval
et sans le nourrir. L'étape m'a pris trente-deux heures
dont vingt-neuf heures en selle et trois heures d'arrêt.
Les Chinois furent étonnés ! » Je le crois sans peine. Ces
chevaux se payent de 50 à 40 roubles en moyenne, soit
75 à 100 francs.

Nous eûmes soin de choisir ceux qui, autant que
possible, n'étaient pas habitués à la ville, à l'écurie ni
à la ration journalière. Il fallait qu'ils fussent déjà
entraînés au régime irrégulier et misérable auquel ils
allaient nécessairement être réduits, et que l'exposition
à l'air durant la nuit leur fût chose naturelle. Quant aux

chevaux de selle, on ne leur demandait pas cette allure si recherchée du Kirghiz de la plaine et si commode pour de longues étapes : l'entre-pas ou *khada*; on préférait la force et la sûreté du pied. Nous achetâmes dix-neuf chevaux à Och, les autres devaient nous être fournis plus haut, à l'entrée de la passe du Taldyk.

Après la question des chevaux, celle, non moins importante, du choix des vivres fut réglée. Les Kirghizes nous disaient qu'on mange peu sur le Pamir, mais que la faim se fait sentir souvent. Ils nous faisaient espérer la présence de quelques kibitkas d'hiver, de *zimovkas* au bord sud du lac Grand Kara-Koul, c'est-à-dire, en cas de besoin, la possibilité d'acquérir quelque mouton des troupeaux leur appartenant. On pouvait également rencontrer des zimovkas kirghizes sur le haut Mourguab. Cependant il fallait ne pas trop compter sur la possibilité et l'imprévu, et s'arranger de façon à pouvoir emporter des vivres au moins pour un mois : car tel était le temps que nous désirions mettre à la traversée du Pamir. On verra plus loin combien ce désir fut loin d'être satisfait

Tous calculs établis soigneusement, aidés que nous étions par l'expérience de notre excellent ami Grombchefsky (qui depuis a pu accomplir un des plus hardis voyages en Asie centrale, je veux parler de l'exploration du Kandjout et du Raskoum), la quantité et la nature des vivres furent fixées de la façon suivante : dix pouds[1] de farine de blé, dont six pouds sous forme de pain, cinq pouds de millet écortillé et torréfié, un poud d'*ourouk* ou abricots secs, trois pouds de mouton désossé,

1. Le *poud* vaut 16 kilogrammes.

six langues fumées, deux fromages de Hollande, un gigot de mouton fumé, seize livres de *balyk* (esturgeon) fumé de l'Oural et de l'Amou, une panse de mouton remplie de graisse, une boîte accidentelle de cocked-beef; en outre du tabac, du thé, du sucre, du pétrole, de l'alcool à 95 degrés et des bonbons anglais.

Le lecteur sera peut-être étonné de l'énumération de choses aussi disparates et croira que certaines d'entre elles sont au moins bizarres, sinon superflues. J'ai déjà dit plus haut que les renseignements nous prédisaient une faim incessante et facile à calmer : or, pour cela, du grain de millet, nutritif, facile à emporter — on en mettra quelques poignées en poche au départ — satisfera aux nombreuses fringales. L'abricot sec fera le même office; il ne pèse pas lourd et constitue une gour- mandise pour les indigènes. Nous ne souffrirons pas de la soif sans doute, et l'esturgeon fumé, salé à point, est un bon aliment, facile à manier et à conserver. La viande, préalablement désossée pour en diminuer le poids, se conservera grâce aux basses températures, ainsi que la graisse de mouton bouillie, emmagasinée à la mode kirghize, dans la vaste panse du ruminant. On arrive, au bout d'un certain temps et en vivant de la vie des indigènes, à préférer cette graisse à toute autre, voire même au beurre, et à ne plus considérer les mangeurs de chandelle comme des barbares.

Jamais, dans nos courses en Asie centrale, nous n'em- portâmes de ces conserves multiples, de ces *tinns* si chères aux Anglais, et moins que jamais le poids de ces boîtes inutiles devait charger nos chevaux. Point de café : le thé, facile à préparer — une pincée dans de l'eau bouillante — donnera, avec le calorique abondant, une boisson tonique dont la préparation réclame peu de soins ni de temps. On ne peut s'imaginer l'effet que produit, au bon moment, après une étape de dix heures dans la neige profonde, par un froid de 25 degrés au-dessous de zéro, une gorgée de la chaude et divine liqueur sur l'âme et le corps des voyageurs au Pamir !

Et chose curieuse et passionnelle ! cet effet ne peut être comparé qu'à celui qu'on attend d'une bouffée de *tchilim*, cette pipe à eau que Rakhmed, notre bon et fidèle domestique, garde comme un bijou, et tire avec mille précautions une des premières du *kourdjine* (sac en toile), où elle occupe un coin à côté de l'accordéon, des fers à cheval, clous, plaque en tôle, bidon d'alcool, marteaux, cordes et autres bibelots dont la nature et la proportion en nombre et en poids ont été étroitement calculées. La plaque en tôle, par exemple, nous servira à faire, sur la neige, du feu qu'un léger arrosage de pétrole nous permettra d'allumer ou d'activer. Avec l'alcool on frottera les membres endoloris de nos chevaux, et les bonbons anglais acidulés nous préserveront dans une certaine mesure du scorbut. Le pain, en galettes épaisses azymes, sera cuit dans de la graisse de mouton pour lui donner plus de consistance et plus de valeur nutritive. Prenons-en beaucoup, car au besoin il pourra suppléer à notre provision d'orge épuisée. Au besoin aussi, nous pourrons manger nos chevaux après qu'ils auront mangé notre pain. N'oublions pas les pelles pour creuser la neige, la hache pour tailler la glace, les cordes, beaucoup de cordes, pour attacher le bât, et choisissons la corde indigène, en crin de cheval, plus solide, plus glissante et moins difficile à manier quand les doigts sont gourds, aux grands froids.

Et que le lecteur ne se fatigue pas à l'énumération de tous ces détails, qui ont chacun son importance et qu'on ne saurait négliger sans compromettre éventuellement le succès final de l'entreprise.

Aussi bien le costume fut-il composé, inventé pour la circonstance (Fig. 16). Deux pelisses épaisses, en peau de mouton, la première serrée à la taille et plus étroite, dans le genre du *bechmet* tatare; l'autre, ample, à manches longues, telle que la portent les indigènes sous le nom de *touloup*, devaient, avec la flanelle sur le corps, en empêcher la radiation. Un pantalon doublé d'une couche d'ouate de deux doigts d'épaisseur fut commandé au tailleur indigène, et un *tchalvar*, vaste pantalon kirghize en cuir, devait protéger le premier de la neige et de l'humidité. Outre les bottes russes en cuir, nous nous fîmes faire des bottes en feutre, dans le genre des *valinki* russes, épaisses d'un doigt, énormes comme ces bottes blindées de reître du seizième siècle.

La tête fut coiffée d'un bonnet à poil, *tépé* kokandais, et, par-dessus, d'un bonnet en peau de mouton de Kachgar, retombant en capeline sur le dos et couvrant tout le devant de la figure en ne laissant qu'une ouverture pour le passage du regard. Les yeux étaient protégés par des verres bleus, grands, ronds et bombés, malheureusement sans armature circulaire en toile, car ils n'empêchaient pas toujours l'ardente réverbération de la neige de provoquer de cruelles ophtalmies. Les instruments les plus indispensables, ceux qu'à tout instant le porteur devait consulter, étaient placés dans des poches superficielles, à portée du premier mouvement. Attifés de la sorte, arrondis et volumineux, chacun de nous provoqua, à la première vue, chez ses compagnons, un accès de

Fig. 16. — Costume pour la traversée du Pamir.
(D'après une photographie de M. Capus.)

folle hilarité, répété souvent dans la suite au milieu
d'accidents tournant au tragi-comique.

La question des guides ne fut résolue qu'imparfaitement à Och. Grâce à la sollicitude du colonel Deubner,

Fig. 17. — Sadyk. (D'après une photographie.)

Bonvalot put, dès les premiers jours, mettre la main
sur un Kara-Kirghize qui devait nous rendre les plus
grands services. Sadyk, — tel était son nom, — au
moment où l'on eut recours à ses qualités, à ses connaissances du Pamir, était attaché à la personne d'un chef
de tribu kirghize, à Batyr-beg, fils d'Abdoullah, dont il

a été question plus haut, à propos de l'expédition de Skobeleff sur le Pamir. Sadyk avait fait le coup de feu avec Abdoullah et ses congénères contre les Russes; mais quand les Kara-Kirghizes eurent fait soumission, il suivit la fortune de son maître Batyr-beg, dont il resta le très fidèle djiguite et partisan, et se mit avec lui au service des Russes, car Batyr-beg fut élu « volosnoï » de Goultcha. Sadyk avait femmes et enfants sur le territoire russe, et Batyr-beg répondait de lui. Sadyk connaissait le Pamir à fond, jusque sur la frontière du Kanjout et dans le Wakhâne. Un jour même, avec quelques braves de sa trempe, ils avaient, par un coup de main, volé le Khân du Chougnâne pour l'emmener comme otage à Abdoullah, sur le Pamir. C'était l'homme qu'il nous fallait. Grand, sec, fort et nerveux, singulièrement actif et travailleur pour un Kirghize, il avait le verbe rare et précipité, le rire réservé, mais la main prompte et adroite au travail, le regard franc dans les petits yeux pétillants d'une bonne figure de Mogol (Fig. 17).

Le jour où il fut engagé dans notre troupe, on lui acheta une bonne paire de bottes kirghizes, un khalat neuf et un bonnet en peau de renard qu'il ne manqua pas de lever à chaque fois qu'il passa à côté de ses nouveaux maîtres, pendant qu'un rire de Kirghize content illuminait sa face en rapetissant ses yeux. Espérons que le bon et brave Sadyk vivra longtemps heureux dans son aoul, au milieu d'enfants nombreux à qui sans doute il racontera souvent, au coin d'un bon feu de genévrier et entre deux bouffées de tchilim, les épisodes émouvants de son voyage avec les Faranghi-touras, sur le Pamir!

En dehors de Sadyk, aucun autre Kirghize ne se présenta. Ce n'est que quelques jours plus tard, à Goultcha, puis à Ak-Bassogua, au pied du Taldyk, que nous pouvons engager les deux aides de notre *caravane-bachi* Sadyk.

Enfin, le 5 mars, le gros des préparatifs est terminé. Le ciel s'est rasséréné ; la rivière d'Och roule des flots plus abondants et plus troubles et la neige a cessé de tomber depuis quelques jours. Comme nous, les Kirghizes estiment que le départ ne doit plus être différé : car, disent-ils, le *Sari-Kâr*, la neige jaune, commence à tomber dans la montagne, ce qui est signe de l'approche du printemps dans la vallée, et le printemps amène, avec la fonte des neiges, la difficulté du passage des rivières. Ce *Sari-Kâr* n'est autre que la neige tombée, qui, en train de fondre sur le terrain argileux rouge et jaune, se teint de la coloration du sol d'autant plus fortement que la couche s'amincit davantage en fondant. Elle ne tombe pas plus du ciel que cette « pluie de sang » qu'on signale quelquefois dans nos contrées.

Le 6 mars notre caravane, composée, en dehors de nous, de nos deux fidèles serviteurs Rakhmed et Ménas, de Sadyk, de quelques Kirghizes, avec dix-neuf chevaux, quitte la ville d'Och pour remonter vers Goultcha. On serre une dernière fois des mains amies, et le brave Grombchevsky est bien persuadé de ne pas rencontrer plus tard sur le Pamir un Mazar-i-Bonvalot, i-Pépin, i-Capus ou un Faranghi Méghil.

Le temps est couvert, mais beau ; l'air, rempli d'humidité, pénètre les lointains bleuâtres avec une netteté admirable. De-ci de-là, une flaque de neige, de Sari-Kâr, est couchée en travers de la route légèrement accidentée. Des faucons, posés à terre, soit faim, soit fatigue, ne s'envolent pas. Les corbeaux, si nombreux dans la plaine, ont déserté le pays : il n'y a plus rien à glaner sur les champs nus.

Voici, à côté d'un petit bazar et d'un moulin indigène, quatre tentes kirghizes posées sur un pré humide, par les soins de Batyr-beg. L'endroit s'appelle Mâdi et les Kara-Kirghizes, ses habitants, appartiennent à la tribu des Bakkals.

Voilà trois mois que nous avons changé la vie nomade contre la vie sédentaire dans les villes du Turkestan, et nous éprouvons un plaisir âpre à la recommencer. Je comprends les Bohémiens, les Turcomans, les Arabes et les Kirghizes, tous ces nomades vivant sous le grand ciel, comme les bêtes du bon Dieu, libres au milieu de la liberté, enfants de la grande plaine où ni le regard, ni le mouvement, ni la pensée ne rencontrent d'obstacles. La brise fait ondoyer les herbes argentées du steppe et les roseaux du lac Balkach ; le vent soulève les tourbillons de poussière du désert et la tempête, la bourrane, en hiver, ensevelit la plaine sous un linceul de neige. Tels les Kirghizes trottinant dans le steppe aux chants mélodieux de leurs bandes, puis, naguère, lançant leurs bandes indomptées contre les soldats de l'Ak-Pacha ; tels encore les Huns et les cavaliers de Djïnguiz-Khân, se ruant comme une tempête sur les peuples de l'Occident.

Aujourd'hui, ces tempêtes ont fini de bouleverser l'Occident, la brise de la civilisation, rafraîchissante, souffle du nord et, comme avant, le Kirghize s'en va trottinant et chante à la brise qui l'emporte et l'enfle un chant d'amour du poète Hafiz.

Qu'on n'essaye pas de le faire plier trop vite. L'arbre exposé au vent violent, soufflant sans discontinuer, plie et se penche du côté opposé et toutes ses branches se développent du même côté, du côté de la chaleur et du soleil.

J'ai pensé à ces choses-là en voyant à Mâdi quelques ormes et peupliers fouettés sans pitié par le vent descendant de la gorge de Goultcha, vent froid des hauteurs qui les courbe incessamment et chasse leurs branches touffues devant lui.

Un joueur de flûte kirghize vint aussi s'asseoir à l'entrée de notre tente et, sur son instrument coupé dans une mince tige de roseau, joua des airs primitifs pleins de caractère.

Le lendemain, tout le Kichlak assiste au départ des Faranghis. Les hommes et les gamins sont accourus, qui pour tenir un cheval, qui pour aider à le charger, d'aucuns sans doute pour recueillir un bout de ficelle, un clou en fer oublié ou non oublié, car, le soir, il nous manque déjà un rivet pour attacher les cordes de la tente.

La route, en partie couverte de neige à demi fondue, remonte doucement la pente de la vallée dans le lit caillouteux de la rivière, jaune de la boue d'un gravier fin. Des falaises peu élevées de conglomérat se dressent à pic sur les flancs de la vallée, rongées incessamment par des filets d'eau saline qu'on voit naître au bord d'une couche de neige, grossir insensiblement, puis, coulant de proche en proche, attaquer la falaise et produire de petites avalanches de boue dont la chute effraye les chevaux. Deux jolis *Crocus*, premiers messagers du printemps dans la vallée, ont épanoui leur corolle jaune au bord d'un tas de neige fondante. Nous croisons des bandes de Kara-Kirghizes cheminant allègrement à l'allure de leurs petits chevaux mal nourris, aux extrémités fines et prudentes, chargés de sacs, plus rarement de femmes non voilées, coiffées d'un volumineux turban blanc.

A Langar, une maison russe, blanchie à la chaux, invite, ainsi que son gardien kirghize, le voyageur à prendre une tasse de thé, à offrir à son cheval une poignée d'orge du petit saraï voisin et, en été, à jouir pendant quelques instants de l'ombre épaisse d'un beau tchinar abritant la maison. Un mazàr, tombeau d'un saint indigène, couronne, non loin de là, un monticule orné de *tougs*, c'est-à-dire de longues perches au bout desquelles flotte un chiffon blanc ou une queue de cheval. Aux alentours, les branches des arbres sont garnies de morceaux d'étoffe, chiffons que le passant arrache de ses vêtements pour les offrir en *ex-voto* avec une prière pour soi, et de crânes de bêtes, le plus souvent de cornes de bélier, et d'une tête momifiée de cheval. Ceci est un usage pieux des musulmans; on le rencontre depuis le Maroc jusqu'en Chine, à travers le monde de l'Islam.

A Langar la route, carrossable en été, continue sur Goultcha par un détour que nous évitons en montant à la passe de Takka-Khanem beless, dont le nom signifie : « col de la maison de la chèvre ». La route alors devient plus difficile, les chevaux de bât s'embourbent dans la neige fondue et dans la boue. Des pans de neige regelée, à gros cristaux, irritent les yeux, et les rayons ardents du soleil, réverbérés, brûlant la peau, inaugurent la série des coups de soleil que nous devions essuyer plus tard.

Du haut de la passe, à 7 000 pieds, apparaît au loin,

vers le sud-est, la crête zigzaguée des chaînes bleuâtres qui forment le trait d'union entre les montagnes Célestes et celles de l'Alaï. Plus près, les pentes sont marbrées de neige et, à mi-côte, de bandes de sable et de grès ocreux pareilles à des traînées de sang. Quelques touffes d'artchas (genévrier) noirs ressemblent à des trous de cette montagne éventrée et cadavérique. Sur le flanc des collines, à nos pieds, des vaches anguleuses paissent le restant d'herbe jaune et fanée. Des compagnies nombreuses de pigeons ramiers et de perdrix de montagne, aux yeux bordés de rouge, courent devant les chevaux, à dix pas, ou picorent sur la route dans les traces du passage des cavaliers. Un sentier en zigzags rapides nous descend entre les flancs entaillés des collines, où j'aperçois une grotte inaccessible dans la vallée du Kaplan-Koul. Cette vallée est en réalité le carrefour de plusieurs autres vallées, et le lac de Kaplan ou « des sangliers », aujourd'hui petit et couvert de roseaux, n'est que le résidu d'un ancien lac plus étendu, comme cela se voit souvent dans les montagnes du Turkestan.

Nous campons au bord du lac, en vue de deux villages kirghizes noirs et d'apparence misérable, d'où montent, en se tordant sous le vent et la pluie, de minces filets de fumée. Leurs habitants sont accourus au *tamacha*, car l'arrivée des étrangers est pour eux la fête de l'arrivée d'une bande de bohémiens dans nos campagnes. A leur tête, Makhmoud-beg, frère de Batyr-beg, se fait remarquer par sa belle prestance de Kirghize replet et ventru, la figure haute en couleur, la bedaine entourée d'une belle ceinture bokhare plaquée d'argent. Il fait froid ; le soir, la pluie mêlée de neige commence à tomber. Les torrents s'enflent dans la montagne, et l'eau que nous buvons ressemble à du café au lait. Le capitaine Glouchanovskij nous rejoint ; il nous accompagnera jusqu'au pied du Taldyk.

Et pour bien me rappeler sans doute plus tard, quand j'aurai de nouveau subi l'influence d'un autre milieu, le bien-être que j'éprouvais alors au milieu de la vie sauvage, j'ai marqué dans mon cahier de notes ce cri du cœur : « Voyageurs d'Europe et vous, esclaves de la civilisation, vous ne connaissez pas le charme de la iourte ni la symphonie en *do* majeur de la théière, de la marmite du palao, le glouglou du tchilim, les hurlements de la tempête et toute cette poésie de la vie nomade dont l'âcre souvenir et le continuel désir me laisseront toujours le regret du passé, qui ne pourra plus être l'avenir ! »

La bourrane fait rage toute la nuit. Les Kirghizes apportent du bois de chauffage ; trop paresseux pour aller le chercher dans les petits bois de genévriers des environs, ils ont démoli une maison, à ce qu'ils prétendent du moins pour appuyer leur demande de payement excessif. Au matin, les chevaux grelottent sous leur couverture et sous la neige qui fond sur leur corps.

Le sentier, défoncé par les pluies, monte peu à peu, dans une boue noire, à la passe de Chambéli. Tout à coup, sur le versant opposé s'ouvre, large et étrange, la vallée de Goultcha. Au fond d'un long cirque dont les murailles hautes sont bigarrées de rouge, de bleu, du blanc des neiges et du noir des arêtes de rocher, apparaît un enchevêtrement de filets jaunes qui sont les lits nombreux des ramifications et des anastomoses de la rivière. La perspective en exagère singulièrement la pente et me rappelle ces lits de torrents de la Calabre qui étonnent le voyageur au passage du détroit de Messine. Dans quelques artères de ce plexus jaune court une eau sanguine et tout au fond, comme un point blanc presque imperceptible, apparaît la forteresse de Goultcha.

Des lambeaux de nuages sont suspendus au-dessus de la vallée, au-dessous de nous ; d'autres sont allés s'accrocher aux crêtes dentelées de la montagne en face. Le soleil bientôt envoie des rayons obliques entre deux nuages, et, la tache de lumière mouvante parcourant les flancs de la montagne, permet de distinguer d'immenses troupeaux de chevaux en liberté sur les pâturages d'hiver.

La descente de la passe est assez difficile à cette époque. Le sol est glissant, formé de la boue noire d'un terrain contenant beaucoup d'humus détrempé par les pluies, où les chevaux glissent des quatre pieds et chavirent dans les trous. Bientôt, grâce à nos petits chevaux de l'Alaï, nous trottons au fond de la vallée, coupant les bras de la rivière au milieu des tabounes de chevaux excités par le passage des nôtres, à côté de chameaux au labour, attachés au joug par la bosse ; puis à travers des bois de saules, de tamarix (toughaï) jusqu'à ce que le drapeau tricolore russe nous apparaisse au loin flottant au-dessus du parapet de la forteresse de Goultcha.

Nous sommes les hôtes de Makhmoud-beg et de Gamtchi-beg, deux autres frères de Batyr-beg. A quelques verstes de là, dans la vallée de Djoussalé, habite, dans son aoul et sur ses terres, la « Kourbane-djane-datkha », mère d'Abdoullah et de ces chefs kara-kirghizes

que nous avons déjà présentés au lecteur. Femme intel
ligente et respectée de tous, elle me rappelle cette autre
reine des nomades, la veuve de Nour-Verdi-Khân,
ancien sultan des Turcomans Tekkés, que nous avons
vue à Merv.

La femme, en Asie centrale, est si peu considérée
chez le musulman, elle prend si rarement part au
mouvement social et politique; mère, elle dirige si
peu ses fils; femme, elle attache si peu son mari, que
les qualités qui ont forcé l'admiration et entraîné le
dévouement et le respect universel des gens de sa tribu,
de son peuple, brillent d'un éclat inusité aux yeux de
l'observateur et lui font estimer davantage ce peuple
barbare qui écoute d'abord la vertu guerrière, puis
la sagesse dans la bouche d'une femme intelligente.

Notre campement est des plus pittoresques; des
groupes de Kirghizes, sales, noirs comme des fellahs,
coiffés d'un bonnet ébouriffé en peau de mouton, vêtus
de peaux de bête et chaussés d'abarcas, les jambes
enveloppées de matta, cotonnade grossière de Kachgar,
bayent devant les coffres, les selles et les harnachements
des chevaux. La qualité du cuir, un étrier, le mors
d'un cheval les intéressent bien plus qu'une boussole,
un aimant ou une lunette d'approche. Au milieu des
groupes, Makhmoud-beg, affairé et attentif, promène sa
trogne vermeille de gros Kirghize et dirige ses hommes
l'un pour apporter du foin, avoine folle coupée dans la
montagne, l'autre pour charrier du bois mort, celui-ci
pour enfoncer des pieux d'attache pour les chevaux,
celui-là pour creuser le trou où tout à l'heure Sadyk
va faire du feu sous le trépied de la marmite et
Rakhmed allumer le tchilim. Deux ou trois masures en

pisé, le dos tourné au vent, à quelques pas de là, vendent aux caravaniers le nécessaire kirghize.

Nous rendons visite au commandant du fort, M. Galbert, jeune officier qui habite avec sa femme et deux charmants bébés un des points civilisés les plus reculés de l'empire russe en Asie centrale. La famille charmante de cet officier montant, avec ses soldats, la garde de la sainte Russie aux portes de la Chine, isolés, entourés du rempart de la forteresse et de celui, plus formidable, des chaînes de montagnes, nous laisse une vive impression d'étonnement, de joie et de reconnaissance. Écouter notre langue, le nom de nos poètes et de nos auteurs, entendre les cris de joie de deux bébés et les voir folâtrer; jouir une dernière fois de tout le confort que l'hospitalité russe, au pied du Pamir, peut offrir au voyageur de France, et tout cela au milieu des Kara-Kirghizes de Makhmoud et de cette vallée désolée, bloquée par les tempêtes et la neige, nous parut le mirage d'une oasis, peut-être une de ces perfidies du sort nous montrant une dernière fois le bonheur de la civilisation avant de nous lancer dans les misères qui nous attendaient sur le Pamir.

Nous jugeons préférable d'entraîner nos chevaux peu à peu à la dure fatigue : un jour de repos leur est accordé. Pendant qu'une dernière fois ils mangent à leur appétit, que Sadyk cherche un aide pour l'accompagner, nous allons, avec Galbert, chasser dans les toughaïs, fourrés de roseaux, de tamarix, de saules, d'hippophaë et d'épineux qui s'étendent le long de la rivière. On y voit aussi de gros troncs de peupliers en têtard; les saints en pèlerinage, dit-on, avaient l'habitude de planter chacun en cet endroit un petit peuplier;

d'où il faut conclure qu'il n'y a plus aujourd'hui de saints, parce que tous ces arbres sont vieux. A une lieue d'ici, dans une vallée latérale, à Tchigortchik, se trouve une autre curiosité naturelle : une source d'eau minérale à la température de 30 degrés Réaumur. Tout aux alentours de ce puits de santé les arbres et les arbustes du hallier sont agrémentés de morceaux de chiffons que la piété ou la reconnaissance des Kirghizes malades, ou guéris par les eaux bienfaisantes, ont laissés en guise d'*ex-voto*.

La chasse est abondante, le gibier varié et nombreux. Nous n'avons pas le temps de poursuivre le *kiik* ou chèvre sauvage, le renard ou le sanglier dans la montagne. Canards sauvages et halebrans peuplent les bras de la rivière et vont, le soir, tenter le chasseur à l'affût dans les criques abritées. Le petit lièvre gris de la steppe abonde dans le *djangal*, ainsi que le *tchil* ou perdrix grise de la steppe ; le *kargaoul* ou faisan de l'Amou est plus rare.

Nous rentrons à la nuit, quand, dans la forteresse, le clairon sonne gaiement la retraite en réveillant les échos. Glouchanovsky fait savoir à Makhmoud que pour chacun de nos chevaux qui serait volé dans la nuit, il devra en restituer trois des siens. Et comme nous nous étonnons d'un avertissement pareil, on nous apprend que ses Kara-Kirghizes rôdent volontiers autour des chevaux qui ne sont pas les leurs, même ceux de la garnison, et qu'à l'occasion, ils « l'achètent sans argent » comme dit Rakhmed. Ils ne voleraient point autre chose, parce que cela serait une action infamante, mais voler un cheval, chez le Kirghize, a toujours été considéré comme un exploit, non de

brigand, mais d'homme adroit, comme un trait de
« maladiètz », dirait le cosaque.

Le lendemain nous quittons, au milieu de la
neige et de la tempête, le dernier point civilisé du Turkestan.

Bientôt après Kizil-Kourgane la route facile que
nous avions suivie jusqu'alors, escalade les contreforts
des montagnes et les falaises abruptes de la rivière
torrentueuse. A Djangryk (Jangui-aryk), les ruines du
petit fortin élevé à la hâte par Abdoul-beg en 1876
rappellent aux Kirghizes la campagne malheureuse de
leur chef contre les troupes de Skobeleff. Puis le sentier
en corniche traverse un pont chancelant et élastique,
de ceux qui « balancent au passage d'un chien », disent
les indigènes du Kohistan, et atteint, dans un élargisse-
ment de la vallée, le carrefour de bifurcation des routes
de Kachgar et de l'Alaï. Cet endroit s'appelle Soufi-
Kourgane.

A gauche, la route s'engage dans une gorge étroite,
passe à côté d'un poste douanier russe pour atteindre
la fameuse passe du Terek-davane (passe du peuplier),
une des plus redoutées du Thiàn-chàne. Nombreux
sont les drames dont elle fut le théâtre, et les osse-
ments de ses victimes en jonchent le chemin. Il ne
se passe presque pas d'hiver sans qu'une avalanche —
toujours elles menacent le passant — n'ensevelisse
une caravane de marchands. Il y a quelques jours, une
dizaine de chevaux ont péri sous les neiges; mais la
passe a été surtout terrible pour les nombreux Doungânes
que leur tentative malheureuse de s'opposer au retour
des Chinois, à la mort de Jakoub-beg, avait forcés de
chercher leur salut dans la fuite et un refuge dans le

Turkestan russe. Sans vivres, sans vêtements, traînant femmes et enfants, les malheureux succombèrent par centaines au froid et à la fatigue. Ils eurent la chance de trouver à Irkechtam, au premier poste russe, le colonel Ionoff, alors chef de district à Och, dont les sollicitudes compatissantes réussirent à en sauver un grand nombre. Aujourd'hui on voit nombre de ces malheureux, adolescents de dix-huit ans, enfants de dix ans, amputés des deux jambes, des deux mains, traîner leur corps mutilé dans les rues de Marghélàne et implorer la charité du passant.

Cependant, au fur et à mesure que nous avançons, la vallée se resserre. Des traînées de cailloux blancs, alignés parallèlement au bord de la falaise haute, marquent la limite où le cavalier ne risque pas de voir le sol s'affaisser sous lui; la neige devient de plus en plus fréquente et profonde; les passereaux et les compagnies de perdrix rouges sont de plus en plus rares. Au bord d'un pré renaissant, un yak, le premier que nous voyions, broute l'herbe courte printanière et, levant une grosse tête de buffle, nous regarde passer avec de gros yeux indifférents, puis continue. Bientôt les chevaux, enfonçant jusqu'au poitrail dans une neige humide où quelques piétons ont tracé un sentier étroit, ont de la peine à avancer, tandis qu'un vent glacial se précipite du haut de la dernière barrière qui nous sépare de l'Alaï.

Devant nous s'ouvre une brèche de la montagne, encadrée dans des contreforts chargés de neige d'où émergent quelques touffes, accablées et noires, de genévrier. Sur les pentes, je vois de petites avalanches se détacher incessamment de la crête et rouler, en ruisselant et en s'émiettant, contre les arêtes et les artchas, sans faire boule.

Nous venons de traverser, pendant cinq jours à partir d'Och, en trois étapes de Goultcha, les contreforts de la chaîne principale de l'Alaï, et nous voici, à Ak-Bassogua, à l'entrée de la passe du Taldyk et du Kattyn-art qui doit nous livrer passage pour arriver à la haute vallée de l'Alaï, première terrasse du Pamir.

Et déjà nous avons un mètre de neige !

Notre campement, trois iourtes kirghizes, est établi à l'entrée de la gorge, contre la montagne qui le garantit un peu du vent, non loin de la rivière de Taldyk, où la hache a creusé un trou dans la glace pour abreuver les chevaux. A deux pas de la tente, nous avons trois pieds de neige.

Ak-Bassogua, ou la « porte blanche », est un lieu de campement d'hiver, une zimovka des Kirghizes de l'Alaï.

Dans un repli du monticule se voit au loin un aoul noir et malpropre d'où sortent, comme d'une ruche à la fin de l'hiver, des êtres noirs, ébouriffés, enveloppés de peaux de mouton : les Kirghizes ; des chameaux à la bosse pendante, tout couverts de poil ; des chevaux petits et noueux des jambes ; des moutons chétifs ; des yaks nonchalants, bœufs à queue de cheval, culottés d'une laine longue et pendante ; des chiens velus, au museau délié, aux oreilles fines : tous ces êtres disparates qu'on hésite à reconnaître au premier abord se meuvent dans l'aoul bouleversé, autour des écuries et promènent des taches noires sur le fond éclatant de la neige. De l'aoul au campement, c'est un va-et-vient continuel de Kirghizes, poussant, traînant, tirant des bêtes de somme chargées de bois, de foin, de feutre, et surtout de sacs d'orge que nous vend Makmoud-beg pour parfaire nos approvisionnements. Un sentier dans la neige, creusé d'un côté vers l'aoul, de l'autre vers l'abreuvoir des chevaux, complète la ressemblance de notre bivouac avec une taupinière.

La veille de notre arrivée à Ak-Bassogua, étaient revenus du Taldyk les premiers émissaires envoyés pour reconnaître l'état de la passe. Ils annoncent qu'elle est entièrement couverte de neige et qu'ils n'ont osé s'y aventurer avec leurs chevaux. Le lendemain, trois piétons, après avoir suivi les traces de leurs devanciers et pénétré plus en avant, reviennent avec les mêmes données et signalent en outre des avalanches dangereuses.

Cependant Batyr-beg, voyant que notre résolution de tenter le passage quand même est inébranlable, se décide à mettre à exécution le projet arrêté dès le départ, et qui consistait alors à frayer, avec deux cents hommes, une centaine de chevaux et de yaks, un sentier dans la neige jusqu'au delà de la passe, c'est-à-dire jusqu'à l'entrée du plateau de l'Alaï où, peut-être, pourrons-nous continuer le travail avec nos propres moyens d'action.

Après avoir fait venir des cavaliers de Soufi-Kourgane et de tous les aouls en amont, Batyr-beg a pu réunir, le 13 mars au matin, soixante chevaux, autant d'hommes et quelques yaks; impossible d'en trouver davantage. Et quelle cavalerie! Ces pauvres biques efflanquées, n'ayant jamais flairé la musette d'orge de leur vie, attendent, la tête et les oreilles basses, le retour en selle de leurs cavaliers-pionniers que, pouvant à peine se porter elles-mêmes, elles sont forcées de porter dans deux mètres de neige.

Les yaks, avec le stoïcisme qui caractérise ce ruminant, montrent moins d'abattement, quoiqu'ils eussent apporté leur propriétaire sur leur dos; mais, comme la température est à 5 degrés au-dessous de zéro, ils gagnent, par le froid, en vigueur, autant que les pauvres chevaux en perdent.

Il fut donc convenu avec Batyr-beg, solennellement, en présence de tous les Kirghizes et de leurs chefs respectifs, que, moyennant la somme de 300 roubles, ils frayeraient un sentier dans les neiges jusqu'en vue de la plaine de l'Alaï. Batyr-bey reçoit 100 roubles séance tenante, et le restant de la somme lui sera remis par le capitaine Glouchanovsky, au vu d'un billet que lui apportera un Kirghize quand nous serons au delà dela passe, et par lequel nous constaterons que les clauses du traité ont été remplies à notre satisfaction. Batyr-beg assure que le travail est pénible, mais qu'il espère, si Dieu n'envoie pas de tempête, le finir en quatre jours, peut-être en trois, suivant le temps qu'il fait là-haut. Et comme le brave et honnête Kirghize ne perd pas beaucoup de paroles, il répond « *iaktchi* » (bien) à l'ordre de commencer incontinent, et, suivi de Jarkimbaï, le chef des Kirghizes de l'Alaï, prend la tête de la colonne. Bientôt la longue file des partants s'aligne vers l'entrée de la gorge; le mouvement cahoté des premiers cavaliers annonce que les chevaux ont commencé leur terrible besogne, puis, un à un, les points noirs disparaissent au tournant de la montagne.

La journée s'annonce bonne. La neige, qui tombait

hier à gros flocons, a cessé ; le ciel est libre, même du
côté du Pamir ; le thermomètre indique dans la matinée
— 6 degrés à l'ombre et + 23 au soleil. — La neige
superficielle fond dans la journée et regèle à l'ombre
ou pendant la nuit, formant ainsi une couche plus
résistante que le vent ne pourra balayer ni chasser
dans le sentier déjà creusé et le combler.

Certes, aucun météorologue, aucun excursionniste
n'a examiné le ciel et ses changements d'état avec autant d'intérêt, d'anxiété ou de joie que nous le fîmes
pendant ces longues journées d'attente. Le moindre
cumulus un peu sombre, le moindre changement de
vent ou de brise, les excursions du thermomètre et du
baromètre nous inquiétaient et nous attiraient hors de
la tente, épiant la marche des nuages, craignant à chaque
instant de voir le voile sombre couvrir de nouveau les
montagnes au sud et ensevelir, avec les fruits du travail
de nos Kirghizes, notre espérance de réussite.

Cependant, un peu avant que le soleil, que nous avions
vu disparaître radieux derrière la crête des montagnes,
eût cessé d'illuminer le firmament pur, Batyr-beg, avec
une partie de ses hommes, est rentré au campement. Il
annonce qu'on est déjà arrivé au delà de la passe, que le
travail avance rapidement, que la journée de demain sera
la plus critique et la plus dangereuse, par suite de quelques avalanches qui pendent, prêtes à tomber, sur les
pans des hauteurs. Peut-être serons-nous forcés de les
faire tomber à coups de fusil, si toutefois on ne peut
les éviter par un circuit.

Une partie des Kirghizes, les plus fatigués, sont restés
sur la passe, où ils camperont dans la neige jusqu'à
demain. A peine les autres sont-ils rentrés que le

moullah, d'une voix nasillarde et fausse, entonne le *namaz*, la prière du soir. Aux dernières lueurs du crépuscule‘ on les voit s'aligner silencieusement à côté des iourtes, se prosterner du côté de la Kebla, vers le soleil de la Mecque, le soleil de la foi, et marmotter des paroles dont le sens leur échappe : « Heinjou Allah Salàh ! Heinjou Allah Falàh ! Achadou Allah hakber illahà illallah ! » Mais c'est la foi qui sauve, a dit le grand apôtre de l'humanité avant Mohammed, et c'est pour cela que nous traverserons le Taldyk et le Pamir : nous avons foi dans la réussite de notre entreprise.

Le lendemain, 14, il y a une alerte. La bourranc sèche, sans neige, s'est déchaînée sur le Taldyk ; mais nos Kirghizes travaillent déjà dans le thalweg de l'autre côté et ne sont pas arrêtés. Ils reviennent tard dans la soirée, et Batyr-beg déclare qu'ils sont arrivés à 3 tach de distance du campement (21 kilomètres). Là, ils ont rencontré deux mètres de neige où les chevaux disparaissaient jusqu'aux oreilles. Ils ont vu trois avalanches menaçantes sur une distance d'une verste, mais en y passant, sans bruit, au point du jour, on courra moins de danger, parce que la neige se sera raffermie pendant la nuit. Encore une bonne journée comme celle d'aujourd'hui et nous pourrons partir.

« Mais sur l'Alaï, qu'avez-vous vu ?

— Barabar, Barabar, répond Batyr-beg. Une plaine unie de neige, et vous verrez de vos yeux comme nous avons travaillé. »

Batyr-beg a l'air préoccupé : il vient de recevoir l'ordre de rassembler les comices kirghizes pour l'élection du cinquantenier, d'un *piatideciatnik*, et comme il est retenu auprès de nous, il a dû remettre l'élection à quelques jours plus tard. Il préférerait, je crois, avec Makhmoud-beg aller préparer sa canditature dans les aouls. Voir au pied du Pamir, dans les neiges du Taldyk, un Kirghize anxieux de mener une campagne électorale pour obtenir un poste de dignitaire russe, est un fait significatif qui ne manque pas d'originalité.

Dans la matinée du 15, trente chevaux seulement sont expédiés sur l'Alaï. Le soir de la même journée, ensoleillée comme ses devancières, tous les travailleurs rentrent au campement. Le sentier est creusé jusqu'en vue de l'Alaï. Personne ne manque à l'appel. Demain avant le jour, dès que la lune aura paru au sommet de la crête de montagne, nous partirons.

Entre temps « le père » Sadyk a pu dénicher deux Kirghizes qui se déclarent prêts à nous accompagner. Un autre, que nous avions engagé à Goultcha, avait pris la fuite à la deuxième nuit. Abdou-Reçoul, tel est le nom du nouveau compagnon, est un grand Kara-Kirghize de la tribu de Sadyk, fort, adroit, travailleur, silencieux. Fidèle et dévoué, le brave garçon nous a rendu de grands services (fig. 18).

L'autre avait nom Satti-Koul. L'avant-veille du départ il vint se présenter à nous de l'aoul voisin, où, soi-disant, une de ses sœurs était mariée à un Kirghize du pays. Lui-même se disait de la tribu des *Teïlt*, qui habite au Rang-Koul, dans la vallée de l'Ak-sou, sur le Pamir. Il aurait visité autrefois le Tag-doumbach-Pamir et mené des troupeaux de moutons dans le Kanjout ou pays de Hounza. Cet homme, pensions-nous, était une trouvaille. D'un côté il était préférable, sinon nécessaire, d'avoir avec nous un individu de la tribu de ceux que nous allions rencontrer; de l'autre Satti-Koul nous servirait de guide

Fig. 18. — Sadyk, Abdou-Regaul et Djoumbz-baï.
(D'après une photographie de M. Capus.)

pour aller dans le Kanjout. Petit, trapu, laid au possible, hérissé du poil bouffissant par les entre-bâillements de son costume en peau de mouton, il nous fit l'effet, en s'accroupissant au feu de la tente, d'un hérisson qui se déroule à la chaleur. Alors seulement sa figure imberbe laissa apercevoir deux petits yeux en trou de vrille, qu'il avait très malades d'une conjonctivite intense. Je le questionne longuement sur les routes qu'il compte suivre pour nous mener dans le Kanjout ; mais ses réponses laconiques et embrouillées ne nous apprennent rien de saisissable, sinon sa connaissance très imparfaite du pays ou l'inexactitude absolue des renseignements qu'on en avait jusqu'alors. Satti-Koul est engagé dans notre troupe. Rakhmed, dont l'esprit frondeur et la bonne humeur désarment à peine dans les grandes occasions, lui octroie le nom de Djoumbr-baï, sous lequel il figurera dès lors dans nos conversations. Djoumbr-baï nous jouera quelques farces, les premières bonnes, une mauvaise, la dernière.

Le 15 mars, au soir, tout est prêt ; soixante-dix pouds d'orge (1120 kilos), la charge de quinze chevaux, viennent compléter nos approvisionnements ; cinq charges de bois sont emportées pour fournir du combustible jusqu'au lac Grand Kara-Koul. Trente chevaux loués aux Kirghizes iront avec nous jusqu'au Markane-sou, où les nôtres, moins chargés jusque-là, reprendront le restant des charges des autres et continueront le voyage. Leurs charges, du reste, diminueront de jour en jour, et comme, dans un mois et demi, nous pourrons avoir atteint le Kanjout et des provisions, nous aurons de quoi leur donner un peu d'orge tous les jours. Pauvres bêtes ! les Kirghizes en disposèrent autrement.

Le soir même la caravane des chevaux chargés partit pour camper sur la passe, afin d'effectuer le lendemain, dès l'aube, le passage des endroits où les avalanches pourraient s'abattre quand le soleil aurait déjà ramolli la neige.

Cependant le ciel reste pur. Le thermomètre, à dix heures du soir, marque 18 degrés centigrades au-dessous de zéro. Une brume argentée couvre la vallée et les étoiles s'entourent d'un léger halo. Un renard vient rôder autour du campement presque désert. Dans la tente voisine, autour du feu d'artcha, Rakhmed et Ménas racontent des histoires de Samarcande, des Turcomans, du Caucase, à Makhmoud-beg et au cercle des attentifs. Le glou-glou du tchilim se mêle à la voix en sourdine du conteur. L'aoul, au loin, n'est pas encore endormi. Au moment où chacun, prêt à monter en selle au premier signal, s'étale pour quelques heures à côté du brasier, la voix des chiens, excités par le vacarme inusité du départ, remplit encore le silence d'une belle nuit.

VI

TRAVERSÉE DE L'ALAÏ.
D'AK-BASSOGUA AU LAC GRAND KARA-KOUL.

A deux heures et demie, au moment où les rayons de
la lune, tamisés par la brume, envahirent le campement,
Makhmoud réveille le camp. Il est tombé une légère
couche de neige. Le ciel est couvert au nord, libre au-
dessus de l'Alaï. Pas de vent. A trois heures, le thermomètre indique 9°,5 centigrades au-dessous de zéro, le
baromètre 3 200 mètres d'altitude. Je compte soixante-

six pulsations des artères et vingt-six mouvements respiratoires à la minute, et je les note pour avoir un terme de comparaison avec des observations sur des hauteurs de plus en plus considérables.

Monter en selle dans le costume arctique que nous mettons pour la première fois n'est pas chose facile. Enfin, tout le monde est prêt. Le cercle des Kirghizes avec Batyr-beg et Makhmoud-beg, la mine grave et presque solennelle, entoure les partants. Nous serrons une dernière fois la main de l'excellent capitaine Glouchanovsky en souhaitant longue vie à la Russie et à la France. C'était le dernier Russe du Turkestan que nous quittions. Il nous avait reçus, comme le premier, le cœur sur la main. Et quand, dans le sentier étroit, foulé dans la neige par notre caravane, nous tournons le premier rocher de la « Porte Blanche », le capitaine nous envoie un dernier « au revoir », tandis que les Kirghizes portent la main à la barbe en disant : « Allah akber ! »

Silencieusement on chemine à la file indienne. La neige n'est pas trop abondante ; un petit filet de ruisseau a même crevé par endroits la voûte de son tunnel de glace et apparaît courant rapidement sur un lit de cailloux roulés. Les artchas (genévriers) nombreux se dressent, rigides et noirs, dans ce paysage bicolore, et de temps à autre un corbeau de l'Alaï, au bec rouge, traverse d'un vol rapide et effarouché la gorge enserrée que nous remontons.

Bientôt nous quittons le lit de la rivière pour escalader la passe sur les flancs arrondis d'un contrefort. En même temps le chemin, ondulant en zigzags serrés, devient une glissoire où les chevaux ont toutes les peines à monter. Le mien surtout, un ambleur intrépide, mauvais sur la glace, avance difficilement, glisse, butte, se redresse et finit par tomber sur une pente rapide; où je commençais à rouler devant lui lorsque Pépin et le fils d'Abdoullah purent l'arrêter et nous aider tous les deux à nous redresser sur pied. Mais nos chevaux ne sont pas encore éreintés par des marches antérieures : courageusement, s'arrêtant pour souffler chaque dix pas, ils montent la pente glissante, et après trois heures d'un travail pénible, ils ont atteint le sommet du *davane*[1].

Il est huit heures du matin. Les doigts, à demi gelés, ont assez de force pour dessiner les chiffres 4 330 mètres indiqués par le baromètre, et 14 degrés centigrades au-dessous de zéro par le thermomètre. Il fait complètement jour; le soleil a atteint le sommet des crêtes au sud-est et se montre, comme à travers un gros verre gris dépoli, tout voilé de brume. Ses rayons, décomposés par les cristaux de glace flottant dans l'air, produisent des irisations d'un effet singulier. Tout aux alentours, les vallées, les montagnes, sont couvertes d'un épais linceul de neige. De-ci, de-là, une arête plus pointue, nue, rougeâtre, émerge de cette couche blanche et comme pâteuse, pour disparaître de nouveau

---

1. Les indigènes de langue turque ont des appellations spéciales pour les différents passages dans la montagne, suivant la forme, la difficulté et la hauteur. Ils appellent *davane* la véritable passe, haute, difficile, aux pentes inclinées, ex. : Terek-davane, Taldyk-davane ; *art*, la haute passe étroite, difficile, rocailleuse, ex. : Kizil-art; *bel*, le passage dans la haute montagne, facile et en forme d'enseellement ; ex. : Ouz-bel ; *belem* ou *beless*, le passage peu élevé et facile dans un chaînon bas, ex. : Takka-belem ; le *dacht* (pers.) est quelquefois un passage établi par un haut plateau entre deux vallées basses, passage facile ; ex. : Dacht-i-Baroghil.

un peu plus loin. Vers le Kattyn-art, une gorge d'un accès plus facile en été, la neige s'est amassée plus fortement et atteint de 5 à 6 mètres de profondeur, englobant des bouleaux, genévriers et arbustes, dont on ne voit plus trace.

Entre temps, la bourrane (tempête) s'avance du nord-ouest. Le ciel, brunâtre, *ingesta moles*, semble s'appesantir sur les montagnes et les écraser. Pourtant ce n'est qu'une fausse alerte : l'ouragan, nous l'apprenons plus tard, ne s'annonce pas ainsi; il chasse devant lui des masses nuageuses plus massives, bleu noir, des cumulus arrondis, tandis que nous avons devant nous une muraille, semble-t-il, roussâtre, que pénètrent encore, pour s'y perdre et s'affaiblir, les rayons du soleil matinal.

La crête du davane est couverte d'une mince couche de neige fine, car le vent, soufflant incessamment, ne lui permet pas de s'accumuler. Mais bientôt, à la descente, elle devient de plus en plus profonde, sans cependant fatiguer beaucoup la marche des chevaux, auxquels les pieds de leurs devanciers ont creusé des marches qui les empêchent de glisser trop loin. Toujours en zigzaguant sur les crêtes et les promontoires, nous arrivons sans chutes graves au thalweg de la vallée que parcourt en été la rivière Taldyk, vers l'Alaï. Le lit de la rivière est à présent recouvert d'une couche de neige et de glace de 2 à 5 mètres de profondeur. Nous marchons donc, à environ 1 mètre de profondeur, sur une première couche de neige assez résistante pour supporter le poids d'un cheval chargé. Les Kirghizes l'ont tassée et ont suivi sensiblement le cours de la rivière : car, à chaque instant le sabot des chevaux sonne creux, ce qui signifie que nous sommes sur la croûte de neige et de glace qui recouvre le ruisseau. Un pas à côté du sentier, et cheval et cavalier s'effondrent dans une poudre fine qui les immobilise bientôt et les couche sur le flanc. Au début, les chevaux ont assez de force pour se remettre sur pied d'eux-mêmes, après descente du cavalier; mais quand ces chutes se sont répétées une quinzaine de fois, il faut le secours de deux et de trois hommes pour les remettre debout. Dans ces circonstances, nous n'avançons guère rapidement. Tantôt l'un, tantôt l'autre disparaît subitement et réclame le secours de ses compagnons. Par bonheur, ces chutes ne sont pas dangereuses : protégés par le costume épais, tombant mollement dans la neige, souvent sous le cheval, immobilisés, aveuglés, nous nous offrons les uns aux autres le spectacle lamentable de ces bonshommes en baudruche ou en pain d'épice qui s'affalent raides, bras et jambes écartés, avec l'inertie du poids mort. Des rires contenus, que la menace des avalanches empêche d'être bruyants, accueillent les chutes les plus comiques; on se chuchote à l'oreille, car voici à gauche, appendues aux pans de la montagne, des masses neigeuses prêtes à glisser : l'une d'elles, une avalanche de fond, s'est détachée récemment et, en tombant dans la vallée sans atteindre le sentier, a mis à nu la roche sous-jacente. La neige est encore trop fine pour former des masses compactes et pesantes, sa cohésion trop faible et le soleil trop rare pour mettre en mouvement de puissantes avalanches. Elles doivent être plus redoutables au commencement du mois d'avril.

A 2 ou 3 kilomètres de la passe, nous rejoignons nos chevaux de bât. Ils sont partis sous la conduite des Kirghizes, dès le point du jour. Mais voici toute la file arrêtée : on les voit, tout le long de la vallée, égrenés, la plupart debout, beaucoup à moitié enfouis dans la neige, et autour des plus enfoncés des hommes qui se démènent, tout barbouillés de neige, tirant, poussant, soulevant les coffres et les sacs d'abord, l'animal ensuite. La couche de neige, en effet, qui nous avait portés jusqu'alors, avait faibli, d'abord sous le pied du premier cheval ; le deuxième avait posé le sabot dans le trou laissé par son devancier, l'avait agrandi et, en trébuchant, s'était effondré dans un trou profond en disparaissant jusqu'à la tête. Il fallut le décharger, le dégager et le recharger. Bientôt les suivants s'engouffrent à tour de rôle dans le trou, de sorte que notre sentier ne tarde pas à devenir une sorte d'échelle à larges degrés où des trous de plus en plus larges alternent avec des places assez solides pour porter encore les chevaux.

Souvent les pauvres bêtes s'enfoncent des quatre pieds à la fois et sont littéralement suspendues par le ventre. Le plus souvent on ne peut les dégager qu'en les couchant d'abord sur le flanc, afin qu'ils puissent retirer les jambes de leur étau de glace.

Nos Kirghizes sont désespérés ; cependant notre arrivée leur redonne un peu de courage. Rakhmed et Ménas, plus adroits, dirigent le déchargement et le repêchage. Les bagages sont finalement mis sur le dos des hommes et, avec des peines inouïes, transportés à travers les fondrières. Entre temps le soleil, plus chaud maintenant, a ramolli la neige au point que bientôt elle ne porte plus le poids d'un homme. La place où nous devons camper n'est plus qu'à une centaine de mètres : nous y serons dans une heure. Et nos chevaux luttent courageusement, peinent, soufflent, tombent et se redressent, quelquefois avancent, par bonds terribles, d'une fondrière pour retomber dans une autre, jusqu'à ce qu'enfin nous tournons à droite vers la pente de la montagne où, sur un promontoire exposé à tous les vents, mais relativement libre de neige et à l'abri des avalanches, les Kirghizes ont marqué notre « manzil ». Ils ont enlevé la couche fine supérieure à l'aide de pelles, entassé de petits remparts circulaires, et piétiné la couche inférieure, plus résistante.

On étend un bout de feutre sur la neige, et du haut de notre campement, dominant la vallée, nous pouvons voir arriver, un à un, nos Kirghizes portant les bagages en détresse, puis les chevaux. Ils ont mis neuf heures pour faire dix verstes, neuf heures d'un travail sans égal dans la plaine, et nous sommes à une altitude de plus de 11 000 pieds.

Aussi les premiers symptômes aigus du mal de montagne se font-ils sentir : Rakhmed saigne du nez, nous avons tous la tête lourde et bourdonnante, la respiration oppressée et les pulsations fréquentes. Des filets de sang sillonnent le naseau des chevaux et des plaques de sang leur viennent marbrer la peau. L'étape a été dure, mais nous avons vaincu le premier obstacle : la passe du Taldyk est franchie.

La joie de cette première victoire et l'espoir de trouver sur le Pamir moins de neige et des victoires plus faciles, nous font oublier le mot de Pyrrhus. Le ciel a été clément, la tempête nous a épargnés. Le soleil, luttant victorieusement contre la brume neigeuse, fait monter le mercure à 29 degrés à midi et le laisse à zéro degré à l'ombre. Dans l'après-midi l'atmosphère se remplit de cristaux fins de neige, cachant bientôt le soleil, et quand, à trois heures, les derniers chevaux et les derniers ballots rentrent au campement, elle tombe fine, silencieuse et sans vent.

Alors le paysage devient étrange. Perchés sur le dos d'un promontoire tout blanc, il nous semble que nous montons dans le vide, isolés sur le plus haut pic d'un monde émergeant dans le chaos gris d'une atmosphère de plus en plus dense : car, par une illusion d'optique, la neige tombante paraissait immobile et la terre semblait monter lentement, nous plongeant dans des ténèbres de plus en plus glaciales.

Cependant à cinq heures la température n'est descendue qu'à 6 degrés au-dessous de zéro, et il est inutile de faire du feu autrement que pour chauffer le thé et préparer la palao. Hommes et bêtes, exténués, ne demandent que du repos. Aussi le campement ressemble-t-il plutôt au champ de pillage d'une caravane qu'à un lieu de repos. Immobiles et résignés, les chevaux, couverts d'un morceau de feutre, ont la tête basse et suspendent leurs animosités ordinaires ; les bagages, déposés au hasard, gisent pêle-mêle dans la neige. Rakhmed et Ménas se construisent un abri insuffisant de nos quatre coffres à côté de notre tente-abri, et les Kirghizes s'accroupissent, le dos voûté, en ligne, derrière un rempart de neige. Ainsi quelques-uns passeront la nuit ; d'autres, enveloppés dans leur peau de mouton, s'étendront sur un feutre et se serreront étroitement l'un contre l'autre, pour empêcher la déperdition du calorique.

La nuit vient vite. Le thermomètre continue lentement

à descendre et la neige à tomber. Si elle ne s'arrête, le travail des Kirghizes sera perdu demain et le sentier comblé. A la lueur jaune d'une lanterne sans éclat, pendue au bâton de la tente, nous prenons les notes de la journée, et les mots « neige » et « chute » viennent, par le nombre, caractériser dans le récit la physionomie de la première étape.

A minuit, avec la lune, une légère brise s'est levée et fait mouvoir les pans mal tendus de notre tente. La neige tombe de plus en plus rare et oblique ; à cinq heures du matin l'atmosphère est nettoyée et les étoiles brillent au firmament. Le thermomètre n'est descendu qu'à 17°,5 centigrades au-dessous de zéro ; mais bientôt, sous l'influence de la brise, il tombe à 20 degrés centigrades.

17 mars. — Le départ est fixé à cinq heures. A quatre heures on entend la voix rauque de Sadyk ronchonnant contre le froid ; puis celle, plus décidée, de Rakhmed lançant ses jurons turcs favoris ; enfin la voix faible de Ménas, mal rétabli d'une maladie de la gorge et d'anémie contractée dans le Bokhara, engourdi par le froid sous une couche de feutre. Tout le monde a passé une nuit détestable : Rakhmed a saigné du nez ; nous ne sommes point encore entraînés à souffrir l'influence des hauteurs, et les premiers froids sont plus sensibles.

Cependant il est très douloureux, sinon impossible, à nos hommes de charger les bêtes. Les cordes, gelées, se refusent au maniement ; les doigts, gourds, sont impuissants à faire et à défaire les nœuds ; il faut attendre que les premiers rayons du soleil aient dégelé les cordes et les « esprits animaux » de la troupe.

A l'aube, au moment où les étoiles pâlissent dans un ciel plus clair, on voit arriver du bas de la vallée, où ils avaient passé la nuit à la recherche de quelques brins d'herbe enfouis dans la neige profonde, la file lamentable des chevaux de bât kirghizes. On les charge tant bien que mal, deux heures durant, puis, au moment où le soleil a déjà paru au sommet de la crête des montagnes en effaçant peu à peu la lune, nous descendons dans la vallée en suivant le sentier creusé dans la neige raffermie par les froids de la nuit. La marche est un peu moins pénible qu'hier, quoique de temps à autre les chevaux enfoncent jusqu'au ventre ou s'abattent sur le flanc; mais les chutes sont moins nombreuses et les hommes plus habitués à redresser les chevaux. La neige atteint 5 mètres de profondeur. Par endroits nous suivons le lit caillouteux d'un filet d'eau non gelée disparaissant un peu plus loin. De nombreuses avalanches se sont précipitées sur les flancs des montagnes, légèrement tachées de touffes d'artchas et de brindilles d'arbustes. Quelques corbeaux de l'Alaï, des pics et même un petit oiseau de rivière aux allures de martin-pêcheur, habillé d'une robe sombre, volettent en travers de la vallée. Des traces de renard et des empreintes d'ours se dirigent vers la rivière, où les fauves vont s'abreuver pendant la nuit. De-ci, de-là, le soleil, intense à ces hauteurs, a fait fondre la neige et produit des filets d'eau boueuse se traînant lentement sur le flanc des contreforts, puis s'arrêtant à l'ombre, subitement gelés.

Déjà les montagnes s'abaissent vers le sud, la vallée s'élargit; on sent l'approche d'une plaine sans la voir encore. La neige est moins profonde, le sentier meilleur sur un terrain plus résistant. Et comme si les chevaux, quoique fatigués de la journée d'hier, avaient senti comme nous naître la joie et grandir l'espérance, ils se mettent à trotter.

Tout à coup, au tournant d'un contrefort et dans l'entre-bâillement des collines, apparaît au loin une plaine de neige, houleuse comme une mer figée, et au fond, dans le lointain brumeux et indécis, la fine pellicule bleuâtre et comme transparente d'une immense chaîne de montagnes — le Trans-Alaï.

Nous passons à côté d'un *koutane*, abri temporaire pour les *atars* ou troupeaux de mouton dont la fiente noire et humide recouvre le sol des enclos de neige et s'amasse en tas par les soins des Kirghizes, qui l'utilisent comme combustible. Absorbant plus fortement les rayons solaires, comme tous les objets de coloration foncée, la neige y fond rapidement, en ménageant des endroits qu'on choisit de préférence pour le campement.

Nous campons ce soir-là au koutane de Palpoukh, en face de la plaine de l'Alaï, dont il n'est séparé que par un dos de monticule. Nous sommes dans une gorge étroite, à l'abri du vent. Le sol, sur une surface de 50 mètres carrés, est formé d'une couche épaisse de fiente de mouton où courent des filets d'eau noire. Au milieu, un rond franchement marqué par l'emplacement d'une kibitka, quelques sacs cachés sous un morceau de feutre et un trépied de marmite, abandonnés à la hâte d'un départ précipité, indiquent une fuite récente du propriétaire hivernant en cet endroit (fig. 19). Sans doute que le Kirghize, ayant eu vent de notre arrivée et craignant d'être mis à contribution forcée, avait jugé prudent de se soustraire, par le déplacement, à la visite inopportune d'hôtes aussi singuliers.

Pendant qu'un à un, les chevaux viennent déposer leurs charges au koutane, nous nous installons sur un feutre, à la place la moins humide du sol odorant. La température est délicieuse : 10°,5 centigrades au soleil et 7°,5 centigrades à l'ombre. Rakhmed chante, Sadyk rit, et Ménas bavarde joyeusement en fendant le bois d'un coffre avec son kindjal. L'accordéon nous chante des notes moins barbares que le gosier ouzbeg de Rakhmed, et le tchilim circule bientôt avec le thé brûlant dans les groupes, moins serrés que la veille, des Kirghizes tendant le dos au soleil. La plupart sont atteints de conjonctivites sérieuses, et tous viennent me demander un peu de cette pommade jaune (précipité jaune de mercure) qui les fait pleurer et « transforme les yeux en sources ». J'en vois qui se protègent les yeux avec de grands verres bombés que des marchands de Kachgar leur ont vendus. La plupart arrachent, de la queue d'un cheval, une touffe de crins noirs qu'ils fixent sous leur bonnet, ou devant les yeux, ainsi qu'un *parandja* de femme, afin d'intercepter les rayons intenses de la réverbération. Ce matin, au départ, j'en ai vu pulvériser des morceaux de charbon et s'en frotter les cils, d'autres s'en barbouiller le pourtour des yeux : ainsi s'explique l'usage oriental, devenu mode générale, de se teindre les cils en noir avec du *sourma* (antimoine). Combien d'autres usages dont on ne saisit plus aujourd'hui la raison d'être, en dehors de la mode, doivent leur origine à des influences de climat, de milieu !

Les chevaux sont envoyés vers le bas de la gorge, où ils auront plus de chance de trouver un peu d'herbe sèche sous la neige. Les nôtres sont doués d'un

Fig. 19. — Campement et oï Kirghize dans la montagne.

instinct remarquable. Tous les chevaux de l'Alaï savent qu'en écartant la neige en piaffant, ils trouveront quelques brindilles; aussi les voit-on s'avancer résolument dans la neige et enfouir leur tête dans le trou qu'ont fait leurs pieds.

Tous les autres, chevaux de plaine et d'écurie, dénués de cet instinct, mourraient de faim à côté d'eux. A la tombée de la nuit, ils reviendront, sans appel, hennir au camp, lentement s'acheminant vers l'endroit où gisent les musettes vides, demandant l'orge que nous pourrons leur donner encore pendant quelque temps.

Nos Kirghizes s'installent pour la nuit dans les anfractuosités d'un rocher voisin. Demain, une partie des hommes de Makhmoud-Beg s'en retourneront, ainsi que Mirza Païass, le fils d'Abdoullah, qui les avait dirigés jusqu'ici. Tous ont bien fait leur devoir et sont récompensés en conséquence. Ménas ajoute même quelques morceaux de sucre, dont ils sont extrêmement friands. L'un d'eux, souffrant d'une conjonctivite, suit le conseil goguenard de Ménas et se frotte les sourcils de la précieuse drogue blanche, consciencieusement, persuadé de se guérir au moyen d'une substance aussi rare que délicieuse au palais kirghize.

Vers la fin de la journée se présente au campement un indigène qu'on a trouvé caché non loin de là dans un repli du terrain. C'est le propriétaire de la place sur laquelle nous nous sommes installés. Rassuré par nos allures pacifiques et, sans doute, amadoué par les dires de ses congénères, il se décide, moyennant récompense, à nous servir de guide sur l'Alaï jusqu'à la passe de Kizil-art. Il nous fait espérer un koutâne au delà de l'Alaï et peut-être du monde sur les bords du lac Kara-Koul. J'avoue que cette perspective nous souriait, et pourvu que nous ayons, pour camper, seulement deux ou trois places pareilles à celle-ci, nous serons sûrs du succès de notre entreprise.

A trois heures, le soleil s'éteint dans une brume neigeuse qui bientôt nous saupoudre d'une tombée de neige fine. La température baisse rapidement; mais, à 9 heures du soir, elle se maintient à 6 degrés centigrades au-dessous de zéro et ne descend qu'à 15 degrés centigrades à six heures du matin, sans vent.

18 mars. — Nous reprenons le thalweg de la vallée du Taldyk, que nous avions quitté hier pour camper dans une gorge latérale. La neige est d'abord peu profonde. Tout à coup le sentier creusé par les Kirghizes s'arrête. Il s'arrête à l'entrée de l'Alaï, devant une nappe unie de neige, dont nous ne savons pas la profondeur et que nous devons traverser sans qu'aucun indice nous dirige dans le choix d'une route.

Devant nous s'ouvre un panorama d'un autre monde, d'un monde grandiose et comme transparent. La plaine de l'Alaï, pareille à une traînée pâteuse légèrement ondulée, s'étale sur une largeur de 20 kilomètres, immaculée de blancheur, au pied d'une chaîne immense que grandissent encore la perspective et l'absence de tout terme de comparaison. Cette chaîne de montagnes, bleuâtres dans une buée lumineuse, cristallines, irisantes de glace, est le Trans-Alaï. Finement elle découpe contre le ciel sans nuages la silhouette dentelée de sa crête, d'où s'épointent, plus hautes que les pics environnants, deux pyramides maîtresses : à droite

le pic Kauffman à 25 000 pieds; à gauche, le Gou-
roumdi, à 24 700 pieds d'élévation. Tout est radiant
et cristallin dans ce paysage. Les ombres sont bleu
verdâtre comme la transparence de la glace; mais le
soleil allume des milliards de paillettes de glace étincelantes de feu que le regard peut à peine supporter.
Tout brille, étincelle, diamante, diâpre. Cependant un
silence morne et lunaire couvre le paysage figé sous la
glace, et on est étonné de ne pas entendre les crépi-
tations de cet étincellement universel. Nous oublions
pour un moment que nous sommes les seuls acteurs
sur cette scène unique du monde, et Sadyk le Kirghize s'arrête, écarquille ses petits yeux et dit gra-
vement : « Iakchi! » (c'est beau!) — A ce moment,
un moineau vient, en voletant par saccades, se poser à
quatre pas de nous sur la nappe blanche où nulle miette
ne lui tombe du ciel, pousse, en nous regardant,
quelques djip! djip! implorant sans doute la charité;
puis, sans attendre l'aumône, à un mouvement du
cheval, s'effraye et reprend son vol fatigué.

Sadyk prend la tête de la caravane avec trois Kirghizes à pied. Il a un excellent cheval, nerveux et courageux qui, le premier, pose ses pieds résolument sur
la neige, casse la légère croûte superficielle et laisse
des trous où, tour à tour, les suivants vont poser les
leurs en l'agrandissant, et faciliter la besogne à leurs
successeurs.

Nous suivons d'abord, vers l'est, le pied des
derniers contreforts de l'Alaï, en contournant la gorge
d'Artcha-Boulak; puis, lorsque nous nous trouvons
juste en face de la passe de Kizil-art, Sadyk tourne
subitement et se dirige droit sur l'Alaï.

Au commencement nous avançons sans trop de difficultés : la neige couvre, sur une profondeur de 1 mètre, uniformément un terrain égal ; mais bientôt le sous-sol s'accidente, la profondeur de la neige augmente et devient plus irrégulière. Des fondrières de neige sans consistance s'ouvrent sous les pieds des piétons, qui disparaissent jusqu'à la poitrine. Ils font signe aux suivants de ne pas s'engager dans cette direction, reviennent par un crochet, puis, quand à une distance de 20 mètres on ne les voit pas enfoncer au-delà de la ceinture, on suit dans la direction nouvelle, les cavaliers d'abord et, au loin derrière, la file égrenée des chevaux de bât. Bientôt le premier cheval est à bout de forces : il est remplacé par le suivant et reprend la queue jusqu'à ce que l'épuisement de ses devanciers le remette au premier rang et au plus rude labeur.

Nous sommes maintenant en plein Alaï. Nous n'avançons guère que de 500 mètres à l'heure ; les chutes se multiplient. Il est aussi difficile de rester en selle que de marcher à pied. Sâdyk, armé d'une gaule, est toujours en avant, explorant la profondeur de la neige, tirant son cheval par la bride, silencieux, ne regardant jamais en arrière que pour aider son cheval à se relever. De-ci de-là, nous croisons des passées de loup et, à défaut d'autre indication, nous les suivons jusqu'à ce que, sur une fondrière, la légèreté du fauve lui assure mieux qu'à nous l'impunité du passage.

Par instants, un bruit étrange et rapide, comme le ferait, tantôt le passage d'un projectile, tantôt le déchirement d'une voile, traverse l'air. Étonné de ne pas entendre la détonation d'une arme à feu, après le sifflement d'une balle à mon oreille, je ne puis d'abord me rendre compte de la cause de ce bruit, mais je vis plus tard qu'il était dû à l'affaissement subit, et sur une grande étendue, de la couche de neige supérieure, mal tassée, s'affalant d'une pièce, en se cassant, comme le ferait une couche de glace qui s'abîme en creux au-dessus d'un étang.

Quelquefois les traces des loups rayonnent autour d'un trou creusé dans la neige, au fond duquel apparaît, fraîchement entamé et sanglant, le cadavre bien conservé d'un cheval ou d'un chameau.

Et au milieu de cette désolation éclatent tout à coup les trilles joyeuses de deux alouettes.

Et nous sentons le soleil, renvoyant impitoyablement sur les miroirs microscopiques des paillettes de neige ses rayons ardents, nous brûler la peau du visage et des mains et nous rougir les paupières. Éclatante et insupportable, la lumière incisive filtre par les bords des lunettes, à travers le poil des pelisses, aveugle les Kirghizes et clôt la paupière des chevaux.

Nous arrivons ainsi aux falaises à peine indiquées de la rivière Kizil-sou, qui traverse l'Alaï dans toute sa longueur, enfouie en ce moment sous une couche de glace. Cependant la marche de la caravane se ralentit; les chevaux ne font plus que des soubresauts nerveux pour avancer; les bêtes de somme apparaissent loin derrière nous, comme des épaves. Des Kirghizes, sous la direction de Rakhmed, s'agitent, dans la neige jusqu'à la ceinture, autour des bêtes tombées, les déchargent, relèvent et rechargent, dix fois, quinze fois les mêmes.

Il est quatre heures de l'après-midi; voilà huit heures

que nous sommes en marche. Personne n'a pris de nourriture. Nous ne traverserons pas l'Alaï aujourd'hui : il faut camper dans la neige, n'importe où. Mais déjà le terrain est devenu un peu plus accidenté et permet le choix d'une direction. Des chaumes d'herbe sèche, de *Stipa*, se montrent au-dessus de la neige : certainement ils indiquent le dos des monticules. Nous les suivons en zigzaguant avec moins de peine, et lorsque enfin Sadyk s'arrête, n'ayant de la neige que jusqu'au genou et nous jette un regard interrogateur, nous sommes tous de l'avis muet du brave Kirghize. Nous camperons au milieu de l'Alaï, à 12 verstes environ de notre point de départ et à 12 000 pieds d'altitude, en face d'Artcha-boulak.

Un à un, les chevaux de bât rallient le camp; déchargés, ils sont recouverts d'un morceau de feutre et peuvent vaguer dans la neige aux alentours, à la recherche de l'herbe cachée. Ils ne s'écartent guère loin, car ils ont vu comme nous, au loin, trottant sur la neige, des bandes de loups affamés qu'une illusion d'optique fait paraître énormes.

Avec des pelles on écarte un peu la neige, la tente est dressée, les bagages disposés en rempart contre le vent de la nuit. Le malheureux Ménas (fig. 20) est à bout de bonne humeur; sa main, blessée par son kindjal, le tourmente; pourtant il travaille au mieux de ses forces. Qui aurait la barbarie de gourmander, dans de tels moments, ses domestiques devenus ses compagnons de voyage?

J'admire ces fidèles compagnons d'infortune, qui, sans plainte ni faiblesse, peinent de leur corps autant et plus que nous, jouent leur santé, leur vie

Fig. 20. — Ménas. (D'après une photographie de M. Capus.)

sans autre espoir que celui de la satisfaction de leur maître, car vraiment les services qu'ils rendent et le labeur qu'ils endurent est bien peu payé avec des pièces de monnaie. J'admire encore ces Kirghizes comme Sadyk et Abdou-Reçoul, qui donnent à la foi promise, sans marchander, tout leur dévouement et toutes leurs forces, heureux d'un mot d'approbation et qui, fidèles à leur parole, prennent parti pour leurs maîtres étrangers, contre les gens de leur race. Aucune curiosité des choses de la nature n'éveille leur intérêt. Dans la lutte qu'ils livrent avec nous à l'inconnu défendu par des ennemis invisibles et insaisissables, ils ont à peine la satisfaction d'avoir été utiles à eux-mêmes et à leurs maîtres, ne pensant pas qu'ils puissent l'être à la science et à l'humanité.

A six heures, au moment où le soleil disparaît au-dessous de l'horizon, dans l'échancrure lointaine de l'Alaï, une brise légère du sud-est remonte la vallée et fait descendre rapidement le thermomètre à 20 degrés au-dessous de zéro.

Le sommet du pic Kauffmann s'enveloppe de gros cumulus blancs; d'autres s'accrochent en s'étirant aux arêtes moins élevées et, insensiblement, s'abaissent vers la plaine. Le soleil couchant rougit encore le sommet du Kizil-aguine, et tout le ciel à l'ouest est empourpré. Les chaînes de l'Alaï et du Trans-Alaï bleuissent et ressemblent à d'immenses banquises de glaces. *Ascendit nox, cadit dies.* Puis le firmament lumineux se peuple d'une infinité d'étoiles comme jamais je ne l'ai vu dans la plaine, et tous ces points scintillants dardent des rayons si puissants et si longs qu'ils semblent jaillir de l'œil de l'observateur.

Et sous la tente, où nous avons 16 degrés centigrades au-dessous de zéro, contemplant le firmament brillant d'un éclat inaccoutumé, nous nous félicitons de la chance extraordinaire qui nous a valu ces journées ensoleillées, frémissant à l'idée qu'une seule journée de tempête, si fréquentes à cette époque sur l'Alaï, aurait pu mettre un terme trop hâtif à nos projets.

19 mars. — Le thermomètre n'est pas tombé au-dessous de — 25 degrés centigrades pendant la nuit. Au lever du soleil, il marque — 20 degrés centigrades. Un de nos *kakliks* (*Megaloperdix*) est mort de froid dans sa cage entourée de feutre, à côté de son compagnon bien portant. La journée s'annonce radieuse.

Au moment du départ, à neuf heures du matin, le thermomètre indique + 13 degrés centigrades au soleil et — 11 degrés 5 centigrades à l'ombre, avec une légère brise de l'est. Sadyk reprend la tète de la file ; avec des forces nouvelles, hommes et chevaux se replacent en ligne et marchent dans les traces de leurs devanciers.

La neige a changé d'aspect et de consistance. A la surface on trouve le matin, avant que le soleil ne l'ait fait fondre, une couche de 20 à 25 centimètres de profondeur d'une neige très meuble, en cristaux très ornés, grands et lamelleux, poudreux, fuyant sous le vent. Au-dessous, une couche plus tassée, plus résistante, portant parfois le cheval, recouvre sol sur une épaisseur de 1 à 4 mètres, suivant les endroits. Quelquefois, au contact d'un sol coloré que le soleil a pu atteindre et chauffer, la neige, en fondant puis en regelant, a formé une épaisse croûte de glace, résis-

tante le matin, traître vers midi. Tout en suivant les
crêtes des collinements de plus en plus accusés, marqués
par des chaumes de graminées de plus en plus élevés,
nous apercevons avec une satisfaction joyeuse des taches
rougeâtres d'un terrain argileux où la neige a complètement disparu. Nos chevaux, dont le sabot, depuis dix.
jours, n'a foulé que de la neige, marchent instinctivement
vers ces taches glissantes, grandes d'un mètre carré,
comme sur des îlots sauveurs au milieu de la mer.

Après trois heures et demie d'une marche en zigzags
nombreux, mais moins difficile que celle d'hier, nous
arrivons au bord d'une large dépression bordée de
falaises. C'est le lit de la rivière Kizil-aguine, qui vient
des gorges du Kizil-art pour se jeter dans le Kizil-sou.
Maintenant ce n'est qu'une nappe lisse et luisante,
comme une immense coulée de sucre. Nous avons bien
deux heures d'avance sur les chevaux de bât ; nos traces
sont visibles : nous pouvons avancer sans craindre qu'ils
ne nous perdent. Alors, nous laissant glisser avec les
chevaux jusqu'en bas des falaises, nous essayons de
gagner le milieu de la dépression, où sans doute nous
trouverons un « terrain » résistant sur le fleuve gelé.
Après deux tentatives infructueuses, échouant dans la
neige profonde et molle accumulée sur les bords, nous
réussissons à la troisième à nous creuser un passage
et, moitié rampant comme les chevaux, sur le ventre,
moitié tombant en avant d'un trou dans un autre, nous
nous trouvons à 200 mètres environ des falaises, sur
une surface gelée où le vent n'a pas laissé 5 centimètres
de neige. On remonte à cheval et en deux heures leur
pas rapide nous fait avancer de 8 verstes.

De temps à autre le Kizil-aguine apparaît à découvert,

roulant une eau légèrement trouble sur un lit de cailloux bariolés, où les chevaux boivent avidement, après n'avoir eu que de la neige comme breuvage depuis quatre jours. Mais nous ne devons pas remonter davantage le lit du Kizil-aguine, il faut regagner la berge et le haut des falaises. Alors commence pour nous et nos chevaux le travail le plus pénible que nous ayons fait depuis le départ. Les chevaux nagent littéralement dans la neige sans consistance et sans fond.... Mais pourquoi raconter au lecteur patient ces souvenirs poignants qui lui donneraient tout au plus le soupçon de l'exagération du récit, sans lui apprendre à mieux connaître la nature du Pamir? Et puis c'est toujours la même lutte, les mêmes chutes, la neige et encore la neige.

Enfin, au sommet de la berge et des collines environnantes, les chevaux reprennent pied. Un vent violent en bourrasque remonte de l'ouest et fouette le sol, en nous enveloppant de tourbillons blancs et nous saupoudrant de neige. À dix pas derrière nous, nos traces sont déjà effacées et un regard jeté en arrière revient sans avoir trouvé la caravane de nos chevaux de bât. Cependant aux endroits découverts apparaissent, de temps à autre, les empreintes fraîches du passage d'un troupeau de moutons, et même on peut distinguer la trace large d'un pied d'homme. Évidemment on a passé par là il n'y a pas longtemps, peut-être quelques heures auparavant. Aveuglés maintenant par la tempête, nous avançons lentement, nous approchant de plus en plus de l'entrée des montagnes, lorsque tout à coup apparaissent, dans un bas-fond, sur une place libre de neige, deux chevaux sellés, s'arrêtant de brouter pour nous regarder la tête haute. Nous avons beau fureter tous les recoins de l'endroit, il n'y a trace nulle part de leurs propriétaires. Sans doute qu'ils se sont cachés à notre approche, croyant avoir affaire à des *Karaks*, à ces voleurs du redouté forban Sahib-Nazar. Sadyk et Ménas enfourchent les chevaux, laissent brouter les leurs à la place et, avec le Kirghize de Palpoukh, s'en vont dans trois directions différentes à la recherche des cavaliers inconnus. Nous attendons une demi-heure sans résultat. Pourtant le vent nous apporte comme une odeur âcre de fumée du bas des collines, et certainement il y a là un campement. Ménas, puis Sadyk, reviennent bredouilles et intrigués, avec les signes d'un profond étonnement; ils se préparent à diriger leurs recherches du côté opposé, lorsque notre Kirghize apparaît en compagnie de deux autres, dont sans doute il savait la cachette et qu'il avait rassurés en leur racontant que lui-même n'avait pas eu de mal de nous à Palpoukh. Ces deux hommes nous mènent alors au bas d'une vasque libre de neige, protégée du vent, qui passe en sifflant au-dessus de la crête (fig. 21). Le sol est formé d'une couche de fiente de mouton, et comme ils ne peuvent terrer, ils s'abritent derrière les tas noirs du *Kiziak*. Ils ont l'air de parfaits sauvages, un peu plus que nous, dans le costume ébouriffé de leurs peaux de mouton à long poil, avec une figure noire protégée du soleil par une couche de crasse. S'aiguayer la figure n'est pas une habitude kirghize et au surplus, sur le Pamir, un luxe que nous ne nous permettions qu'aux grands jours de repos et d'abondance du combustible pour faire fondre la neige. Tels quels, ces Kirghizes nous parurent très beaux : n'avaient-ils pas trahi un bon campement, n'étaient-ils pas propriétaires de ces moutons qui rentrent à ce moment et dont nous pourrons réparer les vides de nos provisions? De plus, rassurés, ils étaient hospitaliers. Ils étendirent par terre deux peaux d'arkars (*Ovis Poli*) et l'un deux apporta incontinent une théière contenant une décoction de viande de mouton. Nous n'avions pris aucune nourriture depuis le matin; les poignées de neige nous avaient altérés, et ce bouillon au goût indéfinissable, assaisonné, à défaut de sel, d'une poudre noire de fiente de mouton que le vent y avait fait entrer, nous parut un délicieux breuvage. Qu'elle est relative la valeur des choses, et combien le brouet spartiate aurait semblé exquis à un roi affamé!

Cependant la nuit vient sans nos chevaux de bât. La tempête s'est calmée et le vent intermittent de l'est saute à l'ouest, puis au sud. Les traces de notre passage sont effacées et il faut envoyer un homme à la rencontre des retardataires. Un de nos Kirghizes est resté en route avec un cheval fourbu et à moitié gelé; mais il rallie le campement à la nuit, sans avoir été rejoint.

Nos hôtes, voyant que nous n'avions point l'intention de leur prendre un mouton, sont redevenus marchands : ils demandent dix roubles d'un mouton qui en vaut quatre, et ne s'empressent guère de partir à la recherche de notre caravane. L'un d'eux y consent après que Sadyk lui eut fait cadeau de la moitié d'un pain de biscuit grand comme la main, mais revient après une heure sans avoir rien trouvé. Sans doute que Rakhmed, désespérant de nous rejoindre avant la nuit et craignant de s'égarer, aura campé en route en attendant le jour. A onze heures du soir la température n'est heureusement que de 11 degrés au-dessous de zéro et nous sommes relativement à

Fig. 21. — Campement en face du Kizil-Art. (D'après une photographie de M. Capus.)

l'abri du vent. Sadyk allume, avec une boule de fiente
incandescente, un brasier de fiente de mouton autour
duquel on se couche, enroulé en boule dans une peau de
mouton, en se serrant l'un contre l'autre. De temps à
autre, le froid, qui remonte des extrémités mal cachées,
nous réveille. Le firmament, scintillant de l'éclat inconnu
de millions d'étoiles, coupole du plus magnifique palais,
s'arrondit au-dessus de nos yeux et la lumière diffuse
qui tombe de ces lampadaires célestes ombre mollement
d'un faible éclat argentin la chaîne fantastique du
Trans-Alaï. Puis la silhouette d'un promeneur silencieux, tantôt accroupi devant le brasier incandescent
sans chaleur, tantôt cherchant dans le mouvement le
rétablissement de la circulation du sang dans les membres
engourdis par le froid, apparaît lourdement mouvante
contre le ciel ou la neige.

Bonvalot cherche en vain la chaleur et le sommeil
près du brasier, après avoir trouvé, puis perdu, l'une et
l'autre aux flancs de quelques moutons qui s'étaient
couchés à côté de lui. Sans doute les loups étaient
venus rôder dans le voisinage, car soudain le troupeau,
pris d'une panique folle, avait fui, laissant le dormeur
au froid. Sur le sol nu, les tas de fiente se confondent
avec les Kirghizes. Sadyk et Abdou-Reçoul se sont
installés sur un de ces tas, se sont déshabillés entièrement et, tête bêche, enchevêtrés, emmaillotés de leurs
pelisses, dorment chaudement à la façon indigène. Ainsi
font les Sartes et je me rappelle avoir vu en Boukharie
des arbacèches enfouis de la sorte dans un tas de fumier
de cheval et de chiffons de feutre.

Peu à peu l'éclat des étoiles pâlit, la neige à l'horizon du
Taou-mouroune blanchit à l'approche du jour, et la nuit

tombe vers l'ouest dans la plaine où semble déboucher comme un immense fleuve la large coulée de neige de l'Alaï.

Au jour, on se reconnaît à peine : le froid, la réverbération du soleil, les coups de chaleur nous ont défigurés. Le nez, les lèvres, les joues, sont enflés, gercés et sanguinolents, la peau se détache, et le coup de soleil frappe dès lors des endroits devenus plus sensibles encore. Pépin souffre cruellement d'une forte conjonctivite qui le rend presque aveugle. Nos Kirghizes ne sont pas mieux partagés : tous ont mal aux yeux et, pour couvrir les gerçures des lèvres et du nez, ils y appliquent du *douleï*, sorte de peau végétale que je crois être un champignon du genre *Lycoperdon.*

Enfin à dix heures Rakhmed arrive avec le « bât. » Il a perdu la route dans la nuit et marché jusqu'à minuit. Il est tombé dans l'eau du Kizil-aguine avec son cheval et a failli avoir la jambe gelée. Hommes et bêtes ont bien gagné un jour de repos. Nous avons du mouton frais, de l'herbe sèche en abondance sur le revers des collines pour les chevaux; prenons des forces pour la traversée du Kizil-art, car il paraît qu'il est bloqué par les neiges et que le passage en est devenu impossible aux chevaux. Ainsi du moins nous le disent les deux Kirghizes d'ici. Venus du Sary-Kol, ils l'auraient traversé avec leurs moutons (!) il y a dix jours, mais depuis, il serait tombé trois fois de la neige et la passe serait fermée. Ensuite ils changent de version et seraient venus par un autre chemin du Kiik-bachi. Ils se disent Kirghizes russes de Màdi et ramènent chez eux le troupeau de moutons qu'une baisse de prix à Kachgar les aurait empêchés de vendre. Bref, leurs contradictions et leurs allures nous font penser qu'ils sont Kirghizes chinois venus en fraude sur l'Alaï, attendant, après y avoir fait paître leurs moutons, la fonte printanière des neiges sur les passes pour retourner sur leur territoire. La mortalité ne semble pas très grande parmi leur troupeau, et je vois des brebis nombreuses ayant agnelé à 12 000 pieds, dans les neiges, accompagnées de leurs agneaux bien décidés à vivre et que, par précaution des froids excessifs, les bergers ont enveloppés d'un morceau de feutre.

Au fur et à mesure que le soleil monte au-dessus du Trans-Alaï et réchauffe les corps sans chaleur, la gaieté remonte dans les esprits et se dégage par des chants et des propos joyeux. Le moral de la troupe semble excellent. Les Kirghizes sèchent leurs loques au feu, font dégeler leur galtchas et reçoivent un peu de thé et de millet. J'en vois ramasser avidement quelques miettes de sucre égarées de la main parcimonieuse de Ménas et tombées dans la fiente de mouton. Abdou-Reçoul nous prépare, avec du riz, le foie haché et les rognons de mouton frais, un excellent boudin kirghize qu'on nomme *hassip* et dont il a le secret. Ménas croit même pouvoir donner un peu de bois aux Kirghizes pour faire rôtir la tête et les pieds du mouton. Ils ont pour cela creusé un trou assez profond pour ne rien perdre de la flamme, et dévorent à belles dents les morceaux à moitié crus. Nous nous promenons, lentement, car une marche lente de soixante-dix pas sur la pente élève déjà le nombre des pulsations à 152 et celui des inspirations à 44 — par + 27 degrés centigrades au soleil et — 4 degrés centigrades à l'ombre à midi, et le touloup devient incommode. Les corps noirs : cailloux, cuir, morceau de feutre, s'entourent au soleil de petits filets d'eau de neige fondue qui regèle à l'ombre d'un autre corps, à 10 centimètres plus loin. C'est là la caractéristique de ce climat continental et altitudinal de l'Alaï et du Pamir : une différence parfois énorme du jour à la nuit, de l'ombre au soleil, de l'été à l'hiver.

Cependant cette journée si ensoleillée et si gaie devait finir par un orage. Vers le coucher du soleil, le vigilant Ménas surprend un groupe de Kirghizes occupés à faire disparaître un sac d'orge de nos provisions ainsi qu'une partie du bois que nous avions transporté jusque-là. Le brave garçon en est tellement indigné qu'il ne parle de rien moins que de tuer les coupables de son kindjal, et quand, vérification faite, il se trouve qu'ils nous ont volé sept sacs d'orge, soit 21 pouds, et la moitié de nos charges de bois, nous avons toutes les peines à l'empêcher de passer de l'intention à l'exécution. Il est évident que les Kirghizes, qui doivent nous quitter avec une partie des chevaux sur le Pamir, ont caché ces provisions, depuis deux jours, dans les environs sous la neige, afin de les retrouver et d'en profiter au retour, car ils ne peuvent exhiber les sacs vides. Voilà une bien vilaine histoire et qui nous coûtera sans doute cher si on ne parvient pas à retrouver l'orge volée.

Cependant les Kirghizes nient avec énergie, allèguent une tromperie sur le poids de Makhmoud-beg et finissent, après force pourparlers, par offrir en cachette à nos domestiques une indemnité en argent. Ils avouent ainsi leur culpabilité, mais toutes les recherches de nos hommes pour retrouver l'orge demeurent sans succès. Il nous en reste une trentaine de pouds.

Faire expier leur crime aux voleurs en ce moment ne serait pas politique. Nous avons besoin de leurs vingt-cinq

chevaux jusque sur le Pamir, et leur fuite, certaine
pendant la nuit, nous mettrait dans la nécessité cruelle de
charger lourdement nos propres chevaux et de leur épuiser
dès le début les forces dont ils devront disposer dans la
suite. Faisons semblant d'un demi-pardon et ouvrons
les yeux. Surveillons même Sadyk. Il a commencé par
vouloir disculper les brigands et donné signe de faiblesse. Après avoir reçu les nouvelles des bergers kirghizes relativement à la passe de Kizil-art, il conseille
mollement de s'en retourner et, après avoir enterré ici
nos provisions, de revenir tenter le passage dans deux
mois, quand les neiges seraient à moitié fondues. Il
semble vouloir reculer, exagérer les distances; il fait
valoir que le Kizil-art est fermé, l'Ak-baïtal sous la
neige; il redoute l'absence des campements d'hiver sur le
Pamir; bref, sa façon de parler a changé complètement
et trahit l'homme anxieux de se lancer dans une entreprise redoutable.

Cependant l'idée de reculer ne nous est pas venue
un instant, et moins que jamais au moment où, après
avoir passé l'Alaï, nous nous trouvons au seuil du
Pamir et sans avoir un instant essayé d'en enfoncer
la porte que les Kirghizes nous disent fermée. Au reste,
dès que Sadyk connaît notre décision irrévocable, il
en prend bravement son parti et dès lors redevient le
guide dévoué, l'homme courageux, résolu et infatigable
qu'il avait été sur le Taldyk et l'Alaï.

Le 22 mars, la caravane quitte le campement d'Our-
tak-tchoukour. La charge est diminuée de 400 kilogrammes d'orge et de bois volés, mais elle s'est
augmentée de quelques pouds de viande fraîche de mouton. Nous allons droit sur la passe du Kizil-art, brèche

étroite, visible au loin dans la ligne de faîte crénelée du Trans-Alaï. Nous suivons d'abord, sans difficultés, le dos nu de collines mollement ondulées. Un *Gouristane*, ou cimetière kirghize, dresse sur un promontoire quelques tumuli de cailloux roulés du Kizil-aguine. Un sentier à nu, marqué des empreintes nombreuses du passage des troupeaux de moutons, d'yaks et de chevaux de l'année dernière, nous fait descendre au bord de la rivière gelée, liserée d'une profonde couche de neige.

La troisième tentative pour trouver un gué nous permet de cheminer bientôt sur la glace unie et de nous engager dans le couloir étroit qui mène au Kizil-art. Un vent glacial la balaie et se fraie, aux vallées cachées dans l'ombre, une issue vers la plaine ensoleillée et plus chaude de l'Alaï. Nous remontons le lit du Kara-ama plaqué de glace. Devant nous se dressent, étincelantes sous le soleil pur, les mornes pyramides des voisins sans nom du Kizil-aguine et du pic Kauffmann, aux larges pans de névés immaculés avec des reflets bleuâtres. Plus bas, des arêtes noires de quartzite et de schiste percent les neiges dans l'ombre et, des deux côtés de la vallée, des falaises rouges de grès en conglomérat rougissent au soleil apparu dans l'échancrure de crête du Kizil-art[1].

Nous voici, dans le fond d'une gorge étroite, à la montée de la passe. Nous marchons sur un terrain rocailleux, parsemé d'abord de champs de neige peu étendus et peu profonds. Des traces d'ours, de loups, d'arkars, s'entrecroisent nombreuses et se perdent sur

---

1. Kizil-sou, Kizil-tchoucour, Kizil-aguine et Kizil-art sont autant de noms tirant leur origine de la coloration rouge (*Kizil*, en turc) du grès des contreforts secondaires du Trans-Alaï.

les hautes pentes, dans les gorges latérales étroites remplies de névés. Des cornes d'arkars et des squelettes entiers gisent de ci de là dans le thalweg, et je vois la dépouille à peine entamée d'une bête magnifique, couchée sur le dos, la tête en haut, la peau presque intacte. Un saut malheureux, comme cela doit leur arriver parfois, aura sans doute précipité l'animal en lui cassant les jambes, après que le poids énorme de la tête lui aura fait perdre l'équilibre sur une pente raide.

Tout à coup Sadyk et le Kirghize, qui marchent en avant, s'arrêtent et se baissent en nous faisant signe de préparer les armes. D'un œil plus exercé que le nôtre, ils ont reconnu au loin un troupeau d'arkars et nous le signalent par les mots répétés de « *Kiik, Kiik,* » et les gestes précipités, signe du plus grand intérêt. Mais les Kiiks sont à 300 ou 400 mètres; la sentinelle, mâle magnifique aux cornes comme de buffle, mais plus spiralées, nous a signalés aussi et le troupeau, la tête haute et l'œil aux aguets, nous regarde avec une curiosité au moins égale à la nôtre. Ils n'attendent plus qu'un mouvement pour se lancer dans une direction opposée. Une balle présomptueuse de Winchester siffle à leurs oreilles et toute la troupe s'ébranle, puis s'arrête net au bruit sec de la détonation, enfin détale à toute vitesse et disparaît à nos yeux avec une agilité étonnante. Espérons les revoir et les examiner de plus près sur le Pamir! (fig. 22).

A deux heures et demie, nous ne sommes plus qu'à 7 ou 8 verstes du sommet de la passe. Le thermomètre marque + 13°, 5 centigrades, au soleil et — 5°, 2 centigrades à l'ombre. Un vent faible descend des hauteurs.

Jusqu'alors nous n'avions pas eu trop de difficultés dans la marche; mais à présent nous escaladons une pente de neige molle, où pointent par endroits des arêtes aiguës de rochers de conglomérat et de grès rouge. Alors commence le travail le plus difficile, la lutte la plus pénible que nous ayons eue à livrer depuis notre départ. Aux fondrières de neige, aux chutes qui précipitent les chevaux la tête en avant dans la neige, aux insolations et à la réverbération s'ajoute l'effet de la raréfaction de l'air, car nous sommes arrivés à l'altitude de 14500 pieds. Les yeux s'éblouissent, les oreilles tintent et bourdonnent; il faut s'arrêter à chaque quinze pas pour reprendre haleine et calmer les mouvements précipités du cœur. Je compte cent-quatre-vingts pulsations et cinquante-six mouvements respiratoires à la minute. Sadyk qui creuse, avec un cheval, les premiers trous dans la neige, se couche à plat ventre sur un rocher et s'entoure la tête de ses bras : il se repose un instant, essoufflé, à bout de forces et de respiration. La robe des chevaux se marbre de petits filets de sang qui suinte entre le poil et se fige en traînées noires. Aurons-nous assez de forces pour arriver jusqu'au sommet de la passe?

Pourtant devant nous, à 200 mètres à peine, flotte, au bout d'une perche inclinée, un chiffon de toile : c'est le *toug* du mazar du Kizil-art, le sommet, le but vers lequel tendent tous nos efforts. Aïda Sadyk! En avant! Nous ne sommes plus qu'à un quart de kilomètre du Toit du Monde. Du haut du mazâr, le regard pourra plonger sur cette terre mystérieuse, inondée de soleil, nous semble-t-il, et dussions-nous nous traîner jusque-là, nous voulons voir ce qu'il y a

Fig. 22. — *Ovis Poli, Ovis Argali et Ovis Karelini*. (D'après Ssévertzoff.)

au delà de cette terrible pente. Un seul regard nous apprendra si le Pamir est sous la neige ou non et décidera peut-être du sort de notre entreprise.

Alors, saisi de cette rage suprême et fiévreuse qui tend les nerfs et la volonté en précipitant les mouvements et en décuplant les forces, on s'enfonce de plus belle dans la neige et les trappes. Les chevaux, par un dernier effort, luttent de tous les muscles de leur corps ; les narines se dilatent et les dents se serrent, les oreilles se dressent et les yeux s'agrandissent. Enfin, le premier cheval, par un bond furieux, s'élance à droite sur un promontoire de rocher à nu ; s'accroche de ses quatre pieds et, dans un rétablissement lent, dresse sa silhouette entière et libre contre le ciel pur : il est arrivé, s'arrête et se couche....

Et d'en bas Djoumber-baï fait signe de suivre le cheval et de gagner la crête qui s'élève à droite de la passe et d'où la neige a presque entièrement disparu. Il est cinq heures et demie et le soleil vient de disparaître derrière les montagnes à l'ouest. A nos pieds s'étend une vallée large, celle de Markhansou, bariolée, légèrement plaquée de champs de neige peu profonds. Et c'est avec une joie sans mélange que nous voyons les vallées au loin se suivre et se bifurquer, à peine entravées par des traînées blanches qui ne s'opposent pas à notre passage. Le Pamir est accessible, nous irons dans l'Inde !

Devant nous se dressent contre le ciel, « engendrées dans la torture d'un titanique enfantement », les gerçures plutoniques du Toit du Monde. Une mer de montagnes aux vagues gigantesques épointées ! Les pics innombrables, couvertes de la mousse des neige éternelles,

les chaînes chaotiques s'étendent au pourtour de l'horizon aussi loin que le regard peut porter. Au premier abord elles semblent s'enchevêtrer et se croiser sans ordre, mais bientôt l'œil, s'habituant à suivre leurs crêtes, les voit s'aligner de préférence du nord-ouest au sud-est et devine les vallées droites et longues qui les séparent.

Et ce panorama merveilleux est chaudement coloré par les rayons obliques du soleil au déclin, jaunissant les pans de neiges, réchauffant les marbrures des pentes rocailleuses, et fouillant le relief en accusant des ombres larges et transparentes aux angles des vallées et des massifs. Un ciel, limpide et verdâtre encore, repose à l'horizon sur la dernière arête visible de l'Hindou-Kouch, et monte comme une voûte lumineuse au-dessus de ces gigantesques stalagmites terrestres. Un léger nuage blanc flotte seul et indécis, « comme une tache de l'ongle divin », dans l'azur céleste. Allah akbar! « Il a créé les cieux et la terre sans colonnes visibles; il a jeté sur la terre des montagnes comme des pilotis, pour qu'elle ne s'ébranlât pas quand vous y êtes. » (Koran xxxi, 9.)

Tous nos chevaux ont maintenant gagné la crête et c'est un tableau bien pittoresque de les voir à la file cheminer d'un pied assuré sur les arêtes des rochers, descendre les pentes abruptes, glissant parfois debout avec leur charge sans perdre l'équilibre. Nous campons sur un rocher sans neige, au-dessus de la vallée de Markhan-Sou-Bachi, à 14500 pieds d'altitude. Nous avons fait une étape de dix heures. A neuf heures du soir, le thermomètre marque 18 degrés au-dessous de zéro. L'air est calme et le firmament brille d'un éclat extraordinaire. A quatre heures du matin, la température est descendue à — 26 degrés centigrades et le vent souffle, avec des intermittences, du haut des montagnes.

23 mars. — Le froid de la nuit a été sensible. Au matin les chevaux grelottent sous leur couverture de feutre et une couche de givre s'est déposée sur les bagages. Une demi-douzaine de chevaux kirghizes, impuissants à porter leur charge plus loin, sont renvoyés, les autres nous accompagneront jusqu'au Kara Koul, d'où on les renverra tous. Nous ne pourrons partir que quand le soleil aura paru dans le campement et dégelé les cordes que nos hommes ne peuvent manier pour charger le bât.

Suivant pendant quelque temps la vallée du Markan-sou, nous longeons, un peu plus loin, la rive indécise d'un petit lac gelé que les Kirghizes appellent Kok-Koul ; puis, toujours au fond des vallées, nous avançons à une bonne allure vers les montagnes qui bordent le lac Grand Kara-Koul. Quelques champs de neige profonde ralentissent de temps à autre la marche, mais le plus souvent, le sabot des chevaux retentit sur le grès et le conglomérat à peine saupoudrés de neige et nous arrivons à faire jusqu'à 5 verstes à l'heure.

Aussi vers quatre heures du soir sommes-nous en vue de la plaine, où nous apercevons un coin de la nappe blanche et lisse du « lac Noir », marquée vers l'extré-mité septentrionale par la grande tache noire d'une île basse et arrondie. Le conglomérat et le schiste ont fait place aux éboulis d'une roche granitique claire, et la vallée est remplie de gros blocs qu'on prendrait pour des blocs erratiques si leur position souvent à mi-pente et l'effritement continuel des parois de la montagne n'indiquaient plus clairement leur origine. Sous l'action incessante des grands froids, du soleil et de l'air, des fragments de roche, des blocs entiers, se détachent des parois inclinées et forment à chaque instant de petites avalanches rocailleuses. Cependant les traces d'une époque glaciaire antérieure sont bien évidentes en de nombreux endroits sur le Pamir, et la présence d'anciennes moraines étendues, de roches striées par le passage d'immenses glaciers a été constatée, avant nous, par la plupart des voyageurs, notamment par Ssevertzoff.

De nombreuses traces de lièvres et bientôt leurs auteurs, courant sur la pente, entre les rochers, nous rappellent que nous venons d'entrer sur le *Khargouch-Pamir* ou « Pamir des lièvres », ainsi nommé sans doute à cause de leur présence en nombre considérable. Pourtant ni Djoumber-Baï, ni Sadyk et les Kirghizes ne connaissent ce nom et quant à celui de *Pamir*, qu'ils prononcent *Pamer* et *Pamel*, ils n'en savent pas la signification. Ils répondent que c'est un « endroit » et que, du reste en fait de *Pamer*, ils ne connaissent que l'Alitchour-Pamer. Il est très curieux de voir ce nom si répandu dans les livres des voyageurs et si peu dans la bouche des indigènes. La cause en est due à notre tendance à la systématisation géographique du « plateau » du *Pamir* acceptée des ouvrages de Humboldt et de ceux des membres de la mission Forsyth. Le Pamir n'est rien moins qu'un plateau, c'est-à-dire un lieu élevé qui s'étend en plaine, mais un massif montagneux composé d'un grand nombre de chaînes sensiblement équivalentes,

faiblement rattachées à l'Hindou-Kouch, au Mouz-Tagh
et au Thiân-Chàn.

Avec les lièvres, un grand nombre d'autres animaux
abitent la contrée du Kara-Koul. Sans compter les
ours, les loups et les arkars dont les traces courent
sur le sol, nous voyons des bandes de *dourna*, palmi-

Fig. 25. — Le Cerf Maral.

pèdes du genre canard, des vols d'une espèce d'étour-
neau, des alouettes de montagne, des corbeaux au bec
rouge, nombre de petits passereaux à gorge jaune, et
j'aperçois même, se traînant sur le sable granitique,
une minuscule araignée rouge. Souvent aussi, sur la

pente rocailleuse, le *Kaklik*, ou perdrix de montagne, glousse son nom en appelant ses compagnes.

Nous trottons maintenant sur le sable luisant de grandes paillettes de mica et imprégné de sel. Le sol gelé a gardé l'empreinte des troupeaux de moutons et de chevaux que l'été voit paître aux alentours du lac, mais nulle part nous ne voyons trace d'un campement d'hiver. Morne et silencieuse, la plaine gelée du lac s'étend à 25 kilomètres vers le sud au pied des montagnes neigeuses qui le bordent à l'ouest, en laissant du côté opposé un fond de vallée uni de 12 kilomètres de large.

Depuis quelques instants Djoumber-baï abrite de sa main ses petits yeux rougis, et fixe obstinément le lointain. En cherchant le point noir d'une oï kirghize, son regard a rencontré des objets mobiles qu'il hésite à reconnaître pour des chevaux. Il part avec Sadyk au galop pour découvrir le campement espéré; mais soudain nous voyons une troupe effarée d'arkars se rallier et détaler vers nous. Nous essayons en vain de leur couper la fuite, nos chevaux sont trop fatigués pour soutenir un galop de dix minutes et ne peuvent rivaliser de vitesse avec un Ovis Poli. Sadyk et Djoumber-baï reviennent désappointés, et nous dressons la tente sur le sable, près du lit desséché de la petite rivière de Kara-Art. Nos Kirghizes nous apportent du pied des montagnes des brassées d'une plante saline du haut steppe qu'ils appellent *Tez-Kenne* et que Rakhmed qualifie de *Koussi-Kampir*. C'est une Composée, voisine du *Gnaphalium* qui croît en touffes basses et fournies au ras du sol sablonneux et salin et fournit un bon combustible. Elle donne une flamme assez difficile, charbonne bien et répand une fumée âcre. On peut la récolter en grande abondance et mépriser le kiziak qui ne sert que pour conserver la braise.

Nous attendons en vain dans la soirée l'arrivée des Kirghizes avec le bât. Le lendemain, Rakhmed, envoyé à leur rencontre avec quelques hommes, revient nous annoncer leur fuite nocturne. Ils ont fait halte en vue du Kara-Koul, déposé les sacs et profité de notre avance sur eux pour retourner avec leurs chevaux à la pointe du jour, non sans emporter encore quelques sacs d'orge. Rakhmed a trouvé un de leurs chevaux, jugé trop faible pour marcher assez vite, se régalant du contenu d'un sac qu'ils avaient ouvert devant lui. Toutes nos provisions réunies, il se trouve qu'il nous reste environ 20 pouds d'orge de 72 que nous avions emportés d'Ak-Bassogua. Espérons que la trahison des Kirghizes de Makhmoud-beg ne restera pas impunie. Nos chevaux ont trop besoin de leurs forces pour que nous puissions nous lancer à la poursuite des voleurs et les châtier nous-mêmes comme ils le méritent. Nous donnerons aux chevaux un jour de repos : ils pourront paître dans la plaine une herbe sèche assez rare, peu nourrissante il est vrai, mais qui leur remplacera dans une certaine mesure l'insuffisance de la ration d'orge diurne que dorénavant nous serons forcés de leur appliquer.

Nous renvoyons ce jour-là les derniers Kirghizes d'Ak-Bassogua, hommes de Mirza-Païass, le fils d'Abdoullah-beg, qui nous ont bien servis et reçoivent un cadeau avec un certificat de satisfaction. Ils partent, une dizaine, dans l'après-midi, car ils veulent, avant le soir, traverser le Kizil-art. Les nôtres, Sadyk en tête, touchent une dernière fois la main de leurs compagnons, se recommandent à la garde d'Allah et, en se passant la main sur la barbe qu'ils ont rare, concluent par l'*Omin* sacramentel, le même qui finit nos prières. Bientôt leur troupe, au petit galop, se rapetisse au bout de la plaine et disparaît à l'entrée de la gorge qui mène au Markhan-Sou.

Il nous reste en tout dix-huit chevaux. Privés comme nous le sommes de la moitié de nos vivres, nous ne pouvons plus tenter d'éviter les campements d'hiver où il y a un peu de fourrage et marcher droit vers Basaï-Goumbaz sur le petit Pamir; nous devons au contraire essayer de gagner directement le Rang-Koul où nous espérons trouver des Kirghizes, fussent-ils du poste chinois. Aïda Sadyk! En avant!

VII

DU LAC KARA-KOUL A AK-TACH.

Campement sur les bords du lac. — Phénomènes électriques. — Les *Ovis Poli*. — Rencontre d'une famille de chameaux. — Scènes de la vie de campement. — Le mazor de Mous-Kol. — La vallée d'Ouzoun-djilgua et la passe du Kizil-djek. — Une tempête de neige à 16 000 pieds. — Un campement avec le *Khalila*. — Le Koutane de Kamar-attak. — La plaine du Rang-Koul. Panorama du Mouztag-ata. — Rencontre des Teïtts et du chef Djoura-bi. — Climatologie du Rang-Koul. — Le Yack ou *Koutass*. Épidémies et pertes du bétail. — Le poste chinois. Tentatives d'arrêter la caravane. — Une conversation animée avec le chef du poste. — Marche sur la vallée de l'Ak-sou. — Dunes de sable. — Fuite des Kirghizes. — Les chasseurs indigènes et leur gibier. — Payement à la balance. Les *iambas* de Kachgar. — La vallée de l'Ak-sou à Kochaguil. — Géologie et préhistoire de l'Oxus. — Faune et flore locales. — Le poste d'Isstyk et scènes Kirghizes. — Le « goüristane » de Goudareh et les tombes Kirghizes. — Arrivée à Ak-Tach.

Nous avons campé au bord du Kara-Koul à 12 600 pieds. La température, dans la journée, est montée jusqu'à 9 degrés au-dessus de zéro au soleil et à + 1 degré centigrade à l'ombre. Dans la nuit, elle descend jusqu'à — 28 degrés centigrades sans vent, le ciel étant libre.

J'observe un phénomène électrique curieux : quand on passe un peu vivement la main sur le poil des fourrures, on voit jaillir, avec un crépitement sensible, des gerbes d'étincelles. Le même phénomène m'avait été signalé dans la plaine du Ferghanah par M. Muller. Un soir d'été, passant au milieu d'un troupeau de moutons, il vit son fouet tracer sur la laine des moutons des traînées lumineuses.

Pendant la journée du 25, nous longeons le bord oriental du lac sur un terrain presque entièrement découvert de neige. Il n'y en a jamais beaucoup, paraît-il, en hiver sur le Kara-Koul, mais Sadyk affirme ne jamais en avoir vu autant sur l'Alaï et le Kizil-art.

Des compagnies de Lagopèdes du Pamir picorent, sans s'effrayer à vingt pas de nous, et des lièvres gris du steppe, plus petits que les nôtres, courent pour se cacher dans les trous où ils terrent dans le sol sablonneux. Des croûtes salines peu épaisses recouvrent par endroits la surface des dépressions et alternent avec des pâturages jaunes de graminées et de joncacées en touffes où viennent brouter les arkars. Cette herbe est fort appréciée des Kirghizes en été, et Marco Polo déjà nous a dit que c'est « la meilleure pasture du monde, car une maigre jument y deviendroit bien grasse en dix jours. » Djoumber-baï affirme qu'après avoir brouté l'herbe du Kara-Koul, les troupeaux de moutons peuvent aller d'une traite jusqu'au delà du Kizil-art.

Le lac est bordé sur une assez grande étendue d'un terrain tourbeux fort irrégulier ; cette tourbe sèche et saline, qu'on peut arracher facilement en mottes volumineuses, brûle à peine au feu. Les Kirghizes l'appellent *rakhta-katenne*. Cependant au besoin, elle pourrait servir de mauvais combustible.

De nombreux crânes d'*Ovis Poli* gisent dans la plaine, quelquefois ce sont des squelettes entiers ou des cadavres à peine entamés par les fauves (fig. 24). Presque toujours les bêtes sont mortes sur le dos, le museau tourné en haut et je n'ai pas vu les traces

d'une lutte sur le terrain autour. J'ai mesuré des cornes
ayant jusqu'à 1 m. 35 d'envergure d'une extrémité
à l'autre et en suivant les tours de spire. L'idée vient
qu'ils sont morts de vieillesse ou de maladie plutôt
que de mort violente.

Au moment où nous choisissons une bonne place
herbeuse pour le campement au bord sud-est du lac,
Djoumber-baï, qui, depuis quelques instants, examinait
attentivement le sol, s'arrête subitement et, nous montrant les traces d'un large pas d'homme, s'écrie « *iangui*!

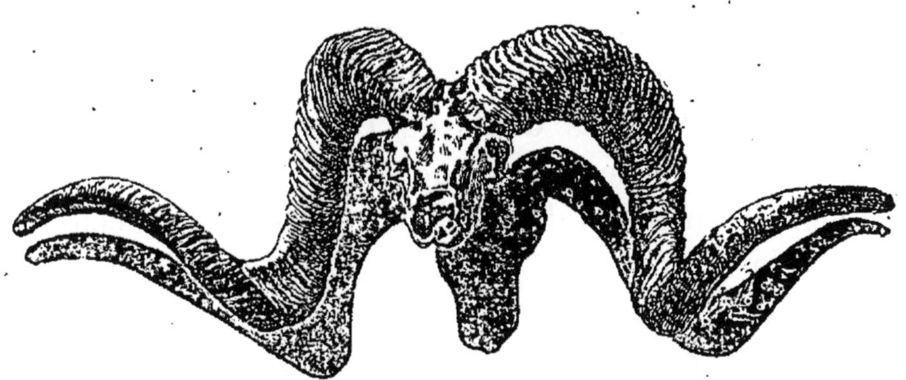

Fig. 24. — Crâne d'*Ovis Poli*.

iangui! » (Fraîches ! fraîches !) Effectivement sur le sable
mou se dessinait l'empreinte récente d'un pied d'homme
allant, puis revenant, dans la direction du lac. Cependant nulle silhouette de tente ni d'indigène à l'horizon.
Sadyk, fortement intrigué, part à cheval en suivant les
traces qui mènent vers la montagne à la recherche
de l'inconnu. Il reste longtemps et ne revient qu'au
coucher du soleil.

On le devine de loin, poussant devant lui quelque
quadrupède aux formes monstrueuses et portant en travers de la selle un objet encore plus bizarre. Bientôt

nous reconnaissons dans le quadrupède un chameau, ou plutôt une chamelle, et ce n'est que quand Sadyk est à quelques pas de la tente que la charge de son cheval prend l'image plus précise et comique d'un jeune cha melet, fils de la précédente, âgé d'un ou de deux jours à peine. Un éclat de rire général, auquel participe Sadyk, accueille le cavalier et sa singulière prise. Djoumber-baï reçoit tendrement l'enfant dans ses bras et le met aux pis de la mère, qui mêle ses pleurs vagues aux vagissements de son chamelet et tourne la tête de temps à autre pour s'assurer de sa présence.

Sadyk, en amenant sa prise, a salué trois fois : tel un brigand faisant hommage de sa capture au chef.

Rakhmed montre ses dents de carnivore, dans un rire qui lui fend la bouche, et opine qu'il faut manger incontinent le chamelet dont la chair, dit-il, est succulente; que la mère pourra être chargée et nous accompagner jusqu'au Rang-Koul.

Cependant Sadyk a fouillé tous les recoins des montagnes et n'a trouvé aucun Kirghize. Sans doute le propriétaire du chameau s'est caché avec ses compagnons et viendra, à la faveur de la nuit, reprendre ses bêtes, et peut-être quelques-unes des nôtres comme compensation. Aussi Ménas se charge-t-il de faire des rondes et de veiller, l'arme au bras, à ce que le nombre de nos chevaux ne soit pas encore diminué.

Le soir notre campement présente un aspect très pittoresque. Les chevaux, par groupes, paissent avidement les touffes d'herbe saline de la plaine, puis sont entravés par les pieds à une corde tendue par deux piquets. Notre tente, couronnée d'une énorme paire de cornes d'arkars comme un mazar vivant, et faiblement éclairée par la

bougie d'un *phanouss* persan, s'emplit des chansons
de France, des accords de l'accordéon et du récit des
souvenirs de jadis. Nos hommes, couchés et accroupis
autour de la théière, derrière un rempart de sacs et de
coffres, écoutent les joyeux et captivants propos de Rakhmed, conteur de premier ordre qui vante les beautés
de son cher Samarcande, raconte les histoires peu
édifiantes du bazar, les faits merveilleux d'un héros
d'épopée et les épisodes mouvementés de ses voyages, en
grisant son auditoire de paroles. Et ce sont des inter-
jections continuelles : Sadyk dit *hô* ! les autres, *allah
khoudaï!* De temps en temps, Ménas se lève silencieux,
prend le winchester et tourne autour du campement,
épiant attentivement le bas des montagnes faiblement
éclairées par le reflet des neiges et la pâle clarté du
ciel. Mais la nuit se passe sans incident, une nuit froide
où le thermomètre descend jusqu'à — 28 degrés centigrades.

26 mars. — Le temps continue à être superbe. On
nous avait promis sur le Kara-Koul de terribles tempêtes journalières, et voilà que depuis notre départ d'Ak-
Bassogua nous avons tous les jours la peau grillée au
soleil. Il est vrai que les membres s'engourdissent, à
l'ombre, et que, pour ne pas être gelé d'une moitié du
corps, on est forcé de regarder en arrière de temps à
autre.

Nous rencontrons dans l'anse méridionale du bassin
du Kara-Koul, des centaines d'Ovis Poli. Leurs troupeaux nombreux, d'une vingtaine d'individus, sont
descendus des pentes paître l'herbe de la vallée aux
places sans neige. Le sol est partout piétiné de leur

sabot fourchu et leurs crânes blanchis et gigantesquement cornus se rencontrent à chaque instant. Quel beau gibier! Mais quelle défiante prudence! Attentifs au signal de leur vedette, ils prennent le galop à 400 mètres, les cornes portées en arrière, rasant le sol comme une levrette, courant avec une agilité sans pareille le long des pentes raides et des éboulis, pour disparaître dans une entaille de la montagne. A quoi sert de galoper, avec un cheval essoufflé aux premiers temps, à l'encontre de tels coursiers? Les balles qui sifflent à leurs oreilles font dérailler leur file régulière par des crochets rapides et accélèrent leur course, sans nous laisser l'espoir d'un coup porté à la faveur du hasard.

Maintenant nous n'apercevons plus la nappe blanche du lac. Des terrasses de conglomérat et de débris rocheux, sans doute d'anciennes moraines, et peut-être le rivage antérieur du lac, s'élèvent à l'entrée de la vallée du Mouss-Kol. Nous entrons à gauche dans une gorge étroite.

Un mazar, remarquable par l'amoncellement de nombreuses cornes d'arkars et de *Kiik* qu'ont apportées des mains pieuses, en marque l'entrée. Des tombes kirghizes, les unes ornées d'une simple plaque de schiste debout, les autres entourées d'un enclos de pierres entassées en muraille non cimentée, se groupent sur un monticule autour de la sépulture privilégié d'un saint indigène. Aux cornes des bêtes sauvages, emblèmes de la force[1] et de la sainteté, les pieux passants musulmans ont attaché, qui un morceau de son khalat, une bande de mousseline blanche arrachée de son *tchalma* (turban),

---

1. Alexandre le Grand est appelé « le Cornu »: *Iskandar Zoulcarneïn*.

qui une touffe de crin de cheval; d'autres ont apporté
un caillou blanc ramassé sur la route et tous ont in-
voqué la protection du saint contre les accidents de la
route, le mauvais sort et les voleurs de Sahib-Nazar.
Sans doute ceux-ci se sont adressés au même saint pour
qu'il favorise une de leurs *barantas*.

Nous campons en face de la vallée d'Ak-baïtal, au
bord d'un lac de glace, que traduit en kirghize le nom
de *Mouss-Kol*. Les chevaux ont fait une étape de
50 verstes. La chamelle et son fils, trop faibles pour
marcher, ont été laissés sur le Kara-Koul, à la satisfaction finale de Sadyk, qui aurait pu craindre des
représailles à son retour.

Entre temps le ciel s'est couvert de gros cumulus
noirs qui s'amoncellent, gros de neige et de tempête, au-
dessus des montagnes de l'Ak-baïtal. La masse informe
s'appesantit lentement et coule dans la vallée comme
une vague du ciel écrasant tout sur son passage.
A cinq heures, le vent, en rafales, se précipite en hurlant dans le bas des vallées, fait rage pendant quelques
heures en fouettant la neige sur le sol, et se calme peu
à peu au froid de la nuit.

Djoumber-baï, dans son jargon presque inintelligible de
Kirghize édenté, nous fait savoir qu'au lieu de prendre
par la passe d'Ak-baïtal entièrement sous la neige, nous
arriverons plus vite et avec moins de peine au Rang-Koul
par celle de Kizil-djek ou Ouz-bel. Et comme ses raisons
paraissent impersonnelles, on se range à son avis.

27 *mars*. — Nous suivons une de ces vallées typiques
du Pamir. Longue et lentement inclinée, large de
4 à 5 verstes, parcourue par un mince lit de rivière et

bordée régulièrement de deux chaînes s'élevant à environ 3 000 pieds au-dessus du thalweg, puis se réunissant au sommet d'une passe; celle-ci porte le nom d'Ouzoun-Djilgua. Et l'impression qu'on ressent est si souvent uniforme, que les noms donnés par les Kirghizes sont les mêmes pour un grand nombre de ces vallées : Ouzoun-djilgua, Kara-djilgua, Ak-djilgua, se rencontrent presque chaque jour dans la nomenclature des endroits où nous passons.

Nous allons droit sur l'est. A l'extrémité de la vallée s'élèvent quelques pics réguliers, laissent entre eux des ensellements concaves, dont l'un est la passe de l'Oussbel, qui sépare le bassin du Kara-Koul de celui du Rang-Koul. La neige est peu profonde et cache à peine les pâturages d'hiver où viennent paître les troupeaux d'arkars. Nous faisons 4 verstes à l'heure.

Une matinée ensoleillée nous avait promis une journée chaude, lorsque dans l'après-midi le ciel se couvre de toutes parts d'une brume sombre pendant que le vent, remontant du bas de la vallée et la balayant, se renforce d'heure en heure et nous enveloppe de tourbillons de neige. Au fur et à mesure que nous montons à la passe, il devient de plus en plus violent et quand, à l'altitude de 15 200 pieds, nous atteignons péniblement le sommet du Kizil-djek, la tempête a éclaté avec fureur, menaçant de nous emporter et de précipiter les chevaux dans les ravins. Rasant le sol et montant le long de la pente douce, sans rencontrer d'obstacle, la bourrasque nous glace et nous aveugle en augmentant l'essoufflement et la difficulté de respirer. Il n'est pas permis de faire face au vent pendant une minute sous peine d'asphyxie imminente. On ne voit pas à six pas et les cristaux de neige fouettent la figure à travers le poil des capelines avec une acuité de brûlure. Heureusement la descente est aussi facile que la montée. Maintenant la passe elle-même nous garantit un peu, et le vent passe au-dessus de nos têtes.

Pourtant la température n'est que de 8 degrés au-dessous de zéro et c'est, je crois, un phénomène général que les très basses températures, non seulement sur le Pamir, mais partout, sont toujours accompagnées d'ac-calmie. Comment l'homme et même les arkars pourraient-ils vivre à ces altitudes où, aux froids polaires, s'ajou-tent les effets déprimants de la raréfaction de l'air?

La bourrane fait rage jusqu'au matin. Djoumber-baï nous mène, pour camper, dans un bas-fonds relative-ment abrité du vent. Il est à moitié gelé, pourtant il marche la poitrine et la gorge à découvert dans l'entre-bâillement de sa robe de bure, car il a enlevé sa pelisse pour être moins gêné dans ses mouvements; et nous nous demandons, comme naguère dans le désert embrasé par un soleil de plomb que les Kirghizes affrontent nu-tête, ce qu'il faudrait bien d'intempéries ou de chaleur pour vaincre la nature de fer d'un Kirghize! La journée finit sans gaieté. Blottis derrière un coffre, serrés les uns contre les autres, nous attendons l'arrivée du bât que nous avons devancé.

Djoumber-baï a creusé un trou dans le sol, arraché quelques touffes de *terz-kenne* et arrive, à force de patience et de souffle, à faire jaillir une maigre flamme; puis, se couchant en voûte au-dessus de son petit feu, il s'enveloppe de sa pelisse et, immobile, « en kibitka, » absorbe la chaleur entière par la plus grande surface possible de son corps.

Rakhmed arrive tard avec les chevaux de charge, éreintés par une étape de 50 verstes. Ce Kizil-djek, dit-il, nous a donné le *Khalila*, une vilaine maladie qui chasse le rire et accueille l'ennui et le découragement. Abdour-Reçoul a mal à la tête, Rakhmed et Sadyk se plaignent de la gorge. Celui-ci n'a même pas la force de préparer notre *chila* ordinaire, c'est-à-dire une bouillie expéditive de riz et de millet torréfié. Et nos pauvres chevaux cherchent en vain quelques brins d'herbe : ils se serrent, s'abritent les uns les autres, la tête basse, le ventre, les jambes culottés d'une couche de neige gelée. Mauvaise journée que prolongent, au delà de son terme, les cauchemars d'une nuit agitée.

Le lendemain matin on se réveille avec des stalactites de glace dans la barbe et l'oreiller saupoudré de neige par la vapeur d'eau de l'haleine. La tourmente continue sur le sommet des montagnes, mais épargne davantage le bas de la vallée.

Nous descendons lentement l'Ouzoun-djilgua, avec des chevaux malades du froid et du manque de nourriture de la nuit. Rakhmed ne cesse de décharger et de recharger ceux qui tombent et jure par tous les *Pirs* de l'islam et « tchout-tchout », quelque peu, dit-il, contre les *Farantzouss* qui ont eu l'idée bizarre de l'amener se promener sur le Pamir en hiver. Deux minutes après, il chante et rit en blaguant Djoumber-baï qu'il traite de jeune ours.

Nous longeons des falaises de grès rouge, puis, obliquant à droite dans la vallée d'Ichkiné, nous campons sous un rocher à l'endroit appelé Kamar-attak. Les pâtres kirghizes y ont construit un koutane. Des remparts de pierres et de cornes d'arkars et de kiiks servent de parc

aux moutons tandis que les hommes se retirent dans les
cavernes du rocher tout noir de fumée. Une bande de
kiiks (*Capra sibirica*), les premiers que nous rencontrons sur le Pamir, passe à quelques 100 mètres de nous
sur la pente opposée. Cette chèvre sauvage a presque la
taille de l'*Ovis Poli* sans en avoir l'élégance de port.
Elle se plaît davantage dans les rochers, où son agilité à
sauter la met plus aisément à l'abri des ennemis et des
accidents qui tuent les arkars et répandent leurs osse-
ments dans la vallée : sur cinquante crânes d'arkars, on
en trouve un de kiik.

Le 29 mars, nous atteignons la plaine du Rang-Koul
par la vallée d'Ichkiné. Depuis la veille nous avons en
face de nous une muraille déchiquetée de rochers noirs
où s'accrochent en lambeaux les cumulus sombres
amassés sur sa crête hérissée de pics : ce sont les Saldyk-
tach qui bornent au sud-ouest le Rang-Koul. A droite
s'ouvre une plaine légèrement ondulée, toute zébrée de
bandes de terrain sans neige. Par endroits, l'herbe sèche
plus abondante jaunit les zébrures du terrain. Le lac est
couvert d'une couche de glace et semble plutôt desséché
temporairement. Ses rives incertaines sont sillonnées de
ravinements qu'on dirait faits au soc d'une charrue,
mais ces crevasses sont dues à l'enchevêtrement des
racines et des rhizomes des plantes salines croissant
drues. Des efflorescences étendues témoignent de la
nature saline du fond de ce bassin intérieur et le *terz-
kenne* est abondant.

Au milieu de la vallée nous voyons se profiler les
silhouettes cahotées d'une vingtaine de chameaux et
celles, plus informes et massives, de nombreux yacks,
sur ses pentes, se condensent même dans l'atmosphère.

Djoumber-baï nous avait promis des Kirghizes sur le Rang-Koul : il triomphe, il se réjouit de voir des gens de sa tribu, car ces Kirghizes sont Teïtt comme lui. Nous dressons notre tente au milieu de la plaine, à quelque distance d'une mare d'eau douce vers laquelle nos chevaux se sont précipités avec avidité, pour étancher la soif que l'usage de la neige avait accrue pendant les derniers jours. Nous avons quatre chevaux malades depuis le passage de l'Ouz-bel. Celui de Bonvalot, le plus robuste, est parvenu à grand'peine jusqu'au campement. Nous sommes redescendus à 12 600 pieds.

30 mars. — Le soleil reparaît dans tout son éclat, élevant la température dans la journée jusqu'à 17 degrés au-dessus de zéro; en même temps il fait — 17° 5 centigrades à l'ombre. L'atmosphère se met à trembloter au-dessus du sol réchauffé comme par les journées de grande chaleur dans le steppe, et produit des mirages atténués, en fatiguant les yeux. Les cavaliers semblent marcher dans un lac et l'illusion d'optique, exaltant les proportions des objets, donne au piéton la taille d'un cavalier, au mouton celle d'un homme.

A l'est, par un angle de 106 degrés, apparaît à une distance d'environ 100 kilomètres, à vol d'oiseau, le massif gigantesque du Mouz-tag-ata, le « Père des montagnes de glace », qu'on appelle encore Tagarma et qu'on voit du désert de Gobi, car il domine la plaine de Kachgar et de Yarkand. Il s'élève à 25 600 pieds au bord du Toit du monde et n'est égalé par aucun autre sommet. Son faîte est presque toujours caché dans les nuages que les masses de neiges éternelles, accumulées

sur ses pentes condensent même dans l'atmosphère
toute pure ailleurs. Dans la matinée, vers onze heures,
il nous apparaît sans turban avec des lignes pures, se
découpant contre le ciel bleu. Vu du Rang-Koul, le
Mouz-tag-ata paraît double, ou plutôt la masse principale, large et tronquée, est flanquée symétriquement
d'une autre moins haute et de forme analogue, séparé
de la première par un ensellement en fond de cuvette.
Des pans de névés, larges et unis, couvrent le dos en
pente légère du géant et des ombres portées se juxta-
posent sans transition. indiquant, sous le sommet, des
murailles droites en falaises. Plus près de nous, des
chaînes de plus en plus basses s'anastomosent et, par
un effet de perspective, semblent s'irradier du Tagarma;
enfin à leur base commune, tout au bout de la plaine zébrée
du Rang-Koul, un chaînon bas, aux tons rougeâtres,
vient s'éteindre aux bords du lac en fermant la vallée.

Sadyk et Djoumber-baï partent tous deux à la
recherche du campement des Kirghizes propriétaires
des troupeaux de chameaux et de Koutass. Ils reviennent
dans la soirée, portant en croupe, l'un un Kirghize,
petit et laid, l'autre un mouton stéatopyge de belle
apparence. Le Kirghize est Djouma-bi, chef des Teïtts
du Rang-Koul, une ancienne connaissance de Makhmoud-
beg dont on nous avait parlé à Ak-bassogua. Comme
tous ceux de sa tribu, il a le type mogol très développé,
les pommettes très saillantes dans une large figure plate,
les yeux très petits, le poil en moustaches et barbiche,
long et rare comme une barbe de magot chinois. Ce
Djouma-bi s'est compromis autrefois dans la lutte contre
les Russes et s'est sauvé sur le territoire chinois où il
exerce une certaine influence comme chef de clan. Il est

bavard comme une pie, parle à tort et à travers, d'une
petite voix aiguë, et se contredit à chaque instant.
Tantôt la route de l'Ak-sou est la meilleure et tantôt
c'est celle de Tagarma et de Tach-Kourgane. Il y a
quelque chose de louche dans ses discours abondants,
et ce bonhomme est de mauvaise foi, car il ne rit pas
assez pour n'être que brouillon. Nos hommes le traitent
avec les honneurs dus à un hôte et à une vieille connaissance de Sadyk. Ils lui font boire le thé, fumer le
tchilim et manger le palao. Rakhmed l'interpelle :
Hé douguâne! khân-agha! Akka! avec sa bonhomie
rieuse et l'ironie moqueuse d'un plus malin qui a
deviné un sournois.

Pendant qu'ils sont accroupis en rond autour du feu
à discourir sur la valeur du mouton ou la perte d'un
koùtass, le vent a chassé les nuages au sud-est et tout à
coup, dans un déchirement du ciel, apparaît au lointain
le dôme arrondi du Tagarma. Djouma-bi arrête le flot de
ses paroles et, étendant le bras, dit : « Mousstag-ata »,
respectueusement, comme un sujet à l'aspect de son
roi. Toutes les montagnes sont dans l'ombre, seul le
géant est coloré en rouge saturne par le soleil couchant;
puis le rouge monte, de plus en plus sombre, au sommet,
et pâlit tout à coup pendant que les chaînes de montagnes
qui s'entassent à son pied, s'enveloppent de la brume
violâtre du soir.

La température descend rapidement.

à 7 heures du soir elle est de . . 16° C. ⎫
à 8   —   . . . . 20° C. ⎪ au dessous
à 8   — 50 . . . . 22° C. ⎬ de zéro
à 9   — 20 . . . . 22° 5. C. ⎪
à 9   — 45 . . . . 26° C. ⎭

Le firmament est constellé de millions d'étoiles scintillantes d'un éclat inconnu dans une atmosphère moins dense et moins saturée de vapeurs. L'éclat de la lune est insupportable aux yeux qui la fixent. Pas un souffle n'agite l'air. A 2 heures 20 du matin, le mercure est gelé dans le thermomètre et ne dégèle pas pendant que nous le regardons : il y a donc au moins 40° centigrades au-dessous de zéro. Malheureusement nous n'avons pu nous procurer un thermomètre à alcool dans le Turkestan et nous sommes réduits à admettre le minimun supposé de la température observée à — 44 degrés centigrades. A dix heures du matin, on note — 20 degrés centigrades à l'ombre et + 12 degrés centigrades au soleil. Au fur et à mesure que le ciel se voile et que l'air se remplit de vapeur d'eau condensée en nuages, la température à l'ombre s'élève. C'est ainsi qu'à cinq heures du soir, le thermomètre indique + 2 degrés centigrades au soleil et seulement 1 degré au-dessous de zéro, à l'ombre. On dirait que la brume vaporeuse et les nuages jouent le rôle de récipient de chaleur à grand coefficient.

Ce jour-là, il nous arrive du campement kirghize d'hiver une bande d'une demi-douzaine de Teïtts, hommes de Djouma-bi. Ils ne se font pas prier pour boire le thé, mais quand il s'agit de louer des koutass et des chameaux pour transporter plus loin nos bagages, ils se récusent et allèguent la faiblesse de leurs chevaux et la maternité de leurs Koutass pour nous refuser des bêtes de somme. Pendant toute la journée on parlemente, on discute le prix, et quand tout semble arrangé, ils trouvent à opposer une nouvelle objection évidemment dictée par la mauvaise foi ou un motif que nous ne tarderons pas à connaître. Plusieurs de nos chevaux sont trop affaiblis pour porter leur charge et il faut absolument leur venir en aide sous peine de les perdre ou de perdre les bagages. Finalement on nous promet trois chameaux et un cheval, à raison de quatre tengas par chameau et de trois pour le cheval.

Le lendemain, 1er avril, nous quittons les bords du Rang-koul pour gagner, vers le sud-est, la vallée de l'Ak-sou, laissant le Mourguâb et l'Ak-baïtal à droite. Le terrain est facile, couvert de quelques champs de neige gelée alternant avec des pâturages d'hiver où croît, au milieu des efflorescences salines, une herbe fine et sèche. Le lac, desséché, a laissé des mares irrégulières peu profondes, gelées dans toute leur profondeur. Des troupeaux de yacks et de chameaux animent ce paysage nu et presque sans végétation.

Le yack ou bœuf à queue de cheval (*Bosgrunniens*) (fig. 25), appelé *koutass* par les Kirghizes, est l'animal domestique le plus utile à ces altitudes. Fort et docile, il redoute les chaleurs et les basses altitudes. Il ne prospère pas au-dessous de 6.000 pieds environ. La chaleur le rend paresseux et poussif en ralentissant ses mouvements. Les Kirghizes lui introduisent un morceau de bois dans la cloison du nez, le bâtent comme un âne et le mènent comme un chameau. Chargé, il ne fait guère plus de 4 verstes à l'heure. Sa viande et son lait sont fort appréciés; le fromage de koutass forme en quelque sorte la base de l'alimentation des Kirghizes. Ivanoff rapporte que la croûte de ce fromage, découpée en forme de « fer » à cheval, sert comme tel, mais je n'ai vu nulle part ce singulier procédé employé. L'hiver, paraît-il, a été particulièrement funeste aux

troupeaux de bétail du Pamir : koutass, moutons et
chèvres auraient succombé par milliers à la maladie,
au froid et au manque de nourriture. Car les Kirghizes
n'ont pas l'habitude de faire des provisions d'hiver et
ceux qui ne quittent point le Pamir se retirent dans

Fig. 25. — Le Koutass ou Yack. (*Bos grunniens*.

les vallées larges et abritées où la neige ne couvre pas
entièrement le sol : telles sont les vallées du Rang-
Koul, de Chatpout, de Kochagil, de l'Ak-sou, d'Ak-tach,
du Mourghâb, etc.

Cependant nous avançons avec une lenteur désespé-
rante. Les Kirghizes semblent s'être entendus pour nous
faire perdre le temps et nous retenir. Djoumma-bi pré-

tend que les chameaux sont fatigués. Les chameliers refusent à Ménas d'avancer plus vite et, devenus insolents, lui réclament bientôt un supplément de payement.

Chemin faisant, nous voyons venir à notre rencontre un cavalier kirghize qui, après avoir suivi pendant quelque temps nos chevaux de bât, finit par nous accoster et se dire le *Karaoul-bachi* ou chef du poste chinois établi dans l'angle sud-est du Rang-koul. Il s'étonne d'abord de nous voir prendre cette route pour rejoindre l'Ak-sou, parce que le poste chinois principal se trouve au Mourguâb et que nous aurions dû, paraît-il, demander préalablement la permission de passage au chef de ce poste. Le bonhomme finit par déclarer *sotto-voce* qu'il ne peut pas nous laisser passer avant que d'avoir averti son chef. Il est-évident que la chose est faite depuis deux jours et que ces gens vont commencer à nous jouer une comédie pour nous empêcher de poursuivre notre voyage. Espérons que la comédie tournera en farce et non en tragédie.

A deux heures, quand nous aurions pu faire encore une douzaine de verstes de plus, les chameliers et Djouma-bi refusent d'avancer, prétextant la fatigue de leurs bêtes et le manque de pâturage plus loin. Nous sommes arrivés auprès de deux iourtes d'où sortent une dizaine de Kirghizes sales et déguenillés et, de temps à autre, quelques femmes coiffées de l'immense turban à la mode kirghize. Trois iourtes apparaissent sur la pente opposée de la montagne et quelques autres se cachent à deux ou trois verstes plus loin, dans une encoignure de la vallée. Avertis par l'aventure arrivée à Poutiata en 1883, au même endroit, dans les mêmes circonstances, et désireux d'en finir une bonne fois avec ces pourparlers à la chinoise qui caractérisent, sur toute la frontière du Thibet et du Turkestan, les lenteurs et généralement la mauvaise foi des Chinois, nous faisons halte non loin du Karaoul chinois dans un endroit où, contrairement à la promesse de Djouma-bi, il n'y avait que quelques rares brins d'herbe. A peine la tente dressée, nous sommes entourés d'un cercle de Kirghizes venus pour faire le salaam au bi et « palabrer » avec les faranguis. Ils s'assoient, le Karaoul-begui en tête avec Djouma-bi, en rond sur le sable, et se font raconter au long et au large l'histoire très simple de notre arrivée, de l'achat d'un mouton, de nos demandes et questions, etc.

« Nous sommes, dit le Karaoul-begui, en s'adressant à nous, postés ici par le grand chef de Kachgar, afin de visiter les caravanes et les étrangers que nous devons empêcher de pénétrer sans permission sur le territoire de Tach-kourgane et de Kachgar. Nous ne pouvons vous laisser passer, parce que nous n'en avons reçu aucun ordre et que votre arrivée nous était inconnue.

— Notre voyage est connu et approuvé du grand chef de Kachgar, répondons-nous. Le dao-taï en a été informé par le consul russe et vous ne pouvez nous retenir sans encourir les reproches de votre chef. Au reste nous sommes faranguis qui rentrons dans notre pays et pour y arriver plus vite, nous avons pris la route moins longue du Pamir au lieu de prendre celle plus longue de Yarkand et de Ladak. »

Les Kirghizes se consultent avec Djouma-bi. Ils n'ont pas l'air très rassurés, mais incrédules :

« Un Russe, reprend le Karaoul-begui, est venu ici il y a quatre ans, parlant comme vous. Le Karaoul n'a pas averti à temps le dao-taï et les Karaoultchis avec leurs familles ont été envoyés en « Sibir ». Nous craignons pour nous. Nous sommes au service des Chinois et nous devons obéir à notre chef. Restez quelque temps ici : il y a de l'herbe et du mouton. Nous enverrons prendre des ordres à Kachgar et vous pourrez partir.

— Nous ne voulons pas rester une journée de plus. Vous nous avez déjà menti et nous perdons du temps à vous écouter. Nos provisions s'épuisent et il n'y a pas d'herbe pour les chevaux. Nous ne vous demandons que des chameaux pour transporter nos bagages et nous les payerons. »

Mais les chefs sont perplexes. Ils grattent le sable du bout de leur index et finissent par demander à voir une lettre, un *khatt*, quoique aucun d'eux ne puisse ni lire, ni écrire. Mais il se trouve dans l'aoul voisin une sorte de moullah qui cumule ses fonctions religieuses avec celles de « secrétaire » du poste, sachant au reste tracer et déchiffrer quelques caractères turcs. On lui montre une lettre que le mouchir-ed-daoulet nous avait donnée à Téhéran pour le voyage dans la province persane de Koraçâne : mais le moullah crasseux ne sait pas lire le persan, sans oser l'avouer devant ses compagnons, lorsque enfin ses yeux rencontrent le mot « Koraçâne » ; avec un mouvement de fierté joyeuse, il le montre aux autres et déclare sentencieusement que le *Khatt* est « mousselmâne », et que le Koraçâne est un pays de fidèles où se trouve la tombe d'un imâme célèbre.

Dès lors, notre cause semble gagnée et la résistance des Kirghizes vaincue. Djouma-bi ne parle plus de la fatigue de ses chameaux ni de la maigreur de ses koutass pour nous les refuser et il entre en pourpalers pour le prix de louage. Sadyk ne dit rien, mais Djoumber-baï prend notre parti et déclare avec animosité qu'un rouble par jour et par bête est un prix plus que suffisant, qu'il se fera notre guide et qu'il saura bien nous trouver les places les plus herbeuses et nous mener en deux jours à l'Ak-sou. Et quand Ménas le félicite de son courage en l'appelant *batyr* et en le déclarant caravane-bachi, il en est tout fier, en disant : « Je mange votre pain, je fais pour vous tout ce que je peux ».

Cependant Djoumber-baï a fait un paquet de ses frusques qu'il a confiées à un des Kirghizes du Rang-Koul, un sien ami, en lui disant qu'il les reprendra au retour.... Tout semble s'arranger. Le Karaoul-begui demande un *khatt*, une lettre par laquelle nous mettrons sa responsabilité à couvert, et on le lui promet pour le moment où les chameaux seront arrivés. Alors seulement seront payés aussi les chameaux qui ont marché avec nous aujourd'hui. Le soir, Sadyk et Djoumber-baï vont passer la nuit à l'aoul de Djouma-bi, pendant que le vigilant Ménas monte la garde au campement.

A onze heures du soir le thermomètre marque 9 degrés centigrades au-dessus de zéro et le ciel se couvre d'une légère brume, tandis que souffle une brise du sud-ouest. Les chiens de l'aoul, flairant l'étranger, au loin, hurlent sans conviction.

2 *avril*. — Le soleil est déjà haut et toujours pas de chameaux. Djouma-bi, le Karaoul-begui et une demi-douzaine de Kirghizes loqueteux du Karáoul sont venus s'asseoir en rond près de notre tente et recommencent le même discours qu'hier. Tout est à recommencer. De plus, le bi devient insolent. Il se plaint de ne pas avoir

été payé de ses chameaux que nous avons fatigués hier, dit que nous n'en aurons pas d'autres, avant d'avoir payé ceux-là, que... il n'arrive pas à finir son discours. Bonvalot lui arrache le bâton qu'il tenait à la main et avant que le bi insolent ait pu se rendre compte d'un revirement aussi soudain de la longanimité des faranghis, il reçoit une volée qui, pour ne pas être de bois vert, n'en porte pas moins des fruits. Le Karaoul-begui se partage avec les autres une partie de la distribution de coups de bâton : car il faut que chacun soit récompensé selon ses mérites. Cependant nous tenons la bande en respect avec nos armes. Nous les empêchons de se soustraire par la fuite à la correction méritée et d'avertir les aouls voisins. Nous les forçons de s'asseoir à leur place comme ils y étaient auparavant. Ils continuent à gratter le sable du bout de leur index. Leurs figures sont devenues graves. Djouma-bi ne parle plus. Le Karaoul-begui donne l'ordre à un de ses hommes d'aller chercher les chameaux. Celui-ci refuse, comme cela a été sans doute convenu entre eux. Mais Ménas a déjà empoigné par le collet le récalcitrant et à grands coups de taloche, le pousse devant lui vers les premiers chameaux qui se présentent à la vue et qui ne tardent pas à être amenés au campement où on les charge sans opposition. Ceci fait, Djouma-bi reçoit le prix convenu pour ceux d'hier et quand tout est prêt, la bande des Kirghizes reçoit la permission de se retirer, ce qu'ils font en silence et sans opposer la moindre résistance ụ notre départ.

Il devient de plus en plus évident qu'ils ont voulu nous retenir par toutes sortes de tergiversations pour gagner du temps jusqu'à l'arrivée des Chinois de Kachgar. Or, si nous pouvons cheminer sans accident seulement pendant six ou sept jours, nous aurons bien assez d'avance pour qu'ils ne puissent nous rattraper et nous faire rebrousser chemin.

Nous suivons, au fond du bassin du Rang-Koul, une vallée assez étroite appelée Chatpout, traversée par une rivière saline du nom de Kara-sou, qu'en certains endroits la rapidité de sa course empêche d'être gelée.

Des dunes de sable en forme de fer à cheval, pareilles à celles du Ferganah, obstruent le thalweg sur une longueur de 6 à 7 verstes et indiquent, outre la direction dominante du vent, l'action lointaine des eaux de l'Aksou ou Oxus. Le fleuve reproduit, à sa source, les mêmes phénomènes de transport des sables et de genèse des *barkhanes* auxquels il nous fait assister dans son cours inférieur, autour de Tchardjoui par exemple.

Nous campons, ce soir-là, près d'une sorte de carrefour formé par la jonction de plusieurs vallées rayonnantes dont une mène au Tagharma et à Tach-Kourgane. Nous avons dû abandonner en route un de nos chevaux, trop faible pour suivre la caravane marchant au pas.

Le campement est bon : de l'eau courante à peine salée coule en abondance à quelques pas de nôtre tente et les chevaux trouvent un peu d'herbe. Quelques iourtes kirghizes se cachent derrière les promontoires de conglomérat de la montagne et nous pourrons sans doute avoir des chameaux.

Djoumber-baï est en pays de connaissance. De l'aoul voisin sont venus le bi et quelques adultes rôder autour de la marmite, et ce sont des embrassades et des *salam aleïkoum* à n'en plus finir. Le bi promet des bêtes de somme pour le lendemain et Djoumber-baï lui offre le thé. Au coucher du soleil, un moullah crasseux crie le namaz avec une voix de fausset et trois Kirghizes se prosternent dans la direction de la Mecque, pendant que les femmes rentrent les troupeaux de moutons et de chèvres au koutane. J'entends le cri inusité d'une chouette ou *boïouglou*, étrange et plaintif, et comme Rakhmed a les boïouglous en horreur, il s'en prendrait bien de sa mauvaise humeur aux Kirghizes d'ici et au chamelier qui nous a accompagnés du Rang-Koul. Ce chamelier n'est pas encore payé; il est probable qu'il attendra à demain matin avant de s'en retourner avec ses bêtes, et si le bi n'a pas fourni d'autres chameaux, on prendra les mêmes pour continuer.

Cependant au matin, tous les Kirghizes qui venaient boire le thé et embrasser Djoumber-baï la veille, ont disparu. Le bi, avec tous les adultes mâles, s'est sauvé dans la montagne avec tous les chameaux, chevaux et koutass, et le chamelier d'hier, profitant également de la nuit, n'a pas attendu qu'on le paie pour prendre la fuite. Il n'est resté à l'aoul qu'un malheureux retardataire tout loqueteux, deux koutass d'âge extrême et un vilain chameau efflanqué, aux bosses flasques et amaigries. On réquisitionne l'homme et les bêtes sans peine et bientôt la caravane se remet en marche. Rien de plus drôle que de voir cette file indienne d'êtres disparates se suivant en se poussant les uns les autres. Ménas pousse le Kirghize qui pousse le premier yack, tout petit, carré et poilu qui, heurtant à son tour et à petits pas son prédécesseur, grand koutass écorné, aux pas lents et mesurés, le presse dans les jambes cagneuses du chameau tirant la patte avec un grognement de déplaisir. Mais nous avançons.

Le Kirghize aux koutass finit par s'apprivoiser et marcher d'assez bon vouloir. Il a jeté sur l'épaule une peau de panthère, de *bars*, qu'il dit avoir tuée dans la montagne du côté d'Irtekiziak, au fusil et à l'affût. C'est ainsi d'ailleurs que tous les indigènes du Pamir font la chasse au gros gibier : arkar, kiik, renard, panthère et loup, si toutefois ils daignent perdre une charge de poudre pour la peau d'un loup. Leurs fusils sont à mèche, à fourche et à petite balle forcée. Ils se couchent par terre, appuient la longue et mince crosse du moultouk contre l'épaule et attendent des heures entières que l'arkar arrive à portée d'une soixantaine de pas au plus. Quoique leur arme soit très primitive et leur poudre mauvaise, ils tirent avec une grande précision et tuent souvent le gros gibier par une balle logée au bon endroit.

La vallée de Chatpout que nous suivons est couverte dans toute son étendue de sable fin de transport éolien. A l'intersection de deux vallées, le vent a entassé sur le nez d'un contrefort d'immenses dunes de sable qui le couvrent jusqu'au sommet, c'est-à-dire à une hauteur de plus de 200 mètres. Ces barkhanes se superposent en hémicycles accouplés et triples et marchent lentement à l'assaut de la montagne sous la poussée incessante du vent de la vallée de l'Ak-sou, remontant le couloir de Kochaguil. La neige a dès lors presque entièrement disparu dans le fond de la vallée, le vent ne lui permettant pas de s'accumuler. Aussi quelques aouls se sont-ils établis sur la pente, à l'abri du vent, attendant la fin de l'hiver pour nomadiser aux environs.

Les Kirghizes, non prévenus de notre querelle avec le poste chinois, ne se montrent pas rebelles et nous pouvons, le lendemain, engager deux chameaux et un koutass et renvoyer les autres. Leur propriétaire part tout joyeux avec son argent, peut-être le premier qui se trouve en sa possession. Nous payons avec des *iambas* chinois de Kachgar, qui sont des lingots d'argent ayant la forme d'une petite nacelle, marqués du cachet chinois. Ces lingots pèsent de cinq à dix livres. Pour les débiter en menue monnaie, Ménas, à grands coups de hache, les fend en petites parcelles qu'il pèse ensuite dans une balance au contrepoids d'un nombre donné de pièces de monnaie russes ou afghanes.

Ce jour-là nous atteignons la large vallée de l'Ak-sou. Au sortir du Kochaguîl, elle s'ouvre tout à coup devant nous dans un panorama superbe et réjouissant, inondé de soleil. Au fond d'une plaine étendue, tachetée de jaune aux endroits sans neige, se dresse la chaîne régulière, hérissée de pics aigus du Kourouz-tagh. A son pied serpente, vers l'ouest, l'Ak-sou, nom qui rappelle l'Oxus des anciens dont il est la branche maîtresse. Les montagnes se sont écartées dans cette direction et laissent apercevoir, au loin, des chaînes de plus en plus hautes dominées par un pic élevé de 20 000 à 22 000 pieds, à une distance de trois journées de marche environ. A gauche, des collinements ondulés de lœss et d'alluvion s'étagent dans la dépression du Kochaguil et cachent imparfaitement la silhouette blanche du Moustag-ata qu'un effet de perspective fait paraître plus pyramidal et plus épointé. En se tournant vers le sud, on a devant soi un paysage d'hiver; en se retournant, le regard rencontre les pentes exposées au soleil de midi, et le Pamir semble presque entièrement débarrassé des neiges. Ce contraste des plus curieux serait fait pour tromper le jugement

du voyageur venant du sud. Nous passons à côté d'un
aoul de deux oïs en feutre blanc, placées non loin d'un
cimetière (*gouristâne*) kirghize à l'entrée de la vallée
de Kara-djilgua. Il y a là une quinzaine de tombes
dirigées, comme toujours, du nord-est au sud-ouest du
côté de la Mecque. Deux plaques de schiste sont placées
debout aux pieds et à la tête du mort et de petits remparts de cailloux entassés en rond entourent la tombe.
D'autres sont ornés, à la surface du tumulus, d'un dessin
de cailloux disposés en croix.

De nombreuses bandes d'arkars apparaissent dans la
plaine et sur les collines sans que nous puissions les
approcher. Leurs crânes blanchissent nombreux au
soleil, et parfois on les voit par paires, se faisant face,
comme si leur position indiquait celle de deux combat-
tants également malheureux; mais les squelettes ont
disparu, dispersés sans doute par les fauves.

A quatre heures du soir, nous avons atteint les bords
de l'Ak-sou, au pied du Kourouz-tagh et l'entrée d'une
longue vallée presque droite qui s'ouvre vers le sud.
Tout au fond, et dans l'axe de cette vallée, se dresse, sur
un îlot de rocher, la silhouette sombre d'un pic que les
Kirghizes nous disent être l'Ak-tach, distant de deux
journées de marche.

Le 5 mars, nous commençons à remonter la rivière
en longeant ses rives généralement très basses. Des
successions de terrasses nettement indiquées remplissent
le thalweg et témoignent du niveau des eaux de l'Ak-sou
à différentes époques antérieures. Évidemment le régime
des eaux initiales de l'Oxus a déterminé celui des eaux
du cours inférieur, et la question si débattue des changements de cours de l'Amou-darja, dans l'époque histo-

rique, doit tenir grand compte des données géologiques et climatériques observées sur le Pamir.

Aujourd'hui l'Ak-sou coule, large de 10 à 12 mètres en aval d'Ak-tach, dans les nombreux méandres d'un lit caillouteux et peu profond. Le gel et le regel incessants l'ont recouvert d'une couche épaisse de glace feuilletée et bulleuse qui s'effondre par endroits et laisse voir les eaux cristallines et rapides de la rivière. Des truites d'une espèce particulière, tachetées de points rouges, se jouent sur les bas fonds et des canards rouges viennent se gorger d'algue verte, probablement de *Spirogyra*. Cette espèce de canard que les indigènes appellent *angr*, nom rappelant le cri cancanant de l'oiseau, se trouve sur presque tous les affluents de l'Amou-darja. Les arkars aussi sont nombreux et les lièvres creusent leur halot dans la berge des terrasses ainsi que les *sougourrs* (*Arctomys caudatus*); mais ces marmottes de forte taille ne sont pas encore réveillées de leur long sommeil d'hiver et l'entrée de leur terrier est fermée à demi par un bouchon de glace que la chaleur de leur respiration ralentie fait lentement fondre. Les bords mêmes de l'Ak-sou sont tapissés souvent d'une herbe fine que coupe à ras du sol la dent avide des moutons et des koutass, seule richesse des quelques aouls hivernant dans la vallée. Le *terskenne* est abondant au pied de la montagne. Deux murailles neigeuses de phyllades, de quartzite et de schiste bordent parallèlement le cours de la rivière et envoient dans la vallée des contreforts de grès et de roches argileuses rouges et jaunes, s'isolant parfois en promontoires falaisés et en chaînons plus indépendants qui donnent au paysage un aspect original et pittoresque.

Cependant nos étapes sont courtes. Les chevaux peinent, et, mal nourris d'herbe sèche sans éléments nutritifs et de deux poignées d'orge de plus en plus petites, s'en vont chancelants, couverts de sueur, le sang aux naseaux et à la peau, effroyablement maigres. Ils s'égrènent le long de la route, car nous sommes forcés d'abandonner les plus faibles que sauverait peut-être le repos ou l'orge que nous ne pouvons leur accorder. Nos chevaux kalmouks montrent le plus d'endurance.

A Isstyk-Salassi, au pied des petites falaises de conglomérat des terrasses, nous trouvons établis, sur une petite pleine herbeuse découverte de neige, un aoul de sept oïs de la tribu des Teïtts. Djoumber-baï et Sadyk sont en pays de connaissance et s'embrassent à la kirghize avec tous les individus qui accourent au campement. L'un d'eux, édenté comme le sont presque tous les Kirghizes du Pamir, laid, sale et crasseux comme ses congénères, est l'objet d'égards particuliers. C'est le Karaoul-begui chinois de l'Ak-sou, collègue de celui du Rang-Koul, mais moins présomptueux. Néanmoins ils sont avertis de notre arrivée et déclarent de suite ne pas avoir de bêtes de somme à notre disposition, quoique le Kirghize qui nous a accompagnés avec ses chameaux jusqu'ici dise, à qui veut l'entendre, qu'il a été payé, bien traité et qu'on lui a donné beaucoup à manger. Ces Kirghizes ont évidemment une grande peur des Chinois, et le sort des malheureux qui ont aidé Poutiata dans son voyage sur le Pamir, les a rendus défiants et circonspects. Aussi le Karaoul-begui nous invite-t-il à passer quelque temps avec eux, d'autant plus, dit-il, que dans deux ou trois jours un fonctionnaire chinois, accompagné de cinquante à soixante hommes, viendra sur l'Ak-sou pour évaluer les pertes que le terrible hiver de cette année a fait éprouver au bétail.

Mais nous espérons bien ne pas faire la rencontre, certainement désagréable pour lui et pour nous, du chef chinois et le priver du plaisir de nous barrer la route. La passe de Neza-tach et le défilé de Chindana, par où son détachement pourrait nous devancer à Ak-tach, sont en si mauvais état et tellement bloqués par les neiges, qu'une caravane afghane, allant de Kachgar au Badak-châne après y avoir perdu trente chevaux, est venue s'é-chouer à Ak-tach en attendant du renfort du Wakhâne.

A la tombée de la nuit notre campement s'anime du va-et-vient des Kirghizes de l'aoul venant contempler nos selles, le harnachement de nos chevaux, les coffres et la tente. Il y a même des femmes et des marmots, figés d'étonnement à la vue de Ménas cassant nos der-niers morceaux de sucre. Des chiens étiques et sournois rôdent autour du feu, à distance respectueuse du bâton de Rakhmed et hurlent de douleur, en s'enfuyant, au simple simulacre d'un coup de pierre.

Le 8 avril, nous arrivons enfin au pied de ce rocher chauve et noir que depuis quatre jours nous voyions grandir lentement à l'horizon étroit de la vallée, sans pouvoir l'atteindre par une étape forcée. La neige est devenue de jour en jour plus profonde, et pour éviter les fondrières, nous avons gagné la surface gelée de l'Ak-sou en suivant tous ses crochets. Un vent continu, se renforçant avec la hauteur du soleil, souffle debout et nous glace par 2 degrés centigrades au-dessous de zéro à l'ombre. Il souffle avec une régularité journalière parfaite, remonte du Wakhâne pour descendre toute la vallée de l'Ak-sou et, ricochant sur la muraille haute de

Fig. 26. — Le cimetière Kirghize (*gouristâne*) de Goudareh. (D'après un dessin de M. Capus.)

l'Ak-tach, suit le long couloir montagneux qui débouche au Kochaguil et au Mourguàb.

Mais déjà la vallée s'est élargie. Au loin apparaissent de nombreux troupeaux de koutass et de chameaux broutant avec quelques chevaux dans les anses herbeuses de la rivière. Au pied de la montagne à l'est, le grand *gouristâne* de Goudareh élève ses tombes coupolées en briques séchées au soleil et crépies avec de la boue jaune (fig. 26). Ces *meghils* kirghizes, dernier signe de richesse et de prééminence de ceux qu'ils abritent mal, sont ornés de dessins grossiers en couleur ou de figurines en terre séchée représentant des pigeons ou des faucons. Parfois un petit *toug* en crin de cheval ou une loque blanche appendue au bout d'une perche les surmonte et trois briques posées en triangle en garnissent la cymaise. Une vingtaine de tombes plus simples les entourent. Quelques-unes sont entourées d'une ficelle attachée à des baguettes de bois fichées obliquement dans la terre. Une mère éplorée, après avoir, de ses mains, arrondi le tertre sur la tombe de son enfant, y a déposé le berceau, désormais inutile dans sa tente.

Nous sommes maintenant signalés par les chiens de l'aoul qui se précipitent, en hurlant de rage, au-devant du poitrail des chevaux, essayent de les mordre au paturon, et sautillent furieusement aux étriers du cavalier jusqu'à ce qu'un indigène, armé d'un bâton, les chasse au loin à grands coups de pierre.

Nous cheminons sur un charnier : à droite, à gauche, des cadavres de chameaux, de koutass, des squelettes de chèvres et de moutons jonchent le terrain et répandent une odeur pestilentielle. Des peaux de bêtes fraîchement dépouillées s'entassent à côté de l'oï noire et sale d'où sortent, avec des têtes de femmes curieuses, des vagissements d'enfant, et des bêlements aigus de chevreau et d'agneau. Tout autour des tentes le sol est couvert d'une épaisse couche de fiente de mouton, car chaque soir les troupeaux viennent y apporter leur tribut. Partout de la charogne et de la fiente et, au milieu de ce dépotoir, vivant dans l'infection, des Kirghizes du Pamir, comme d'immondes insectes.

Nous sommes à Ak-tach, à l'entrée du « petit Pamir », à 300 kilomètres à vol d'oiseau d'Ak-bassogua, au pied de la passe qui mène au Kandjout ou pays de Hounza, aux portes de l'Inde.

Ceux qui avaient cru à l'impossibilité du passage sur le Pamir en hiver avaient tort.

VIII

Au moment où nous passons à côté d'une des oïs
kirghizes, nous voyons s'avancer un homme grand de
taille, aux traits réguliers, contrastant singulièrement
par son allure avec les autres Kirghizes, laids, petits et
rabougris. Cet homme nous adresse la parole en persan :
*Salam àleïkoum bradar! Az koudja chouma mira-
vand?* « Que la paix soit avec vous, frère! D'où venez-
vous? » avec une politesse si caractéristique, qu'on
devinait de suite l'Afghan. Or, comme l'aventure désa-

gréable que, cinq mois auparavant, nous eûmes avec les Afghans à Chour-tepé aux bords de l'Amou-darja, nous était fraîche à la mémoire; que d'un autre côté la présence d'un Afghan à quelques journées de marche du Wakhâne, au milieu des Kirghizes qui nous étaient hostiles, ne pouvait qu'embrouiller davantage notre situation, on se contenta de répondre froidement à son salut et de passer outre. Cet homme méritait plus d'égards; il ne nous a pas tenu rancune de la froideur du premier accueil, et nous rendit par la suite le plus signalé des services.

Djoumber-baï connaissait à peu près tout le monde ici, car nous étions au milieu d'une tribu de Teïtts. Il nous conduit à quelque cent pas des tentes kirghizes, sur une bonne place où nous plantons la nôtre. L'Ak-sou, à découvert sur une grande partie de son parcours sinueux, coule à quelques pas de là et nous fournit une eau excellente. L'herbe sèche, touffue, croît en abondance aux alentours et les souches commencent même, premier signe du printemps prochain, à se colorer légèrement du vert pâle des premières poussées hâtives.

Déjà des bandes d'oies, tirant vers le nord, dessinent sur le ciel le V mobile de leur vol régulier; le cancanement des canards sauvages, des *baklanes* et des *angres* devient plus animé, le soir, dans les criques de la rivière, et plus coloré aussi le gai babil des oiseaux gringottant au soleil et chassant les premières mouches écloses dans les herbes échauffées et sèches de la plaine. Par l'ouverture de la tente, le regard s'aplatit contre une muraille de calcaire jaunâtre et crevassée qui se dresse, haute de 100 mètres, en falaise claire, visible au loin, au tournant de la vallée de l'Ak-sou. Ce rocher d'Ak-tach — pierre-blanche — s'avance comme un promontoire dans la vallée et la rétrécit (fig. 27). A l'époque lointaine où les grands courants, drainant le massif du Pamir, ont raviné sa surface en ébauchant les grands traits de sa configuration orographique actuelle, l'Ak-tach, recevant en pleine surface le courant venant de l'est, l'a fait dévier vers le nord-est et déterminé la formation neptunienne de la vallée jusqu'au Kochaguil, où le même phénomène s'est reproduit. Aussi sa masse compacte, ayant résisté, a provoqué, en face et en amont, des tourbillons et des criques calmes où se sont déposés les terrains de transport : conglomérat, gravier, loess et alluvions qu'on y voit maintenant, et causé en amont un évasement de la vallée portant sa largeur au double de ce qu'elle est en aval. Que cette digression géologique me permette de dire qu'à mon avis le relief orographique actuel du Pamir reconnaît pour cause importante la résistance plus ou moins grande des roches à l'action mécanique des grandes masses d'eau mises en mouvement au début d'une nouvelle période géologique.

Dans les crevasses de cette muraille calcaire nichent des aigles, des faucons et des corneilles, piaillant à l'envi et décrivant des orbes incessantes autour de l'aoul. De temps à autre des écailles du roc, ébousinées par le gel et le soleil, se détachent et viennent s'écacher avec un bruit de grésil sur les éboulis lentement descendus. Quand le soleil de midi darde ses rayons brûlants sur cette surface lisse, les yeux n'en peuvent pas supporter l'éclat. Miroir pour les rayons solaires, elle l'est également pour les ondes acoustiques : l'écho nous renvoie avec une netteté moqueuse nos paroles, prolonge les chamailleries des Kirghizes dans l'aoul le jour et confond, la nuit, dans un aboiement continu, la voix scandée des chiens s'excitant d'une tente à l'autre. On dirait une muraille animée des mêmes êtres dont elle se refuse à écouter la voix.

Nous n'avons point l'intention de nous arrêter à Ak-tach, d'autant moins que sans doute les Chinois sont en route pour nous rattraper. Il nous faut un mouton, des bêtes de somme, si possible, et des renseignements sur l'état de la route au Kandjout.

Le bi d'Ak-tach, Touma-bi, vient, dans l'après-midi, s'asseoir auprès de notre tente avec quatre Kirghizes Teïtts, les plus laids qu'on puisse voir. Ils ont, tous, les dents très mauvaises après en avoir perdu un bon nombre, et cette particularité, d'autant plus frappante que leurs frères ethniques de la plaine basse ont les dents généralement saines et belles, doit être attribuée à l'usage presque constant de l'eau de neige. Touma-bi, plus édenté que ses compagnons plus jeunes, a l'air maladif, revêche et retors. Il est habillé d'un *khalât* plus propre et d'un bonnet de fourrure moins ébou-riffé. Il commence par dire que ses chameaux, chevaux et koutass sont trop faibles pour qu'il puisse les louer, puis nous engage à attendre qu'on ait trouvé des bêtes de somme dans les aouls voisins; que, si nous voulons attendre, nous aurons des hommes pour nous accompagner et des bêtes pour porter nos bagages. Le Kandjout, dit-il, est à une distance de quatre à cinq journées de marche, mais la passe de Bijik-bel, qui mène à Ming-teké, est bloquée par les neiges et vous ne pourrez pas passer. Attendez que la neige soit fondue. La passe de

Fig. 27. — Le rocher d'Ak-tach, dans la vallée d'Ak-sou. (D'après M. Gordon.)

Basaï-Goumbaz à Misgar est également fermée par les neiges, quoiqu'elle soit plus facile à passer. Attendez ! Et tout en discourant il accompagne ses explications géographiques sur le Kandjout d'un dessin qu'il trace avec sa botte sur le sol. Et comme il voit que nous persistons quand même à vouloir pénétrer par le Bijik-bel, il veut sans doute se débarrasser de nous en nous envoyant plus loin. Il nous vante la passe d'Andamâne au Kandjout, où il y a plus de trente routes que prennent des « milliers » de caravanes. « Ming ! Ming ! » Il s'offre même de nous donner un individu pour nous accompagner jusqu'à Andamâne, mais pas de bêtes de somme.

Touma-bi ment et exagère, cela est évident. Aussi n'ajoutons pas foi à ses paroles et essayons de passer dans le Kandjout par la route la plus directe, c'est-à-dire la passe de Bijik-bel que connaît Djoumber-baï, et Djoumber-baï nous servira de guide, car Sadyk déclare ne pas connaître la route de ce côté-là.

Acheter un mouton à des Kirghizes récalcitrants à Ak-tach, quand, avec nos armes, nous pourrions leur prendre le troupeau entier, n'est pas chose si facile. Craignant de déplaire aux Chinois en aidant un ennemi, aucun d'eux ne veut vendre. Cependant on amène un mouton au campement et, le prix convenu par-devant le bi, Sadyk se met incontinent à le dépecer pendant que Ménas détache à la hache, pour les peser, les fragments d'*iamba* en poids équivalent d'un certain nombre de *tengas* de Kachgar. Sur ce accourt au campement un Kirghize et, voyant le sacrifice du mouton consommé, donne les signes d'une grande agitation et animosité contre le bi. Il paraît qu'il est le propriétaire du mouton et que le marché s'est conclu à son insu : ainsi se trouve tournée la difficulté de la responsabilité du vendeur vis-à-vis des Chinois. Mais le Kirghize, furieux et effrayé des suites probables de l'affaire, refuse d'accepter l'argent ; il prétexte l'absence du cachet kachgarien sur l'iamba, invoque l'impossibilité de s'en défaire au bazar, et finit par réclamer deux tengas de supplément. Le bi, de son côté, refuse également d'accepter le prix convenu, et l'argent risque de rester dans les mains de Ménas. Nous ne poussons pas la délicatesse internationale jusqu'à ne pas manger l'excellent *chachlik*, rôti sur baguettes, que Rakhmed nous sert sans tarder. Quand la nuit est tombée, le propriétaire du mouton, revenu à de meilleurs sentiments grâce à l'obscurité, se fait remettre l'argent par Sadyk, qui est allé manger de la viande d'arkar dans la tente amie d'un aoul voisin. Djoumber-baï, très actif et dévoué, demande à enfourcher le meilleur cheval pour se rendre dans un aoul un peu éloigné où, dit-il, il trouvera deux chameaux qu'il ramènera demain matin.

Le lendemain, en attendant Djoumber-baï, nous nous préparons au départ. Mais Djoumber-baï ne vient pas. Il est midi et nous allons perdre encore une journée. Ménas et Sadyk, envoyés à sa recherche, reviennent une heure après en disant qu'on l'a vu hier soir, sur un bon cheval, se diriger du côté d'où nous sommes venus, et que probablement nous ne le reverrons pas. Le coquin, effectivement, s'était sauvé en se payant sur le meilleur de nos chevaux et sans attendre ses gages. Il relèvera en chemin les chevaux que nous avons abandonnés et, enrichi, restera avec ses amis du Rang-koul en se gardant bien de reparaître au Taldyk.

Et les Kirghizes ont raconté encore que Djoumber-baï a l'habitude de filer de la sorte chaque fois qu'il accompagne une caravane; mais il a soin de ne pas s'aventurer du côté d'Andamâne où, dans le temps, il a contracté des dettes : à l'un il doit un chameau, à l'autre seize moutons, à un troisième deux koutass, etc., et ses créanciers frustrés lui feraient payer chèrement son insolvabilité notoire.

Nous voici donc sans guide et forcés de prendre la route détournée de Basaï-Goumbaz et la passe de l'Almaïane. Mais si nous maudissons la canaillerie de ce voleur de Djoumber-baï que nous ne pouvons songer à rattraper, parce qu'avec un cheval meilleur il a une avance d'une nuit, ne maudissons pas trop ce coup du sort, quelque dur qu'il paraisse. L'enchaînement des circonstances qui favorisent ou empêchent la réussite d'une entreprise comme la nôtre est souvent tellement bizarre et imprévu, que tel fait, insignifiant ou contrariant, acquiert, par la suite, une importance grave et tourne à l'avantage. Le tout est de profiter du moment et de toutes choses.

En allant à la recherche de Djoumber-baï, Ménas a rencontré l'Afghan Abdoullah-Khân échoué, avec ses ballots de marchandises, à Ak-tach, après avoir perdu ses chevaux dans le défilé de Chindana. Comme Ménas parle le persan, ils se sont vite liés de conversation, puis d'amitié, et l'Afghan a promis de venir boire le thé au campement avant notre départ. Il y vient dans l'après-midi, car notre départ est nécessairement remis au lendemain. Rakhmed est content de parler la langue tadjique des montagnes du Zérafchâne et de son cher Samarcande, et les voilà tous, avec deux caravan-bachis d'Och que l'Afghan emmène, à jaser en persan autour du feu et de la théière qui se vide. L'oreille, habituée si longtemps à entendre les sons durs et gutturaux du parler turc, est charmée de la musique et de la pureté phonétique de la langue persane.

Ce *saoudagar*[1] afghan se distingue au milieu de ces Kirghizes sauvages et brutes par une dignité de maintien et une supériorité intellectuelle frappantes caractérisant du reste tous ses compatriotes. Abdoullah-Khân est originaire de Ghazna. Il connaît de vue l'Inde, le Turkestan et la Tourkménie et, de ouï-dire, Londres et Orenbourg.

« Je sais, dit-il, qu'il existe à l'occident un grand daoulet farang qu'on appelle « Parijech » (Paris). Ce daoulet (pays ou gouvernement) produit les meilleures marchandises, mais elles sont chères. Il y a aussi un daoulet « américâne » plus loin que le soleil couchant, et les vaisseaux seuls peuvent y aborder.

« Votre pays est beau, dites-vous, c'est votre Cachemire, et je comprends que vous ayez hâte, comme moi, de quitter le pays de ces hommes qui ressemblent à des koutass et qui sont voleurs et menteurs. Ils me retiennent ici parce qu'ils veulent me voler et me demandent six tengas par cheval qu'ils vous loueraient pour deux tengas s'ils n'avaient pas peur des Chinois, les lâches.

« Vous avez sans doute cru, en arrivant, que j'étais un des leurs; mais vous m'avez mal jugé par l'habit

---

1. On appelle *saoudagar* un marchand caravanier qui frète des caravanes et les conduit d'un pays dans l'autre, comme de Kachgarie au Badakchâne, ou un marchand ambulant qui troque, chemin faisant, ses marchandises contre les produits du pays qu'il traverse.

que je porte, et voilà trop de jours que je suis forcé de subir leurs exigences.

« Je connais le pays, ses routes et ses habitants. Il pourrait m'être indifférent de vous voir contents ou mécontents, mais je vous donnerai un conseil. Je serais peiné, après avoir perdu mes chevaux, de vous voir perdre les vôtres sur la passe de Bijik-bel qui mène au Kandjout. Vos chevaux y périraient, car jamais je n'ai vu autant de neige que cette année. Prenez la route plus facile de Kizil-ravat et d'Andamâne. Vous y trouverez beaucoup de monde, une terre libre de neige et noire comme celle de l'Hindoustâne et peut-être de l'orge, car le Wakhâne n'est qu'à trois journées de marche.

« Suivez mon conseil et ne vous fiez pas à Touma-bi.

« Et si vous allez dans le Kandjout, pays de voleurs et de sauvages où le roi vient de tuer son père pour faire plaisir à ceux qui lui donnent le plus d'argent, prenez de la *matta*[1] pour donner aux habitants, car ils ne connaissent pas la valeur de votre argent et ne vous donneront rien pour ce que vous leur offrirez. Je dis la vérité. »

Ainsi parla Abdoullah-Khân et, très tard dans la nuit, nous pûmes les entendre, Ménas, Rakhmed et lui, s'entretenant des choses vécues et des pays lointains.

Le lendemain nous achetâmes à Abdoullah de la matta pour la valeur d'une charge de cheval, et c'est avec cette monnaie, débitée par coudées, que nous payerons dorénavant nos dépenses et que nous réglerons nos « pourboires ».

---

1. Cotonnade blanche grossière fabriquée à Kachgar et portant le cachet chinois.

Touma-bi s'est borné à nous donner un indigène qui nous accompagnera jusqu'à Andamâne. Ce guide de la dernière heure reçoit une coudée de matta et la permission de vider le fond de la marmite.

Et maintenant, en avant pour le Kandjout! Dans deux jours nous serons à Andamâne et nos chevaux seront peut-être sauvés.

Le 10 avril nous continuons à remonter la vallée du haut Ak-sou, bordée au sud par la haute chaîne de montagnes qui la sépare du Taghdoumbach (les Kirghizes prononcent *Dang-doungbach*), et au nord par celle, moins élevée, qui termine à l'est le Pamir-i-Kalane ou « Grand Pamir » des Wâkhis.

A peine sortis d'Ak-tach nous nous trouvons tout à coup en vue d'une bande nombreuse d'arkars broutant sans défiance à 300 mètres sur la pente d'un contrefort. Au premier coup de fusil, le troupeau détale vers la montagne, mais les arkars, se serrant l'un contre l'autre, augmentent les chances de notre tir et bientôt nous voyons se détacher un des leurs, évidemment blessé, et gagner la vallée où la fuite et la course sont plus faciles. A ce moment deux chiens kirghizes, spectateurs de la scène et voyant comme nous la bête aux abois, se précipitent à sa poursuite et la rabattent sur nous. Une dernière balle secoue le corps du puissant animal, mais se sentant perdu il continue sa course vertigineuse vers l'Ak-sou. Les chiens se rapprochent, ardents, volant sur la neige, le cou tendu à présent pour happer leur proie qui s'épuise. Finalement l'arkar s'abat dans un trou de neige et, furieusement, les chiens le coiffent et l'étranglent.

Il avait trois balles dans le corps dont l'une lui avait

fracassé la cuisse. Pourtant, sans les chiens, nous l'aurions perdu et c'est chose étonnante de voir la force de ces animaux que, seule, une balle au cœur ou dans la tête peut tuer du premier coup. Ssevertzoff, qui, le premier, a réussi à se procurer une dépouille d'*Ovis Poli* dans le Thiân-Châne, rapporte avoir vu des individus adultes s'élancer à la course avec cinq balles cosaques dans le corps!

L'arkar que les chiens kirghizes étaient accourus nous arrêter si à propos, était un jeune exemplaire aux cornes à peine spiralées, amaigri, et pourtant la panse était démesurément pleine. Rakhmed se promit un régal du cuissot quoique les chiens l'eussent déjà mordu, mais quand il vit les muscles du dos et la peau trouée de gros vers blancs, il préféra le mouton. La peau dégraissée et la tête dépouillée avec des peines infinies, à défaut de préparation, furent mises à sécher pour êtres conservées, mais les chaleurs subséquentes ne nous permirent pas de les transporter jusque dans l'Inde.

A quelques verstes d'Ak-tach nous rencontrons le cimetière d'Ak-béïd avec des méghils coupolés en briques sèches et de nombreuses tombes dont quelques-unes effondrées.

A côté d'une de ces tombes nous trouvons le nouveau guide Mirza-baï, étendu de son long et se tenant le ventre avec les signes d'une profonde angoisse empreints sur sa figure blême. Le bonhomme déclare d'une voix dolente qu'il a trop mangé, que le « père », c'est-à-dire Sadyk lui a donné la marmite à moitié pleine en lui disant de finir le reste et, dame! il a fini le reste. Et il se roule par terre jusqu'à ce que la catastrophe naturelle éclate comme un orage bienfaisant dont chaque coup de foudre, répété jusqu'au soir, répare les suites d'une intempérance propre au Kirghize, en déchaînant le fou rire et les lazzis de ses compagnons. Et c'est un tollé comique de nos hommes quand le malheureux Mirza-baï, voulant se jucher lourdement sur un cheval chargé, fait chavirer le bât et se ramasse en geignant au milieu des bagages par terre. Il jure de ne plus obéir au père Sadyk et quand, le soir au campement, Ménas lui présente en riant la marmite à vider, il la refuse avec un regard oblique.

Et la marmite est vidée par un autre Kirghize qui vient d'arriver d'Andamâne en deux étapes, dit-il, et par des chemins très mauvais. Il a la figure entièrement barbouillée de boue sèche pour atténuer l'action de la réverbération du soleil sur la neige. Cette boue, appelée *laï*, est de la terre argileuse délayée dans de l'eau; en séchant sur la figure, elle la recouvre d'une sorte de masque blanc.

Nous remontons lentement le fond de la vallée. La neige est devenue profonde et, ce qui est plus fatigant pour les chevaux, molle et fangeuse. Tantôt le soleil nous grille et tantôt nous sommes enveloppés de tourbillons de neige qui cachent la vue à dix pas. Le 13, nous abandonnons deux chevaux qui ne peuvent plus suivre : l'un d'eux est le mien et ce n'est pas sans un serrement de cœur que je le confie, tremblant, chancelant, couvert de sueur et ne pouvant plus faire un pas, quoique je le mène à la longe, à Rakhmed en le priant de faire son possible pour le ramener au campement. Mais je vois rentrer Rakhmed avec la selle et le harnachement : le cheval s'est couché en cherchant encore à atteindre les brins d'herbe à portée de sa bouche. Nous n'avons pas le courage de loger une balle dans la tête de nos compagnons de peine, parce que nous espérons pour eux, qu'un Kirghize de passage viendra, avant les loups, et leur sauvera la vie en les ramenant dans un aoul voisin. Encore quelques journées comme celle-là, et nous marcherons tous à pied.

Dans la soirée nous arrivons à Kizil-Koroum auprès d'un aoul de deux tentes dont le propriétaire nous reçoit avec un *salâm-aléïkoum* de bon augure.

Et de fait, Sary-baï, tel est le nom de ce premier Kirghize abordable au Pamir, nous invite à venir camper près de sa tente où les chevaux trouveront de l'herbe. Il nous présente ses fils et envoie l'aîné chercher du combustible pour nous.

« Je n'ai point peur des Chinois, dit-il, et s'ils viennent pour me faire du mal, je m'en irai du côté de l'Alitchour ou sur l'Alaï, où j'aurai toujours une place pour dresser mon oï et faire paître mes moutons.

— En as-tu beaucoup? demande Ménas.

— Je ne sais, dit-il, le nombre de mes moutons, car je ne les ai pas comptés. Ils naissent ou meurent comme Dieu les donne. »

Et en ce moment l'un de ses fils fait rentrer au Koutàne le troupeau bêlant et apporte, enveloppés dans ses vêtements, deux agneaux nouveau-nés que suivent leurs mères inquiètes. Sary-baï a été rencontré par l'expédition Poutiata et il a pu lui rendre quelques services, ce dont il paraît fier. Au coucher du soleil, il amène ses enfants devant la tente écouter l'accordéon, et, le *tamacha* fini, se retire en disant *baricalla* et *koullouk*. A ce moment le paysage est devenu grandiose.

Devant nous s'étend la vallée longue et large de l'Ak-sou, du « petit Pamir », dans l'ombre bleue du soir ; le cours de la rivière, tortueux et divisé en bras nombreux, est caché sous la glace, et se déroule vers Ak-tach entre les bords, rarement à pic, de terrasses peu élevées. En face, les montagnes bordières du sud envoient vers la vallée des contreforts réguliers qui affectent pour la plupart la forme des cornes d'un cerf-volant et figurent des cirques cratériformes à l'intérieur desquels s'amassent et se pressent les névés et de petits glaciers. Cependant, malgré cette disposition favorable des pentes, il est à remarquer combien peu les glaciers sont nombreux et étendus, non seulement sur ces montagnes, mais sur le Pamir en général. Cela tient évidemment au régime climatologique continental tout particulier au Pamir et, plus spécialement, aux changements brusques de température et de distribution des météores aqueux.

A droite, la vallée paraît fermée au loin par une barrière montagneuse à pics élevés : c'est déjà l'Hindou-Kouch. A gauche, les chaînes blanches de neige semblent s'abaisser et se réunir à l'Ak-tach dont la paroi sombre, à moitié cachée par un contrefort avancé, fait tache. Puis, à l'est, émergeant de sa base massive et large, un pic élevé s'épointe en flèche aiguë et garde encore sa rougeur au front quand tous ses voisins sont déjà dans l'ombre. Les Kirghizes l'appellent Kok-i-tcha-gui ; quoique nous ne soyons pas les premiers Européens à le voir, nous lui avons donné le nom de pic Ferrier pour rendre hommage à la mémoire du grand voyageur en Asie que trop longtemps on n'a pas apprécié à sa valeur (fig. 28).

Fig. 28. — La vallée du haut Ak-sou (petit Pamir) avec le pic Ferrier. (D'après un dessin de M. Capus)

Au premier plan de ce tableau de la nature plein de majestueuse grandeur, un petit tableau de genre attire mon attention et me fournit une note ethnographique que j'ajoute à ma collection. Sadyk se prépare à saigner le mouton que Sary-baï nous a vendu bien volontiers, et je vois en détail comment un Kirghize immole et prépare un animal de boucherie d'après le chariat. Il place le mouton sur le flanc et lui tient ou lie les pieds pour qu'il ne puisse remuer. Après avoir prononcé une fatiha, telle que « bismillah irrahim irrahman » ou « Allah akbar », il lui coupe la gorge, profondément, avec les carotides et la trachée, afin que le sang coule largement. Il dépouille ensuite l'animal de la peau en se servant de la main, et dépèce la viande sur la peau fraîche étendue en laissant la tête intacte. Il coupe et jette aux chiens comme impurs : l'appendice du cartilage xyphoïde, la crosse de l'aorte, les plexus sanguins des artères brachio-céphaliques et la matrice où les cordons séminaux avec leurs annexes. Il fend le cœur et débarrasse surtout le corps du mouton de tous les réservoirs sanguins où le sang aurait, à son avis, pu demeurer. Il enlève aussi soigneusement, dans le creux de la main, tout le sang échappé pendant le dépeçage dans la cavité abdominale. Tout cela est fait avec une propreté et une dextérité étonnantes. La peau, la tête et les pieds restent finalement seuls et sont donnés en cadeau à celui qui a tué la bête.

Sary nous a promis des bêtes de somme et nous lui avons promis un bon *khatt* en retour. Il tient parole et le lendemain il amène un chameau et un koutass. Il demande à garder pour lui son cheval, « car, dit-il, je suis vieux et je vous montrerai la route. »

Nous cheminons au pied de la montagne sur la pente débarrassée de neige. A quelque distance de Kizil-Koroum nous rencontrons d'abord [le cimetière de Makhmour-ata avec quelques grands méghils en pisé, puis l'ancien *ravat* d'Andamâne ou Endemine, dont il ne reste que les traces d'un soubassement en pierre de taille, envahi par les herbes, et quelques ruines d'anciennes constructions en briques séchées au soleil. Est-ce là peut-être l'endroit appelé Kabri-Basaï sur la carte de Forsyth? Car nos Kirghizes ne connaissent pas ce nom, pas plus que celui d'Onkoul qui veut dire « à main droite, » en turc, et qu'on trouve reproduit sur toutes les cartes du petit Pamir.

Sary-baï nous mène, après une petite étape de quatre heures sous un ciel neigeux, au bas de la vallée dans un endroit appelé Moulkalé. De nombreuses tentes de Kirghizes sont éparpillées par groupes sur les pâturages secs des alentours, et des troupeaux de koutass, de moutons et de chevaux, errent dans la campagne morose. Je vois des chevaux et des moutons habillés de feutre pour les garantir du froid. La place est bonne : il y a beaucoup d'herbe, du *terskenne* et du *chibâk*.

A peine arrivés, nous voyons venir à nous le bi, un vieux Kirghize édenté, sans un poil de barbe, accompagné de quelques autres qui lui forment une suite peu brillante. Dès les premières paroles, nous comprenons que le bi est déjà averti, qu'il est l'homme des Chinois et nous mettra des bâtons dans les roues. Il déclare que la passe d'Akdjir ou d'Almaiane est inaccessible et que du reste il lui est impossible de nous donner des hommes et des koutass.

« Allez à Langar, dans le Wakhâne, qui est à deux

journées de marche d'ici. Vous y trouverez beaucoup de koutass, « koutass, koep! koep! » et vous pourrez passer dans le Kandjout par Tach-koupriouk. L'Ak-djir est fermé. »

Bref, c'est la répétition des scènes déjà connues du Rang-koul et d'Ak-tach avec cette différence que nous avons cinq chevaux de moins et que tous les autres sont malades. Ils ont le dos tellement abîmé qu'ils empestent le voisinage. Nous ne pouvons, avec nos seuls chevaux, aborder l'Ak-djir : ils y resteraient tous; il nous faut absolument des koutass.

Cependant, avant de recourir aux moyens extrêmes, on parlemente, on s'enquiert, on parle beaucoup. Les Kirghizes se refusent tous à aller sur l'Ak-djir. Une vieille femme a pris Ménas à part et lui dit qu'elle a été autrefois traînée en esclavage dans le Kandjout, qu'elle connaît bien la route.

« Si j'étais homme, dit-elle, je vous y mènerais bien et je vous conseille d'aller à Tach-koupriouk. »

Enfin, vers le soir, les pourparlers finissent, momentanément, sur la promesse que nous font trois Kirghizes de nous accompagner, chacun avec un koutass, jusqu'à Langar, dans le Wakhâne.

Quelle race abjecte que ces Kara-Kirghizes pamiriens! Ils se distinguent au moral autant des Kirghizes-Kaïzaks de la plaine, leurs frères ethniques, que ceux-ci se distinguent des Sartes de la ville. Kara-Kirghizes du Pamir et Sartes du Turkestan sont aussi peu sympathiques les uns que les autres. Cependant les premiers sont forcés de livrer un dur combat pour la vie au milieu d'une nature rebelle à leurs moindres désirs de bien-être. Ils retirent toute leur subsistance de leurs troupeaux de bétail, vivant de lait, de fromage et de la viande de bêtes mortes, connaissant à peine le pain de nom. Ils n'ont vis-à-vis des Chinois que des charges d'impôts, car jamais personne ne les a protégés des incursions et des brigandages de leurs voisins. Aussi, pour vivre dans des conditions d'existence à ce point précaire, faut-il n'avoir jamais connu un état meilleur ou avoir été forcé de le quitter pour des raisons péremptoires. Et le Pamir est devenu de la sorte un *refugium peccatorum*, où vont se retirer pour vivre mal, mais à l'abri des vendettas et de la veangeance politique ou sociale, les *out-law* des contrées environnantes, prisonniers échappés d'une civilisation plus avancée, pour aller respirer sur le Toit du Monde l'air raréfié d'une liberté de fauve.

Cette race de Kirghizes est rabougrie comme la race de leurs chevaux et de leurs moutons, comme les quelques arbustes de tamarix que nourrissent leurs vallées sans ombre. Ils sont paresseux comme leurs koutass, mais c'est là un défaut qu'atténue l'influence de l'altitude multipliant le coefficient du travail musculaire.

La valeur morale et physique d'une race est toujours une résultante des conditions de milieu transmises héréditairement.

Le lendemain matin arrivent, à notre étonnement il est vrai, les trois Kirghizes amenant les koutass qu'ils avaient promis la veille. Mais ils déclarent ne vouloir aller jusqu'au prochain manzil et demandent à être payés d'avance. Rakhmed, exaspéré, essaye de les faire marcher à coups de fouet, mais l'un deux se laisse choir à terre et refuse de faire un seul pas, en disant :

« Frappe-moi, tue-moi, je n'irai pas, avant d'avoir reçu mon khamm[1]. »

Enfin on repart. Cette longue vallée du petit Pamir commence à nous peser : voilà sept jours que nous pataugeons dans la neige fondue avec ce vent continu du sud-ouest en face, nous chamaillant tous les jours avec les Kirghizes menteurs et voleurs et toujours espérant camper le soir à Basaï-Goumbaz, sur les bords du Wakhâne-darja. Nous changeons encore une fois de koutass en route et nous arrivons dans l'après-midi à l'endroit apppelé Tchilâb ou Bourgoutia (nid de l'aigle), en face du lac Tchakmaktine ou Dourna-koul. Nous sommes bien aux sources de l'Oxus : des filets d'eau de neige coulent sur les pentes des montagnes, se dirigant vers la vallée, et s'en vont, les uns à droite, apporter leur tribut aux eaux du Wakhâne-darja, les autres à gauche, se réunir aux eaux initiales de l'Ak-sou te se perdre dans le Dourna-koul. Et cette limite des eaux est à peine indiquée par l'hésitation des filets d'eau à se diriger dans tel ou tel sens. Aucune élévation sensible à l'œil ne sépare l'origine des deux branches maîtresses d'un des plus grands fleuves de l'Asie, l'Oxus. Celui qui verrait, comme Faiz Bakch, couler l'Ak-sou vers l'est et le Wakhâne-darja vers l'ouest, ne pourrait penser que l'Ak-sou, après avoir englobé dans son parcours la moitié du Pamir, irait rejoindre au nord-est le Wakhâne-darja par une courbe de 500 kilomètres de développement et former, près de Kala-i-Wamar, le Pandj qui n'attend plus à sa sortie des contreforts du Pamir que la rivière grossie de l'Alaï, le Wakch, pour

_____

1. Pièce de matta.

dérouler dans la plaine de la Bactriane, sous le nom d'Amou-darja, ce fleuve majestueux qui vit éclore sur ses rives les premières civilisations de l'Asie centrale.

À quelques pas de notre campement sourd, du flanc de la montagne, une source limpide dont les eaux se perdent dans les boursouflures herbeuses amassées au devant d'elle. Le *terskenne* a fait place au *chivâk*, touffes d'arbustes nains de papilionacées et de labiées, qui fournissent un combustible de mauvaise qualité. Comme l'herbe sèche abonde aux alentours et que nous ne craignons plus de voir arriver les Chinois pour nous barrer le chemin, on donnera aux chevaux et aux hommes un jour de repos afin que ceux-ci puissent soigner le dos de ceux-là.

Ménas part dans la soirée vers l'aoul voisin et ramène le lendemain trois forts koutass avec leur propriétaire qui nous accompagnera jusqu'à Langar en ayant soin de déclarer qu'il ne fera pas un pas au delà. Et par une chance à laquelle nous ne nous attendions pas, il nous arrive dans la même soirée deux autres Kirghizes avec deux koutass, allant tailler du bois dans la vallée de Tach-kouprionk, ce qui élève le nombre des koutass à huit et nous permettra de faire marcher nos chevaux malades à vide. Il s'agit de veiller à ce que les huit koutass et les trois propriétaires ne se sauvent pas, car on les a payés au prix énorme de 2 *khamm*, c'est-à-dire deux pièces de cotonnade par yack et par jour, et ils se promettent une augmentation. Ménas, de son côté, se promet, une fois dans le Wakhâne, de leur accorder, à la première réclamation, un supplément en monnaie de bâton comptée sur leur dos. Pour les empêcher de se sauver pendant la nuit, il les oblige à coucher près de lui en attachant, sans qu'ils le sachent, le pan de leur fourrure par une ficelle à la sienne, de façon à ce que leurs mouvements, pendant le sommeil, le réveillent et l'avertissent de leurs intentions.

Il nous arrive encore, dans l'après-midi, deux individus bizarres dont l'un se fait reconnaître de suite par les traits réguliers et le teint de sa figure, par sa stature svelte et ses mouvements plus élégants, pour un Afghan affublé d'un costume kirghize. Il vient à nous pour nous présenter son salâm et une écuelle pleine de *kaïmak* (crème de lait de brebis), en regrettant de ne pas avoir un koutass pour nous accompagner. C'est un individu jeune encore, qui se dit de Caboul d'où la dernière révolution l'aurait chassé. Il est plus probable que c'est quelque vilaine affaire de meurtre. Bref, il s'est marié avec une femme kirghize d'un aoul du voisinage. Il est père, ce qui l'a retenu, dit-il, jusqu'alors dans ce pays trop froid qu'il voudrait quitter l'année prochaine pour aller dans l'Inde. Le Kirghize qui l'accompagne est son beau-père. C'est un vieux, tout maigre, tout os, avec une figure avenante, aux traits mogols moins accusés et une grosse tête qu'il entoure d'un bout de matta en guise de turban. Cette dernière particularité le qualifie de moullah, mais il est plus : il a nom Nour-djane-khalifa et qualité d'ichâne et de Pir, c'est-à-dire de saint personnage allant, de pays en pays, d'aoul en aoul, distribuer la parole du prophète et prêcher d'exemple les vertus d'une vie sainte. Aussi vit-il de la pieuse charité des Kirghizes lui donnant, qui un bout de matta, qui une fourrure, du lait, d'aucuns même un mouton. Tous les ans il va faire un pèlerinage à Khodjent, dans le Turkestan, pour faire salâm à un khalifa plus grand que lui et lui apporter une partie de ses aumônes pieuses converties en argent. Il y va faire « la-illala » dit Rakhmed. Cet homme est singulièrement serviable et ses manières et ses paroles d'honnête homme tranchent crûment sur les agissements et les menteries continuelles des autres Kirghizes.

« Je ne crains, dit-il, ni les hommes ni les Chinois, je ne crains que Dieu et de mal faire. Je vous accompagnerai volontiers à pied ; je connais le chemin du Kandjout et je puis vous être utile. Vous me donnerez quelque chose ou vous ne me donnerez rien : je serai content d'avoir fait une bonne action. Je vous aiderai, car Dieu m'a aidé. »

Et sans doute le Pir fait allusion à la vie qu'il a menée dans sa jeunesse. Alors, dit-on, ce fut un brigand redouté, grand voleur de troupeaux et détrousseur de caravanes, un *chaïtane* (diable) dans la peau d'un homme. Depuis lors, il a changé complètement et veut racheter ses fautes en priant du matin au soir, assis, les jambes croisées et les mains étendues, oscillant du torse et murmurant des fatihas et des souras en sourdine. Brave et honnête Pir Nour-djane-khalifâ ! Tu as rendu des services fidèles à des Faranguis Kafirs sans jamais te plaindre ni mettre une condition à ton dévouement : que le chemin de la vie te soit plus facile que ceux du Pamir et du Kandjout !

Dès ce jour, le Pir fait partie de notre troupe en qualité de guide. Le soir, il crie le *mamaz* au coucher du soleil. Et ce soleil nous le voyons, pour la dernière fois, dorer à l'est le sommet du pic Ferrier.

Le lendemain en effet, 18 avril, nous quittons la

vallée de l'Ak-sou pour suivre, le long du Wakhâne-darja, la gorge étroite qui mène au Wakhâne.

Sur la limite des eaux des deux rivières, des collines argileuses fortement colorées en jaune renferment de l'alun exploité par les Kirghizes pour la teinture, d'où le nom d'Adjik-tach donné à cet endroit. Un peu plus loin nous rencontrons les ruines et les tombeaux de Basaï-Goumbaz, situés en face de la vallée d'Ak-djir ou d'Almaïane qui mène au Kandjout. Il y a quelques mois cette passe a été traversée par le colonel anglais Lockardt, de la commission de délimitation anglo-russe des frontières de l'Afghanistan. Basa, me dit le Pir, est le nom du principal personnage enterré en cet endroit. Il fut, paraît-il, tué par les Kandjoutis lors d'une incursion de brigandage qu'ils firent sur le Pamir. Les tombes moins élevées qui entourent le méghil principal seraient celles de ses compagnons d'infortune.

Au fur et à mesure que nous descendons la vallée, la flore devient plus riche et la neige moins abondante. Des armoises et des Labiées odorantes s'écrasent sous le pied des chevaux et répandent un arome pénétrant; des scabieuses et des aulx se font reconnaître sur les pentes de la montagne et des touffes d'*Irghaï* (*Mespilus* sp.) aux tons rouges, se trouvent prises dans les glacés de la rivière. Un vent glacia., intolérable par sa persistance, souffle avec force dans ce couloir étroit qu'il remonte en ricochant contre les parois. Pourtant le thermomètre se maintient au-dessus de zéro jusqu'au soir et ne tombe pas au-dessous de — 5 degrés centigrades pendant la nuit. La veille nous avons campé à 14300 pieds, aujourd'hui nous sommes

descendus de 900 pieds. Nous éprouvons tous un soula-
gement considérable d'être enfin sortis de la neige et de
cette longue vallée de l'Ak-sou qu'allongeait encore notre
impatience d'avancer.

Nous sommes maintenant dans le Wakhâne et le Pamir
est franchi entièrement : nous ne sommes plus qu'à
quelques journées de marche de la ligne rouge qui
marque, sur nos cartes, la frontière des possessions
anglaises. Demain nous serons à Langar chez les Wàkhis
où nous trouverons des bêtes de somme et, sans doute,
de l'orge pour nos chevaux.

Et le *khalila* qui avait menacé, il y a quelques jours,
d'envahir l'esprit de Rakhmed, est chassé par de gais
propos : malgré le froid sensible, au campement d'Ak-
beless, nous entendons fort tard les exclamations des
Kirghizes attentifs à la voix du conteur les émerveillant
du récit de ses dramatiques histoires.

Le lendemain nous continuons à descendre le long
de la rivière, mais la couche de glace qui la recouvre
n'est déjà plus assez solide pour nous permettre d'uti-
liser cette route commode et plus rapide qu'emploient
tous es indigènes en hiver. Aussi sommes-nous obligés
de couper, par des passes d'un accès raide quoiqu'elles
ne soient pas très élevées, trois contreforts rétrécis-
sant la vallée au point de ne pas laisser de sentier
entre leur paroi et la rivière. Les arkars et les kiiks
se promènent en troupeaux sur les hauteurs des
pentes d'éboulis et, nous épiant de loin, se moquent
de os ruses et de nos efforts pour les approcher.
Les schistes ardoisiers, le jaspe multicolore, alternent
avec les roches éruptives granitiques affleurant parfois
dans le bas de la vallée. Le paysage est nu et sauvage :

nous sommes toujours au-dessus de 12000 pieds d'altitude et aucun arbre, à peine quelques arbustes nains de tamarix et d'irghaï, timidement blottis dans les criques étroites de la rivière, affrontent les froids de ce climat inhospitalier. Il y croît aussi, parmi quelques autres plantes herbacées, une Salsolacée que les Kirghizes appellent *Tchekendé* et dont ils se servent comme de tabac. Après l'avoir fait griller sur le feu jusqu'à ce qu'elle soit réduite en cendres, ils obtiennent en secouant et en pulvérisant celles-ci sur un plat, une poudre âcre dont ils placent de fortes pincées sous la langue, ce qui est la façon d'employer le tabac en poudre, ou *noss*, de tous les indigènes du Turkestan. Les Kirghizes du Pamir ne fument jamais et ne savent pas manier le tchilim.

Mais nous voici arrivés à Langar. Le Pir est très intrigué de ne pas apercevoir les troupeaux de koutass ni les pâtres wakhis qu'il espérait y trouver. Il y a bien sur le sol des traces abondantes de leur séjour antérieur, mais la bouse d'yak est sèche et les flaques d'eau, dans l'empreinte de leurs pas, sont gelées. Après une courte halte, à l'abri du vent derrière un énorme bloc calcaire noirci par la fumée des campements de pâtres, nous allons dresser notre tente dans un ravin non loin d'une hutte en pierres entassées qu'on aperçoit plus bas, au tournant étranglé du ravin.

Et le Pir, ne perdant pas son temps à se reposer des fatigues de l'étape, repart de suite avec Sadyk pour découvrir la retraite des bergers et inspecter les environs. Il revient au bout d'un temps assez long, accompagné d'un Wâkhi d'aspect sauvage qui ne parle que son dialecte. Rakhmed ne le comprend pas du tout et Ménas déclare que c'est du kurde. Mais le Pir et quelques-uns de nos Kirghizes parlent le wâkhi et nous servent d'interprètes. D'autres surviennent et, voyant avec nous le Pir qu'ils connaissent sans doute, s'apprivoisent rapidement. Ces hommes ont le type aryen prononcé, avec le nez légèrement aquilin, les yeux droits, les sourcils arqués et la barbe et les cheveux fournis. La plupart sont bruns avec des yeux noirs, quelques-uns blonds avec des yeux gris et l'un d'eux est roussâtre. Ils ont en somme le type assez « européen » et si on leur changeait le tchakman en fil de laine grossier, le bonnet de fourrure entouré d'un morceau d'étoffe et les ghaltchas en cuir, chaussant des pieds entourés de matta (fig. 29), contre un costume européen, ils pourraient passer, les uns pour des méridionaux, les autres pour des hommes du nord ou de l'est.

L'un d'eux, jeune adolescent aux allures féminines, porte ses cheveux blonds en longues boucles s'échappant de dessous son bonnet de fourrure et semble être, de la part de ses compagnons, l'objet d'attentions spéciales. Un autre, brun, fort en apparence, parle d'une voix de fausset des plus comiques et se distingue en outre par un collier de sachets rouges que le moullah lui a donnés pour le préserver du haut mal. Il motive son refus de me les laisser contre une bonne récompense en disant :

« Je suis malade, c'est pour cela que je les porte et les garde. »

Ils sont musulmans chiïtes comme presque toutes les tribus aryennes des vallées de l'Hindou-Kouch, mais la haine entre eux et les Kirghizes sounites du Pamir n'est point aussi forte que celle qui existe par exemple entre les Turcomans sounites et les Persans ou Kizil-

Fig. 29. — Indigènes du Wakhâne. (D'après une photographie
de M. Capus.)

baches chiïtes : car les Wakhis sont pacifiques et les
Kirghizes ont besoin d'eux. Ils paraissent en somme
aussi voleurs les uns que les autres, avec cette différence
que les Wâkhis sont plus retors et cachent leurs trom-
peries sous une apparence moins rébarbative et plus sym-
pathique à l'Européen au premier abord.

Grâce au Pir et à ses conseils persuasifs, les bergers
wakhis se décident à nous promettre pour le lendemain
huit koutass qui doivent nous accompagner vers la passe
du Kandjout. A présent que nous sommes près de la
passe de Tach-Koupriouk, réputée la meilleure à Andamane, les Kirghizes et les Wâkhis sont d'accord pour
nous dire qu'on ne peut gagner le Kandjout à cette
époque-ci que par le Bijik-bel ou l'Ak-djir! Mais cette
fois nous avons des bêtes de somme : nous voulons
tenter le passage par un effort suprême de nos chevaux
et voir, de nos yeux, si la porte de l'Inde la moins
connue nous sera fermée.

Nous voici en effet arrivés au pied de l'Hindou-Kouch.
Seule cette immense barrière hérissée de pics blancs
nous sépare du bassin de l'Indus (fig. 30). Il nous
semble que cette muraille nous cache un monde
inconnu et qu'au delà on doit respirer un autre air et
voir un ciel plus bleu. Du bas de la vallée très étroite,
en levant les yeux vers le sud, le regard est attiré par
un pic géant auquel les Russes ont donné le nom de
pic Jilinsky. L'imagination, nous transportant sur ses
ailes au sommet de cette pointe blanche, rêve de voir
au loin la riche plaine de l'Indus, le Punjab et le
Radjpoutana avec les palais de Lahore et d'Amritsar :
le soleil et la vie exubérante sous un ciel couleur éme-
raude. Puis, du côté opposé, vers le nord, dans un

tumultueux débordement de montagnes, les chaînes
sans nombre du Pamir, un ciel plus vert tantôt et
tantôt bouleversé par le combat des nuages accumulés,
couvant la tempête.

On se sent oppressé à la longue par ces montagnes
sans fin qui enserrent l'horizon tous les jours, depuis
des mois; on voudrait revoir la plaine, l'espace où le
regard peut vagabonder comme dans la steppe. On souhaite à chaque tournant de contrefort d'avoir enfin une
échappée sur une étendue de pays plat; mais, malgré la

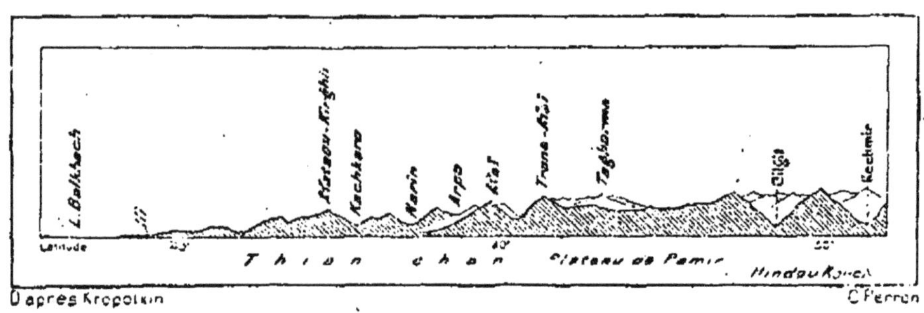

Fig. 30. — Profil N.-S., des plaines du Turkestan à l'Inde.

conscience d'une attente vaine, on éprouve à chaque fois
une déception comme doit l'éprouver cette coccinelle
qui court d'un doigt à l'autre, escaladant à nouveau
celui qu'on lui avance et qu'elle vient à peine de quitter.

Cependant notre tâche est loin d'être finie dans la
montagne. Nous sommes à environ 300 kilomètres à vol
d'oiseau de la vallée de Cachemire et à 400 de la plaine
de Raval-Pindi. Nous en sommes séparés par toute
l'épaisseur du système de l'Hindou-Kouch et une partie
des contreforts du Karakoroum et de l'Himalaya. Nous
avons fini heureusement le voyage du Pamir, nous commençons celui de l'Inde.

IX

LA PASSE DE BAIKARA
ET LE PASSAGE DE L'HINDOU-KOUCH.

Si le voyageur se laisse facilement entraîner au récit détaillé des épisodes qui ont marqué son voyage, s'il se plaît à raconter les aventures sombres ou gaies qui l'ont émotionné lui-même, les pays et leurs habitants qui l'ont intéressé; s'il est désireux de donner au lecteur un reflet des souvenirs qui se pressent dans son esprit, il doit considérer que sa mission consiste à rendre compte, non de sa personne, mais de ce qu'il a vu autour de lui, non de ses peines, mais de ses découvertes, et que, s'il veut contenter le désir du lecteur qui est de s'instruire, il ambitionnera de se faire récompenser par un « ceci est intéressant » plutôt que d'une pensée de commisération ou d'admiration. Le voyageur achète, au prix des fatigues et des privations, le plaisir des yeux à la vue des paysages grandioses et des manifestations sublimes de la nature ; il acquiert la satisfaction incomparable de la difficulté vaincue et de la découverte faite. Vivant sous le charme de l'inconnu, dans l'attente de l'imprévu, il est heureux d'apporter des pays lointains, aux chantiers de la science, quelques cailloux pour l'édifice universel du savoir humain. Il n'est pas à plaindre. — Je me trompe, plaignons-le, quand, après avoir dépensé toutes les forces de son initiative, de son intelligence et de sa santé, il rencontre l'incrédulité, l'indifférence, quelquefois l'ingratitude ou les reproches de ne pas avoir réussi.

Après avoir mené le lecteur sur le faîte du monde et l'avoir laissé à Langar chez les bergers wàkhis, il nous reste à lui montrer le chemin par où il pourra sortir de cette vallée du Wakhâne-darja (fig. 31), une des gouttières du Toit du monde, sans qu'il soit obligé de la suivre sur ses rives étroites et accidentées, au travers des pays afghans, où l'émir de Caboul l'arrêterait dès les premiers pas, à moins toutefois qu'il ne soit Anglais et chargé d'une mission politique spéciale.

Au point géographique où nous sommes, nous pouvons gagner l'Inde par le pays du Kandjout, visité pour la première fois, il y a quelques mois, par le colonel Lockart ; ou bien, allant plus en aval, plus à l'ouest, passer par-dessus l'Hindou-Kouch, dans le pays de Iassine d'un côté ou dans le Tchitral de l'autre, par la passe de Baroghil.

Le Kandjout nous tentait : l'exploration de ce pays.

Fig. 51. — Kila Pandja sur le Wakhane-darja (Oxus). — Forts au pied du Pamir. (D'après M. Gordon.)

plus intéressant que celui du Kâfirs, était dans le programme que nous nous étions tracé et nous pensions qu'une fois les difficultés du passage par-dessus la chaîne du Moustag vaincues, notre qualité neutre de Faranguis et quelques cadeaux au prince du pays nous en entr'ouvriraient les portes aussi larges que le permettraient les gorges fort étroites qui servent de repaire à ses habitants réputés très sauvages, très brigands et relativement indépendants.

Aussi, au lieu de poursuivre notre voyage vers le Wakhàne, partions-nous le 20 avril, avec les koutass loués chez les bergers wàkhis, dans la direction du sud-est, nous enfonçant dans ce dédale de vallées étroites et de chaînes de montagnes neigeuses et contorsionnées qui caractérisent cette partie du système orographique pré-pamirien. C'est là en effet que semble se terminer cette longue chaîne de l'Hindou-Kouch, naissant aux monticules de la Turcménie méridionale, et que commence, pour continuer l'immense arête méridiennale vers le sud-est et rejoindre ensuite le Kouen-Loun, la chaîne du Karakoroum, que les caravanes de Kachgar à Ladak passent à plus de 18 000 pieds d'altitude.

La région que nous allions visiter était entièrement inconnue et la valeur des renseignements que nous donnaient les indigènes précaire. La passe portait le nom de Tach-Koupriouk, « pont de pierre », chez les Kirghizes, et de Baïkarra chez les Wàkhis. Je ferai remarquer à ce propos combien sont diverses certaines appellations d'endroits qu'enregistrent les voyageurs dans ces pays, suivant qu'ils tirent leurs nomenclatures des Wàkhis ou des Kirghizes. Le lac Tchakmak-tine porte encore les noms de Dourna-koul, Oï-koul,

Gaz-koul et Tourdounin-koul; la passe d'Almaïane s'appelle aussi Ak-djir; la rivière du Wakhâne s'appelle Ak-sou, Wakhâne-darja, Pandj, Sarhadd-darja et Ab-i-chipri. Les Wâkhis connaissent un Pamir-i-Kalane, un Pamir-i-Khourd, c'est-à-dire un grand et un petit Pamir que ne connaissent point les Kirghizes. Et le Kirghize à qui on demandera la situation de tel endroit qu'on désigne par son nom wâkhi répondra que cela n'existe pas.

Grande fut notre joie, et plus grande celle de nos chevaux, de rencontrer inopinément dans la première vallée où nous étions entrés, vallée bien abritée du vent et du froid, les premières pousses vertes d'une herbe fraîche et succulente. La neige y était rare; la rivière coulait, limpide encore, à jour, et des saules, presque des arbres, s'étaient parés du vêtement d'or de leurs chatons épanouis.

Cet aspect inattendu réjouissait le cœur : nous allions donc enfin trouver une passe abordable, car cette vallée de Siah-ôb semblait se continuer dans les mêmes conditions vers le sud-est.

Mais notre joie fut de courte durée. Le soir nous campons au koutane de Baïkarra et déjà nous voyons se dresser devant nous des montagnes de neige et la vallée se resserrer au fond. Les Wâkhis parlent de s'en retourner, pleurant d'avance leurs koutass qu'ils voient déjà morts.

Le Pir et Sadyk, certains de revenir par la même route, quoi qu'il arrive, cachent dans une fente de rocher les quelques frusques qu'ils ont traînés avec eux jusqu'alors. Le Pir, par scrupule d'honnêteté, étale devant moi, sans que j'en devine d'abord le motif, le

contenu d'un vieux sac de toile, son coffre-fort. Et je
vois apparaître une vieille écuelle étamée, une cuiller
en bois, un morceau de feutre et un sac contenant de
la vieille ferraille. Après avoir caché ces richesses avec
les précautions nécessaires pour les soustraire aux yeux
des Wakhis, le Pir se déclare prêt à marcher en avant
et à nous servir de *ioulbachi*. Sadyk en fait de même
et ils laissent tous deux leurs chevaux au pâturage
jusqu'au retour.

Le lendemain, nous remontons la rivière de Siah-
ôb dans la direction du sud. Bientôt nous recommençons
la lutte contre la neige, aussi profonde et moins résistante que sur l'Alaï. Pendant quatre jours nous repas-
sons par les plus mauvaises situations du Taldyk et du
Kizil-art. Tantôt les hommes et les chevaux s'embourbent jusqu'au cou dans la neige, tantôt ils roulent, les
uns et les autres, sur les pentes glissantes. Ici il faut
porter les bagages à dos d'homme et haler les bêtes
avec des cordes, là il faut tailler des marches dans la
glace et c'est par des prodiges d'équilibre et d'adresse
qu'ils se préservent de la chute fatale.

Mais l'épuisement ne tarde pas à revenir avec
l'altitude. Nous sommes remontés à 15 000 pieds. Nous
avançons de quelques kilomètres par jour et pourtant
nous sommes en marche du lever au coucher du soleil.
Il n'y a plus d'orge pour donner aux chevaux; ils
broutent maintenant le *chivôk*, le bois des tamarix
nains, et viennent mordre le sac qui contient notre
provision de pain. Les plus faibles restent en route,
immobiles, la tête basse : ils ont marché jusqu'au
bout.

Le quatrième jour, au matin, le Pir prend son bâton.

relève les pans de son khalat comme il le fait d'ordinaire en
marche et, sans attendre que les koutass soient chargés,
se met en route vers le haut de la vallée en disant qu'il
va explorer le chemin. Nous sommes à ce moment en
face d'un magnifique glacier, derrière un contrefort
avancé qui nous empêche de voir en amont où la vallée
semble s'élargir. Le Pir reste longtemps parti, si longtemps que nous commençons à le soupçonner de la
feinte de Djoumber-baï à Ak-tach, lorsqu'enfin on voit
apparaître sa grande figure émaciée revenant vers le
campement. — « Ioul iakchi! » (La route est bonne),
dit-il d'un ton joyeux en désignant le tournant du
contrefort et en s'apprêtant à reprendre avec nous
le chemin que ses pas alertes venaient de tracer
dans la neige moins profonde.

Et l'on se remet en route. Bientôt, en effet, le
sentier d'été apparaît sur le sol nu marqué des traces
du passage des cavaliers antérieurs. Le Pir est content :
il ramasse une boule sèche de crottin de cheval et,
la prenant à témoin de l'existence d'une passe accessible
aux cavaliers, il nous fait espérer une prompte arrivée
au Kandjout. On s'attend à chaque tournant de rocher
à voir apparaître au loin la passe tant désirée. A un
certain moment Sadyk s'écrie avec conviction : « Voilà
le Kanjout, nous sommes sur la terre des Kanjoutis! »
— Hélas, non! nous remontons toujours la même
rivière et il faut qu'elle diminue encore considérablement avant d'être source initiale.

Nous campons ce soir-là par 17 000 pieds d'altitude,
en face d'un autre beau glacier, sur une place légèrement tapissée d'herbe. Cet endroit est appelé Zardsott
par les Wâkhis. Nous sommes bien encore à une

journée de marche de la passe. Demain sans doute nous pourrons voir couler l'eau vers le sud dans l'Indus!

Et sur cette pensée réconfortante tous s'endorment d'un sommeil lourd, trop lourd pour entendre dans la nuit les Wàkhis se lever silencieusement, rassembler leurs koutass et s'enfuir à la faveur de la fatigue générale. Personne n'a rien entendu et deux chiens qu'ils avaient avec eux, et qui nous restent, n'ont même pas donné de la voix. Nous voilà de nouveau réduits à charger nos pauvres chevaux, le moins possible, car nous allons brûler la moitié de nos faibles bagages et essayer de gagner le Kandjout à petites journées.

Mais auparavant il faut s'assurer de l'état de la passe. A cet effet Bonvalot, le Pir et Rakhmed partent dans la matinée avec trois chevaux à qui on a donné les dernières poignées d'orge tenues en réserve pour cette occasion suprême.

Nous sommes assaillis pendant cette journée néfaste par une tempête de neige d'une force extraordinaire. Les explorateurs de la passe reviennent avant la nuit. Ils ont deviné, plutôt que vu, la passe à travers un rideau de neige à environ 10 verstes de notre campement. Elle est complètement fermée par les neiges et un piéton n'y arriverait pas. Le Pir s'est hasardé en avant : on l'a vu un instant s'enfoncer de plus en plus dans la nappe blanche, puis la tempête l'a caché. On l'a attendu longtemps, le croyant perdu à la fin, lorsqu'il arrive avant l'obscurité et raconte qu'il a eu beaucoup de peine à sortir de la neige haute de plus de deux fois la taille d'un cavalier, qu'il n'a pu atteindre le sommet de la passe et qu'il faut retourner. Allah akbar!

Il nous reste neuf chevaux. Nous passerons dans l'Inde par le Wakhâne, la passe de Baroghil et le Iassine. Peut-être pourrons-nous, de Guilguit, remonter par Nagar dans le Kandjout. Et pendant que, sous la tente, nous tirons des plans pour l'avenir et le chemin à prendre, dehors, dans la nuit noire, le vent hurle dans la montagne et la neige fouette obliquement le sol en s'accumulant sur le campement et dans les ravins.

Le lendemain, dans une éclaircie, nous apercevons une dernière fois le pic élevé, aux formes géantes, qui s'élève hardi et élégant à la fois, au fond sud-est de la vallée de Zardsott à une hauteur de plus de 22 000 pieds. Il nous revient à ce moment que Jacquemont, le grand voyageur et le charmant écrivain, un des premiers explorateurs du nord de l'Inde et de ceux qu'on prend pour modèles, a droit au tribut d'admiration de ceux qui marchent sur ses traces : nous connaissons dorénavant ce pic de la chaîne du Moustag sous le nom de pic Jacquemont.

Cependant nos chevaux sont trop faibles pour porter leurs charges. Nous laissons Ménas à Zardsott avec les bagages, de la farine et de la viande pour cinq jours, et nous retournerons à Langar d'où nous lui enverrons des koutass à tout prix; puis nous continuerons sur le Wakhâne.

Deux jours après nous sommes de nouveau sur les bords du Wakhâne-darja. Mais le Pir a beau fureter tous les recoins de la vallée : des Wâkhis et de leurs koutass aucune trace. Évidemment, nous sachant dans l'impossibilité de continuer la route et craignant les représailles au retour, ils se sont sauvés vers le bas de la vallée. Que faire pour venir au secours de Ménas? Le

Pir s'offre de nous tirer d'embarras. Il retournera à Andamane pour nous amener des yacks en usant de tout son crédit et, au besoin, il prendra un vieux cheval et le koutass de son gendre. Il nous achètera aussi un mouton, car les provisions sont épuisées ; il nous reste de la farine et un peu de graisse de mouton pour faire de la bouillie, du *tchouchma.*

Le Pir engage sa parole d'ichâne : il la tiendra.

Nous voilà condamnés à passer au moins une semaine dans ce triste ravin de Langar. La neige tombe mollement et tantôt voile le paysage, tantôt fuit devant la tempête soufflant par rafales. Les chiens wâkhis sont devenus nos fidèles gardiens, attentifs au moindre bruit insolite.

Dans l'après-midi de la première journée, nous étions couchés sous la tente, suivant du regard la course folle des flocons de neige, quand Pamer, le plus vigilant de nos chiens, s'élance tout à coup furieusement sur la pente qui donne accès à une sorte de plateau étendu où les Wakhis faisaient paître leurs troupeaux. Rakhmed, flairant du nouveau, suit le chien et quelques instants plus tard on entend le bruit d'une conversation animée se rapprochant avec les accents d'une voix connue. Quelques instants après Rakhmed introduit sous la tente la figure déjà connue d'Abdoullah-Khan, l'Afghan d'Ak-tach. Le Saoudagar avait pu réunir enfin des moyens de transport, et c'est avec une caravane de Kirghizes et de koutass, portant ses ballots de marchandises, qu'il s'était fait surprendre fort à propos par l'oreille fine de notre chien, pendant qu'il allait passer inaperçu sur le haut du plateau. Abdoullah-Khan va nous céder quelques koutass, il le faut absolument, afin qu'on puisse aller prendre Ménas et les bagages. Il est d'accord tout de suite, mais les Kirghizes s'y refusent d'abord, car ils s'attendent à partager le sort de ceux qui nous ont laissé partir du Pamir. L'Afghan raconte en effet que, cinq jours après notre départ d'Ak-tach, est venu de Kachgar un officier chinois avec quelques hommes ayant pour mission de rassembler les Kirghizes du Pamir et de nous empêcher de continuer notre voyage.

Les malheureux Kirghizes répondirent, dit-il, qu'ils nous auraient bien arrêtés si nous n'avions eu des fusils tirant vingt cartouches à une distance de 5000 pas, des sabres et des revolvers. Ils auraient même voulu nous rejoindre sur le territoire de Wakhâne et nous ramener de force, s'ils n'avaient craint d'avoir beaucoup des leurs tués par les fusils à répétition et si Abdoullah ne leur avait fait observer que le Wakhâne est terre afghane et soustraite à l'autorité de Kachgar. Là-dessus les Chinois seraient partis après avoir pris note de tous ceux qui nous avaient vendu un mouton, servi de guide ou loué des bêtes de somme, en leur promettant la confiscation de leurs biens et une punition exemplaire. Ils auraient, en s'en allant, emmené à Kachgar le Karaoul-Begui du Mourguâb, coupable de nous avoir laissé partir du Rang-Koul.

De toutes ces histoires, vraies selon les apparences, il résulte, pour nous, que les Kirghizes de la caravane d'Abdoullah ne veulent en aucune façon se compromettre en nous aidant à sortir d'un mauvais pas. Ce n'est qu'après de longs pourparlers — nous n'userons de la violence qu'au dernier moment — que Sadyk et Abdoullah les déterminent à nous louer cinq koutass à raison du prix énorme de 5 pièces de matta par jour et par koutass, soit 125 *khamm* pour les cinq jours que doit durer le voyage. Ils partent enfin avec l'infatigable Sadyk : le brave homme a des muscles d'acier.

Bonvalot prie le chef des Kirghizes de lui tailler dans les fourrés de Baïkarra un bon et solide bâton, ce que l'autre promet sans demander à quel usage ce bâton est destiné. Il a eu l'esprit, du reste, de ne jamais l'apprendre, car, au retour, il avait jugé prudent de retourner sur le Pamir sans passer par notre campement.

Trois jours après, le Pir est revenu d'Andamane. Le vieux Nour-Djane-Divana a tenu sa parole, honnêtement et malgré tout ce que son dévouement va lui coûter de peines et de persécutions. Les Kirghizes du Pamir ont, en effet, tout mis sur son dos, l'accusant comme le principal coupable de nous avoir fourni les moyens d'avancer. Le Pir s'attend à être emmené et emprisonné à Kachgar. Il se prépare à fuir avec les siens sur le Wakhâne ou l'Alaï ; malheureusement les troupeaux de moutons ne marchent pas vite. Il est très inquiet pour les siens. Les Kirghizes l'ont entouré et voulu retenir pour le livrer à Kachgar. Il a répondu que son métier est d'aider ceux qui en ont besoin. Il n'a pu ramener aucun koutass, même pas le sien, mais dans un sac il apporte deux bons moutons dépecés et un peu de sel. Et maintenant il demande la permission de retourner auprès des siens pour mettre ses affaires en ordre et se soustraire à la vengeance des Chinois.

Au moment où le Pir fait ses adieux, nous voyons apparaître le gros bonnet turcoman de Ménas sur le haut du sentier de Baïkarra. Hélas ! il manque trois chevaux. Ménas raconte que l'un d'eux a été mangé par les loups, qu'un autre est mort de faim et que le troisième, ayant grimpé sur un rocher d'où il ne pouvait ni avancer, ni reculer, il lui a envoyé une balle dans la tête. Il nous reste cinq chevaux. Bah! nous continuerons à marcher à pied et au besoin nous chargerons du strictement nécessaire les plus forts. En avant pour Sarhadd et le Baroghil!

Sadyk et Abdou-Reçoul ont fait plus que leur devoir. Ils vont s'en retourner par le Pamir et affronter la colère des Kirghizes Teïtt; mais ils sont sujets russes et ne redoutent pas un instant les représailles qu'on pourrait exercer sur eux et qu'ils n'ont point méritées. Longtemps les braves et fidèles serviteurs jettent des regards en arrière pour saluer leurs maîtres qui les ont traités avec sollicitude, puis disparaissent sur le sentier qui mène sur le petit Pamir.

Qu'Allah les récompense mieux que nous ne pouvons le faire de leur dévouement!

Et maintenant, cher lecteur, que vous avez bien voulu nous accompagner par dessus le Toit du Monde, à travers les neiges et les tempêtes, après avoir vécu pendant près de deux mois au-dessus de 12 000 pieds d'altitude, vous aurez hâte comme nous de respirer un air plus dense, de voir le sol sans tapis blanc et de marcher vite dans la plaine.

Nous voici au 4 mai. Déjà les fourrés de *Kirtchine*, sur les bords de la rivière de Langar, ont grossi leurs boutons sous la poussée de la sève printanière. Le soleil est plus chaud et déjà le premier papillon, sans doute porté contre son gré sur les ailes, plus fortes que les siennes, du vent remontant la vallée, cherche à butiner, en vain, car aucune fleur ne s'est encore épanouie. Mais les oiseaux du bord de la rivière sont plus nombreux, les pentes rocailleuses de la montagne retentissent du cri répété des *kakliks* et des *oulars*, perdrix de montagne et perdrix royale, plus bavards sous le

Fig. 32. — Soldat Afghan. (D'après une photographie.)

soleil chaud. Les *sougourrs* aussi, après avoir dormi pendant six mois dans leurs terriers recouverts de neige, se sont réveillés et remplissent la vallée de cris stridents qu'ils poussent à l'approche du danger.

Et quand, quatre jours plus tard, nous plantons notre

tente au bord de la rivière à Sarhadd, nous couchons sur un tapis de verdure, gazon printanier émaillé des premiers fleurons de pâquerettes.

La nature devient plus riante, l'homme seul nous garde rancune. Les Afghans du Wakhâne, prévenus de notre arrivée, ont envoyé à Sarhadd un officier qui fait tous ses efforts pour nous arrêter, par la persuasion, assez longtemps pour qu'un détachement, venu de Kila-Pandja, puisse nous arrêter par la force (fig. 32). Sans guide, sans bêtes de somme et sans vivres, nous traversons ensuite le Baroghil, suivant les rivières avec la conviction que celle qui coulera vers le sud-ouest nous mènera dans le Tchitral.

Le 13 mai, dans l'après-midi, nous étions sur le Dacht-i-Baroghil, à la limite des eaux de l'Oxus et de l'Indus, sur la ligne de partage des deux fleuves qui arrosent chacun un monde différent. Ils le fertilisent et l'enrichissent au profit de deux civilisations nées, l'une dans les brouillards des bords de la Tamise, l'autre dans les glaces des bords de la Néva. Les petits-fils des Aryas de l'Inde et de l'Asie se sont attardés sur le chemin de la civilisation humaine dans le pays enchanteur de l'Inde et sur le sol fertile et gras de la Bactriane et de la Sogdiane. Les petits-fils des Aryas d'Europe, émigrés à l'époque lointaine de la préhistoire, ont marché sous un soleil moins clément, sur un sol plus rebelle, vers le perfectionnement de leur civilisation. Ceux-ci sont venus conquérir ceux-là, par la puissance de la force armée et du génie commercial. Et la diffusion du progrès s'établira tôt ou tard, la supériorité des uns relevant l'infériorité des autres.

Le 22 mai nous sommes dans le Tchitral, les hôtes

involontaires du methar Amman-oul-Moulk qui nous retient prisonniers pendant quarante-cinq jours.

Rendus à la liberté par l'intervention de lord Dufferin, vice-roi de l'Inde, nous brûlons les étapes du Tchitral, du Iassine et du Pounial. Le 10 août nous voyons, de la passe de Gourez, s'étendre à nos pieds, dans le déchirement d'un rideau de nuages, la riche vallée de Cachemire.

Si le lecteur n'a pas, comme la « gent de Venysse, de grant piesce moult annuy pris des loncs contes » de ce livre, nous pardonnerons volontiers aux froids du Pamir, aux Kirghizes, Chinois, Afghans et Tchitraliens qui lui en ont fourni la matière.

TABLE

III

LE PAMIR AU DIX-NEUVIÈME SIÈCLE.
LES ANGLAIS SUR LE BAM-I-DOUNIAH.

IV

LE PAMIR AU DIX-NEUVIÈME SIÈCLE.
LES RUSSES SUR LE TOIT DU MONDE.

V

EXPÉDITION DE TROIS FRANÇAIS SUR LE PAMIR.
DE MARGUELANE AU TALDYK.

VI

TRAVERSÉE DE L'ALAI.
D'AK-BASSOGUA AU LAC GRAND KARA-KOUL.

VII

DU LAC KARA-KOUL A AK-TACH.

VIII

D'AK-TACH AU PIED DE L'HINDOU-KOUCH.

IX

LA PASSE DE BAÏKARA ET LE PASSAGE DE L'HINDOU-KOUCH.

CONDITIONS DE VENTE ET D'ABONNEMENT

Le **JOURNAL DE LA JEUNESSE** paraît le samedi de chaque semaine.

Le prix du numéro, comprenant 16 pages grand in-8, est de **40** centimes.

Les **52** numéros publiés dans une année forment deux volumes.

Prix de chaque volume : broché, **10** francs ; cartonné en percaline rouge, tranches dorées, **13** francs.

PRIX DE L'ABONNEMENT
POUR PARIS ET LES DÉPARTEMENTS

Un an (2 volumes). . . . . **20** francs
Six mois (1 volume). . . . . **10** —

Prix de l'abonnement pour les pays étrangers qui font partie de l'Union générale des postes : Un an, **22** francs ; six mois, **11** francs.

Les abonnements se prennent à partir du 1ᵉʳ décembre et du 1ᵉʳ juin de chaque année.

MON JOURNAL

NOUVEAU RECUEIL HEBDOMADAIRE

Illustré de nombreuses gravures en couleurs et en noir

A L'USAGE DES ENFANTS DE HUIT A DOUZE ANS

QUINZIÈME ANNÉE

(1895-1896)

DEUXIÈME SÉRIE

MON JOURNAL, à partir du 1er Octobre 1892, est devenu hebdomadaire, de mensuel qu'il était, et convient à des enfants de 8 à 12 ans.

Il paraît un numéro le samedi de chaque semaine. — Prix du numéro, 15 centimes.

ABONNEMENTS :

FRANCE		UNION POSTALE	
Six mois.............	4 fr. 50	Six mois.............	5 fr. 50
Un an................	8 fr. »	Un an................	10 fr. »

Prix de chaque année de la deuxième série :
Brochée, 8 fr. — Cartonnée, 10 fr.

NOUVELLE COLLECTION ILLUSTRÉE
POUR LA JEUNESSE ET L'ENFANCE
1re SÉRIE, FORMAT IN-8 JÉSUS

Prix du volume : broché, 7 fr.; cartonné, tranches dorées, 10 fr.

About (Ed.) : *Le roman d'un brave homme.* 1 vol. illustré de 52 compositions par Adrien Marie.

— *L'homme à l'oreille cassée.* 1 vol. ill. de 61 comp. par Eug. Courboin.

Cahun (L.) : *Les aventures du capitaine Magon.* 1 vol. illustré de 72 gravures d'après Philippoteaux.

Cim (Albert) : *Grand'mère et petit-fils.* 1 vol. illustré de 70 gravures d'après Vulliemin.

Dillaye (Fr.) : *Les jeux de la jeunesse.* 1 vol. illustré de 203 grav.

Dronsart (Mme M.) : *Les grandes voyageuses.* 1 vol. ill. de 75 grav.

Du Camp (Maxime) : *La vertu en France.* 1 vol. ill. de 45 grav. d'après Duez, Myrbach, Tofani et E. Zier.

Fleuriot (Mlle Z.) : *Cœur muet.* 1 vol. ill. de 57 grav. d'après Adrien Marie.

— *Papillonne.* 1 volume illustré de 50 gravures d'après E. Zier.

Guillemin (Amédée) : *La lumière.* 1 vol. contenant 13 planches en couleurs, 14 planches en noir et 353 figures dans le texte.

— *La Chaleur.* 1 vol. contenant 1 pl. en couleurs, 8 planches en noir et 324 gravures dans le texte.

— *La Météorologie et la Physique moléculaire.* 1 vol. contenant 9 planches en couleurs, 20 planches en noir et 343 gravures dans le texte.

La Ville de Mirmont (H. de) : *Contes mythologiques.* 1 vol. illustré de 41 gravures.

Maël (Pierre) : *Une Française au Pôle Nord.* 1 vol. illustré de 52 grav. d'après Paris.

— *Terre de Fauves.* 1 volume illustré de 52 gravures, d'après les dessins d'Alfred Paris.

— *Robinson et Robinsonne.* 1 vol. illustré de 50 gravures, d'après A. Paris.

Manzoni : *Les fiancés.* Édition abrégée par Mme J. Colomb. 1 vol. illustré de 40 gravures d'après J. Le Blant.

Mouton (Eug.) : *Voyages et Aventures du Capitaine Marius Cougourdan.* 1 vol. ill. de 66 grav. d'après E. Zier.

— *Aventures et mésaventures de Joël Kerbabu.* 1 vol. illustré de 55 gravures d'après A. Paris.

Rousselet (Louis) : *Nos grandes écoles militaires et civiles.* 1 vol. ill. de 169 grav. d'après A. Lemaistre, Fr. Régamey et P. Renouard.

— *Nos grandes écoles d'application.* 1 vol. illustré de 95 grav. d'après Busson, Calmettes, Lemaistre et P. Renouard.

Toudouze (Gustave) : *Enfant perdu (1814).* 1 volume illustré de 49 gravures d'après J. Le Blant.

Witt (Mme de), née Guizot) : *Les femmes dans l'histoire.* 1 vol. illustré de 80 gravures.

— *La charité en France à travers les siècles.* 1 vol. ill. de 81 gravures.

— *Père et fils.* 1 volume illustré de 40 gravures d'après Vogel.

2e SÉRIE, FORMAT IN-8 RAISIN

Prix du volume : broché, 4 fr.; cartonné, tranches dorées, 6 fr.

Arthez (Danielle d') : *Les tribulations de Nicolas Mender.* 1 vol. ill. de 83 grav. d'après Tofani.

Assollant (A.) : *Pendragon.* 1 vol. avec 42 gravures d'après C. Gilbert.

Champol (F.) : *Anaïs Evrard*. 1 volume illustré de 22 gravures d'après Tofani et Bergevin.

Chéron de la Bruyère (Mme) : *La tante Derbier*. 1 vol. illustré de 50 gravures d'après Myrbach.

— *Princesse Rosalba*. 1 vol. illustré de 60 gravures d'après Tofani.

Colomb (Mme) : *Le violoneux de la sapinière*. 1 vol. avec 85 gravures d'après A. Marie.

— *La fille de Carilès*. 1 vol. avec 96 grav. d'après A. Marie.

    Ouvrage couronné par l'Académie française.

— *Deux mères*. 1 vol. avec 133 grav. d'après A. Marie.

— *Le bonheur de Françoise*. 1 vol. avec 112 grav. d'après A. Marie.

— *Chloris et Jeanneton*. 1 vol. avec 105 gravures d'après Sahib.

— *L'héritière de Vauclain*. 1 vol. avec 104 grav. d'après C. Delort.

— *Franchise*. 1 vol. avec 113 gravures d'après C. Delort.

— *Feu de paille*. 1 vol. avec 98 grav. d'après Tofani.

— *Les étapes de Madeleine*. 1 vol. avec 105 grav. d'après Tofani.

— *Denis le tyran*. 1 vol. avec 115 grav. d'après Tofani.

— *Pour la muse*. 1 vol. avec 105 grav. d'après Tofani.

— *Hervé Plémeur*. 1 vol. avec 112 grav. d'après E. Zier.

— *Jean l'innocent*. 1 vol. illustré de 112 gravures d'après Zier.

— *Danielle*. 1 vol. illustré de 112 grav. d'après Tofani.

— *La Fille des Bohémiens*. 1 vol. illustré de 112 grav. d'après S. Reichan.

— *Les conquêtes d'Hermine*. 1 vol. ill. de 112 grav. d'après Th. Vogel.

— *Hélène Corianis*. 1 vol. illustré de 80 gravures d'après A. Moreau.

Cortambert et Deslys : *Le pays du soleil*. 1 vol. avec 35 gravures.

Daudet (E.) : *Robert Darnetal*. 1 vol. avec 81 grav. d'après Sahib.

Demage (G.) : *A travers le Sahara*. 1 vol. illustré de 84 grav. d'après Mme Crampel.

Demoulin (Mme G.) : *Les animaux étranges*. 1 vol. avec 172 gravures.

Énault (L.) : *Le chien du capitaine*. 1 vol. avec 43 gr. d'après E. Riou.

Fleuriot (Mlle Z.) : *M. Nostradamus*. 1 vol. avec 36 gr. d'après A. Marie.

— *La petite duchesse*. 1 vol. avec 73 gravures d'après A. Marie.

— *Grand cœur*. 1 vol. avec 45 gravures d'après C. Delort.

— *Raoul Daubry, chef de famille*. 1 vol. avec 32 gr. d'après C. Delort.

— *Mandarine*. 1 vol. avec 95 gravures d'après C. Gilbert.

— *Cadok*. 1 vol. avec 24 gravures d'après C. Gilbert.

— *Câline*. 1 vol. avec 102 grav. d'après G. Fraipont.

— *Feu et flamme*. 1 vol. avec 80 gravures d'après Tofani.

— *Le clan des têtes chaudes*. 1 vol. illustré de 65 gr. d'après Myrbach.

— *Au Galadoc*. 1 vol. illustré de 60 gravures d'après Zier.

— *Les premières pages*. 1 vol. avec 75 gravures d'après Adrien Marie.

— *Rayon de soleil*. 1 vol. illustré de 10 gravures d'après Mencina Kresz.

Girardin (J.) : *Les braves gens*. 1 vol. avec 115 gr. d'après E. Bayard.

    Ouvrage couronné par l'Académie française.

— *Nous autres*. 1 vol. avec 182 gravures d'après E. Bayard.

— *La toute petite*. 1 vol. avec 128 gravures d'après E. Bayard.

— *L'oncle Placide*. 1 vol. avec 139 gravures d'après A. Marie.

— *Le neveu de l'oncle Placide*. 3 vol. illustrés de 367 gravures d'après A. Marie, qui se vendent séparément.

— *Grand-père*. 1 vol. avec 91 gravures d'après C. Delort.

    Ouvrage couronné par l'Académie française.

Girardin (J.) (suite) : *Maman.* 1 vol. avec 112 gravures d'après Tofani.

— *Le roman d'un cancre.* 1 vol. avec 119 gravures d'après Tofani.

— *Les millions de la tante Zézé.* 1 vol. avec 112 grav. d'après Tofani.

— *La famille Gaudry.* 1 vol. avec 112 gravures d'après Tofani.

— *Histoire d'un Berrichon.* 1 vol. avec 112 gravures d'après Tofani.

— *Second violon.* 1 vol. illustré de 112 gravures d'après Tofani.

— *Le fils Valansé.* 1 vol. avec 112 gravures d'après Tofani.

— *Le commis de M. Bouvat.* 1 vol. illustré de 119 gr. d'après Tofani.

Giron. (Aimé) : *Les trois rois mages.* 1 vol. illustré de 60 gravures d'après Fraipont et Pranishnikoff.

Meyer (Henri) : *Les Jumeaux de la Bouzaraque .* 1 vol. illustré de 71 gravures d'après Tofani.

— *Le serment de Paul Marcorel.* 1 vol. illustré de 51 gravures d'après Tofani.

Nanteuil (Mme P. de) : *Capitaine.* 1 vol. illustré de 72 gravures d'après Myrbach.

Ouvrage couronné par l'Académie française.

— *Le général Du Maine.* 1 vol. avec 70 gravures d'après Myrbach.

— *L'épave mystérieuse.* 1 volume illustré de 80 gr. d'après Myrbach.

Ouvrage couronné par l'Académie française.

— *En esclavage.* 1 vol. illustré de 80 gravures d'après Myrbach.

— *Une poursuite.* 1 vol. illustré de 57 gravures d'après Alfred Paris.

— *Le secret de la grève.* 1 vol. ill. de 50 gr. d'après A. Paris.

— *Alexandre Vorzof.* 1 vol. illustré de 80 grav. d'après Myrbach.

— *L'héritier des Vaubert.* 1 vol. illustré de 80 gravures d'après A. Paris

— *Alain le Baleinier.* 1 vol. illustré de 80 grav. d'après A. Paris.

Rousselet (L.) : *Le charmeur de serpents.* 1 vol. avec 68 gravures d'après A. Marie.

Rousselet (L.) (suite) : *Le Fils du Connétable.* 1 vol. avec 113 grav. d'après Pranishnikoff.

— *Les deux mousses.* 1 vol. avec 90 gravures d'après Sahib.

— *Le tambour du Royal-Auvergne.* 1 vol. avec 115 gr. d'après Poirson.

— *La peau du tigre.* 1 vol. avec 102 gr. d'après Bellecroix et Tofani.

Saintine : *La nature et ses trois règnes.* 1 vol. avec 171 grav. d'après Foulquier et Faguet.

— *La mythologie du Rhin et les contes de la mère-grand.* 1 vol. avec 160 grav. d'après G. Doré.

Schultz (Mlle Jeanne) : *Tout droit.* 1 vol. ill. de 112 gr. d'après E. Zier.

— *La famille Hamelin.* 1 vol. ill. de 89 gravures d'après E. Zier.

— *Sauvons Madelon !* 1 vol. illustré de 60 gravures d'après Tofani.

Stany (Le Ct) : *Les trésors de la Fable.* 1 vol. illustré de 80 gravures d'après E. Zier.

— *Mabel.* 1 vol. illustré de 60 gravures d'après E. Zier.

Tissot et Améro : *Aventures de trois fugitifs en Sibérie.* 1 vol. avec 72 gr. d'après Pranishnikoff.

Witt (Mme de), née Guizot : *Scènes historiques.* 1 vol. avec 28 gravures d'après A. Marie.

— *Normands et Normandes.* 1 vol. avec 70 gravures d'après E. Zier.

— *Un jardin suspendu.* 1 vol. avec 30 gravures d'après C. Gilbert.

— *Notre-Dame Guesclin.* 1 vol. avec 70 gravures d'après E. Zier.

— *Une sœur.* 1 vol. avec 65 gravures d'après E. Bayard.

— *Légendes et récits pour la jeunesse.* 1 vol. avec 18 gravures d'après Philippoteaux.

— *Un nid.* 1 vol. avec 63 gravures d'après Ferdinandus.

— *Un patriote au XIVe siècle.* 1 vol. illustré de gravures d'après E. Zier.

— *Alsaciens et Alsaciennes.* 1 vol. illustré de 60 grav. d'après A. Moreau et E. Zier.

BIBLIOTHÈQUE DES PETITS ENFANTS
DE 4 A 8 ANS

FORMAT GRAND IN-16

CHAQUE VOLUME, BROCHÉ, 2 FR. 25
CARTONNÉ EN PERCALINE BLEUE, TRANCHES DORÉES, 3 FR. 50

Ces volumes sont imprimés en gros caractères

Chéron de la Bruyère (Mme) : *Contes à Pépée.* 1 vol. avec 24 gravures d'après Grivaz.
— *Plaisirs et aventures.* 1 vol. avec 30 gravures d'après Jeanniot.
— *La perruque du grand-père.* 1 vol. illustré de 30 gr. d'après Tofani.
— *Les enfants de Boisfleuri.* 1 vol. ill. de 30 grav. d'après Semechini.
— *Les vacances à Trouville.* 1 vol. avec 40 gravures d'après Tofani.
— *Le château du Roc-Salé.* 1 vol. illustré de 30 gr. d'après Tofani.
— *Les enfants du capitaine.* 1 vol. ill. de 30 grav. d'après Geoffroy.
— *Autour d'un bateau.* 1 vol. illustré de 36 gravures d'après E. Zier.
Desgranges : *Le chemin du collège.* 1 vol. ill. de 30 grav. d'après Tofani.
— *La famille Le Jarriel.* 1 vol. illustré de 36 gr. d'après Geoffroy.
Duporteau (Mme) : *Petits récits.* 1 vol. avec 28 gr. d'après Tofani.
Erwin (Mme E. d') : *Un été à la campagne.* 1 vol. avec 39 grav.
Favre : *L'épreuve de Georges.* 1 vol. avec 44 gravures d'après Geoffroy.
Franck (Mme E.) : *Causeries d'une grand'mère.* 1 vol. avec 72 grav.
Fresneau (Mme), née de Ségur : *Une année du petit Joseph.* Imité de l'anglais. 1 vol. avec 67 gravures d'après Jeanniot.
Girardin (J.) : *Quand j'étais petit garçon.* 1 vol. avec 52 gravures.
— *Dans notre classe.* 1 vol. avec 26 gravures d'après Jeanniot.
— *Un drôle de petit bonhomme.* 1 vol. illustré de 36 grav. d'après Geoffroy.
Le Roy (Mme F.) : *L'aventure du petit Paul.* 1 vol. illustré de 45 gravures, d'après Ferdinandus.
— *Les étourderies de Mlle Lucie.* 1 vol. ill. de 30 gr. d'après Robaudi.
— *Pipo.* 1 vol. illustré de 36 gravures d'après Mencina Kresz.

Malassez (Mme) : *Sable-Plage.* 1 vol. ill. de 52 grav. d'après Zier.
Molesworth (Mrs) : *Les aventures de M. Baby,* traduit de l'anglais. 1 vol. avec 12 gravures.
Pape-Carpantier (Mme) : *Nouvelles histoires et leçons de choses.* 1 vol. avec 42 gravures d'après Semechini.
Surville (André) : *Les amis de Berthe.* 1 vol. avec 30 gravures d'après Ferdinandus.
— *La petite Givonnette.* 1 vol. illustré de 34 gravures d'après Grigny.
— *Fleur des champs.* 1 vol. illustré de 32 gravures d'après Zier.
— *La vieille maison du grand-père.* 1 vol. avec 34 gravures d'après Zier.
— *La fête de Saint-Maurice.* 1 vol. illustré de 34 grav. d'après Tofani.
Witt (Mme de), née Guizot : *Histoire de deux petits frères.* 1 vol. avec 45 grav. d'après Tofani.
— *Sur la plage.* 1 vol. avec 55 gravures d'après Ferdinandus.
— *Par monts et par vaux.* 1 vol. avec 54 grav. d'après Ferdinandus.
— *En pleins champs.* 1 vol. avec 45 gravures d'après Gilbert.
— *A la montagne.* 1 vol. illustré de 45 gravures d'après Ferdinandus.
— *Deux tout petits.* 1 vol. illustré de 32 gravures d'après Ferdinandus.
— *Au-dessus du lac.* 1 vol. avec 44 gr.
— *Les enfants de la tour du Roc.* 1 vol. ill. de 56 gr. d'après E. Zier.
— *La petite maison dans la forêt.* 1 vol. illustré de 36 grav. d'après Robaudi.
— *Histoires de bêtes.* 1 vol. illustré de 34 gravures d'après Bouisset.
— *Au creux du rocher.* 1 vol. ill. de 48 grav. d'après Robaudi.

BIBLIOTHÈQUE ROSE ILLUSTRÉE

FORMAT IN-16, BROCHÉ, A 2 FR. 25 C. LE VOLUME

La reliure en percaline rouge, tranches dorées, se paye en sus 1 fr. 25

1re SÉRIE. — POUR LES ENFANTS DE 4 A 8 ANS

Anonyme : *Chien et Chat;* 5e édition, traduit de l'anglais par Mme A. Dibarrart. 1 vol. avec 45 gravures d'après E. Bayard.

— *Douze histoires pour les enfants de quatre à huit ans,* par une mère de famille; 3e édit. 1 vol. avec 18 grav. d'après Bertall.

— *Les enfants d'aujourd'hui,* par la même; 3e édit. 1 vol. avec 40 grav. d'après Bertall.

Carraud (Mme) : *Historiettes véritables,* pour les enfants de quatre à huit ans; 6e édition. 1 vol. avec 94 grav. d'après Fath.

Fath (G.) : *La sagesse des enfants,* proverbes; 4e édit. 1 vol. avec 100 grav. d'après l'auteur.

Laroque (Mme) : *Grands et petits;* 1 vol. avec 61 gravures d'après Bertall.

Marcel (Mme J.) : *Histoire d'un cheval de bois;* 4e édit. 1 vol. imprimé en gros caractères, avec 20 gravures d'après E. Bayard.

Pape-Carpantier (Mme) : *Histoires et leçons de choses pour les enfants;* 12e édit. 1 vol. avec 85 gravures d'après Bertall.

Ouvrage couronné par l'Académie française.

Perrault, Mmes d'Aulnoy et Leprince de Beaumont : *Contes de fées.* 1 volume avec 65 gravures d'après Bertall, Forest, etc.

Porchat (L.) : *Contes merveilleux;* 5e édit. 1 vol. avec 21 gravures d'après Bertall.

Schmid (Le chanoine) : 190 *contes pour les enfants,* trad. de l'allemand par A. Van Hasselt; 7e édit. 1 vol. avec 29 grav. d'après Bertall.

Ségur (Mme de) : *Nouveaux contes de fées;* nouvelle édition. 1 vol. avec 46 gravures d'après G. Doré et J. Didier.

2e SÉRIE. — POUR LES ENFANTS DE 8 A 14 ANS

Alcott (Miss) : *Sous les lilas,* traduit de l'anglais par Mme Lepage; 2e édition. 1 volume avec 23 gravures.

Andersen : *Contes choisis;* trad. du danois par Soldi; 9e édition. 1 vol. avec 40 gravures d'après Bertall.

Anonyme : *Les fêtes d'enfants*, scènes et dialogues ; 5ᵉ édition. 1 vol. avec 41 gravures d'après Foulquier.

Assollant (A.) : *Les aventures merveilleuses mais authentiques du capitaine Corcoran* ; 8ᵉ édit. 2 vol. avec 50 grav. d'après A. de Neuville.

Barrau (Th.) : *Amour filial* ; 5ᵉ édition. 1 vol. avec 41 gravures d'après Ferogio.

Bawr (Mme de) : *Nouveaux contes* ; 6ᵉ édition. 1 vol. avec 40 gravures d'après Bertall.
Ouvrage couronné par l'Académie française.

Belèze : *Jeux des adolescents* ; 6ᵉ édition. 1 vol. avec 140 gravures.

Berquin : *Choix de petits drames et de contes* ; 2ᵉ édition. 1 vol. avec 36 gravures d'après Foulquier, etc.

Berthet (E.) : *L'enfant des bois* ; 8ᵉ édition. 1 vol. avec 61 gravures.

— *La petite Chailloux.* 1 vol. avec 44 gravures d'après Bayard et J. Fraipont.

Blanchère (De la) : *Les aventures de La Ramée et de ses trois compagnons* ; 4ᵉ édit. 1 vol. avec 36 gravures d'après E. Forest.

— *Oncle Tobie le pêcheur* ; 3ᵉ édit. 1 vol. avec 80 gravures d'après Foulquier et Mesnel.

Boiteau (P.) : *Légendes* recueillies ou composées pour les enfants ; 3ᵉ édition. 1 vol. avec 42 gravures d'après Bertall.

Carpentier (Mlle) : *La maison du bon Dieu* ; 2ᵉ édit. 1 vol. avec 58 gravures d'après Riou.

— *Sauvons-le !* 2ᵉ édition. 1 vol. avec 40 gravures d'après Riou.

— *Le secret du docteur*, ou la Maison fermée ; 2ᵉ édition. 1 vol. avec 43 gravures d'après Girardet.

— *La tour du Preux.* 1 vol. avec 60 gravures d'après Tofani.

— *Pierre le Tors.* 1 vol. avec 56 gravures d'après E. Zier

— *La dame bleue.* 1 vol. avec 49 gravures d'après E. Zier.

Carraud (Mme) : *La petite Jeanne* ; 10ᵉ édit. 1 vol. avec 21 gravures d'après Forest.
Ouvrage couronné par l'Académie française.

— *Les métamorphoses d'une goutte d'eau.* 5ᵉ édition. 1 vol. avec 50 gravures d'après E. Bayard.

Castillon (A.) : *Récréations physiques* ; 8ᵉ édition. 1 vol. avec 36 grav. d'après Castelli.

— *Récréations chimiques* ; 5ᵉ édit. 1 vol. avec 34 grav. d'après H. Castelli.

Cazin (Mme) : *Les petits montagnards* ; 2ᵉ édition. 1 vol. avec 51 grav. d'après G. Vuillier.

— *Un drame dans la montagne* ; 2ᵉ édit. 1 vol. avec 33 gravures d'après G. Vuillier.

— *Histoire d'un pauvre petit.* 1 vol. avec 60 gravures d'après Tofani.

— *L'enfant des Alpes* ; 2ᵉ édition. 1 vol. avec 33 gravures d'après Tofani.
Ouvrage couronné par l'Académie française.

— *Perlette.* 1 vol. avec 54 gravures d'après Myrbach.

— *Les saltimbanques*, scènes de la montagne. 1 vol. avec 65 gravures d'après Girardet.

— *Le petit chevrier.* 1 vol. avec 39 gravures d'après Vuillier.

— *Jean le Savoyard.* 1 vol. avec 51 grav. d'après Slom.

— *Les orphelins bernois.* 1 vol. avec 58 gravures d'après E. Girardet.

Chabreul (Mme de) : *Jeux et exercices des jeunes filles* ; 6ᵉ édition. 1 vol. avec la musique des rondes et 55 gravures d'après Fath.

Chéron de la Bruyère (Mme) : *Giboulée.* 1 vol. illustré de 24 gravures d'après Zier.

— *La tour grise.* 1 vol. ill. de 25 grav. d'après Zier.

Clm (Albert) : *Mes amis et moi.* 1 vol. avec 16 grav. d'après Ferdinandus et Slom.

— *Entre camarades.* 1 vol. illustré de 20 gravures d'après Ferdinandus.

Colet (Mme L.) : *Enfances célèbres* ; 12ᵉ édit. 1 vol. avec 57 gravures d'après Foulquier.

Colomb (Mme J.) : *Souffre-Douleur.* 1 vol. avec 49 gravures d'après Mlle Lancelot.

Contes anglais, traduits par Mme de Witt. 1 vol. avec 43 gravures d'après E. Morin.

Deschamps (F.) : *Mon amie Georgette.* 1 vol. illustré de 43 gravures d'après Robaudi.
— *Mon ami Jean.* 1 vol. illustré de 40 gravures d'après Robaudi.
— *L'intrépide Marcel.* 1 vol. illustré de 40 gravures d'après Robaudi.

Deslys (Ch.) : *Grand'maman.* 1 vol. avec 29 gravures d'après Ed. Zier.

Edgeworth (Miss) : *Contes de l'adolescence.* 1 vol. avec 42 gravures d'après Morin.
— *Contes de l'enfance.* 1 vol. avec 27 gravures d'après Foulquier.
— *Demain*, suivi de *Mourad le malheureux.* 1 vol. avec 55 gravures d'après Bertall.

Fath (G.) : *Bernard, la gloire de son village.* 1 vol. avec 56 gravures d'après l'auteur.
Ouvrage couronné par l'Académie française.

Fleuriot (Mlle Z.) : *Le petit chef de famille;* 9ᵉ édit. 1 vol. avec 57 grav. d'après Castelli.
— *Plus tard*, ou le Jeune Chef de famille; 6ᵉ édit. 1 vol. avec 60 grav. d'après E. Bayard.
— *Un enfant gâté;* 5ᵉ édition. 1 vol. avec 48 gravures d'après Ferdinandus.
— *Tranquille et Tourbillon;* 3ᵉ édition. 1 vol. avec 45 gravures d'après C. Delort.
— *Cadette;* 3ᵉ édit. 1 vol. avec 25 grav. d'après Tofani.
— *En congé;* 6ᵉ édit. 1 vol. avec 61 gravures d'après A. Marie.
— *Bigarrette;* 6ᵉ édit. 1 vol. avec 55 gravures d'après A. Marie.
— *Bouche-en-Cœur;* 3ᵉ édition. 1 vol. avec 45 gravures d'après Tofani.
— *Gildas l'Intraitable;* 2ᵉ édit. 1 vol. avec 56 gravures d'après E. Zier.
— *Parisiens et montagnards.* 1 vol. avec 49 gravures d'après E. Zier.

Foe (De) : *La vie et les aventures de Robinson Crusoé*, édit. abrégée. 1 vol. avec 40 grav.

Fonvielle (W. de) : *Néridah.* 2 vol. avec 40 gravures d'après Sahib.

Fresneau (Mme), née Ségur : *Comme les grands!* 1 vol. avec 46 grav. d'après Ed. Zier.
— *Thérèse à Saint-Domingue*, 1 vol. avec 49 gravures d'après Tofani.
— *Les protégés d'Isabelle.* 1 vol. avec 50 grav.
— *Deux abandonnées.* 1 vol. illustré de 42 gravures d'après M. Orange.

Froment : *Petit-Prince.* 1 vol. illustré de 5 gravures d'après Vogel.

Genlis (Mme de) : *Contes moraux.* 1 vol. avec 40 gravures d'après Foulquier, etc.

Gérard (A.) : *Petite Rose.* — *Grande Jeanne.* 1 vol. avec 28 gravures d'après C. Gilbert.

Girardin (J.) : *La disparition du grand Krause;* 2ᵉ édition. 1 vol. avec 70 gravures d'après Kauffmann.

Giron (Aimé) : *Ces pauvres petits!* 2ᵉ édition. 1 vol. avec 22 grav. d'après B. de Monvel, etc.
— *Contes à nos petits rois.* 1 vol. avec 23 grav. d'après Blanchard, Vogel et Zier.

Gouraud (Mlle J.) : *Les enfants de la ferme;* 5ᵉ édit. 1 vol. avec 59 grav. d'après E. Bayard.
— *Le livre de maman;* 4ᵉ édition. 1 vol. avec 68 gravures d'après E. Bayard.
— *Cécile*, ou la Petite Sœur; 7ᵉ édition. 1 vol. avec 26 gravures d'après Desandré.
— *Lettres de deux poupées;* 6ᵉ édition. 1 vol. avec 59 grav. d'après Olivier.
— *Le petit colporteur;* 6ᵉ édition. 1 vol. avec 27 gravures d'après A. de Neuville.
— *Les mémoires d'un petit garçon;* 9ᵉ édit. 1 vol. avec 86 gravures d'après E. Bayard.
— *Les mémoires d'un caniche;* 9ᵉ édition. 1 vol. avec 75 gravures d'après E. Bayard.
— *L'enfant du guide;* 6ᵉ édition. 1 vol. avec 60 gravures d'après E. Bayard.
— *Petite et grande;* 4ᵉ édition. 1 vol. avec 48 gravures d'après E. Bayard.

Gouraud (Mlle J.) (suite) : *Les deux enfants de Saint-Domingue;* 4° édition. 1 vol. avec 54 gravures d'après E. Bayard.

— *La petite maîtresse de maison;* 5° édit. 1 vol. avec 37 gravures d'après A. Marie.

— *Les filles du professeur;* 3° édit. 1 vol. avec 36 gravures d'après Kauffmann.

— *La famille Harel;* 2° édit. 1 vol. avec 48 gravures d'après Valnay et Ferdinandus.

— *Aller et retour;* 2° édition. 1 vol. avec 40 gravures d'après Ferdinandus.

— *Les petits voisins;* 2° édition. 1 vol. avec 39 gravures d'après C. Gilbert.

— *Le petit bonhomme.* 1 vol. avec 45 gravures d'après Ferdinandus.

— *Pierrot.* 1 vol. avec 31 grav. d'après Zier.

— *Minette.* 1 vol. avec 52 grav. d'après Tofani.

Grimm (Les frères) : *Contes choisis,* trad. de l'allemand. 1 vol. avec 40 grav. d'après Bertall.

Hauff : *La caravane,* trad. de l'allemand, 5° édition. 1 vol. avec 40 grav. d'après Bertall.

— *L'auberge du Spessart,* 5° édition. 1 vol. avec 61 grav. d'après Bertall.

Hawthorne : *Le livre des merveilles,* trad. de l'anglais; 3° édit. 2 vol. avec 40 grav. d'après Bertall.

Johnson : *Dans l'extrême Far West,* traduit de l'anglais par A. Talandier; 2° édition. 1 vol. avec 20 gravures d'après A. Marie.

Marcel (Mme J.) : *L'école buissonnière;* 4° édit. 1 vol. avec 20 gravures d'après A. Marie.

— *Les petits vagabonds;* 4° édition. 1 vol. avec 25 gravures d'après E. Bayard.

— *Histoire d'une grand'mère et de son petit-fils.* 1 vol. avec 36 gravures d'après Delort.

Marcel (Mme J.) (suite) : *Daniel;* 2° édition. 1 vol. avec 45 gravures d'après Gilbert.

— *Un bon gros pataud.* 1 vol. avec 46 gravures d'après Jeanniot.

— *Un bon oncle.* 1 vol. avec 56 grav. d'après F. Régamey.

Maréchal (Mlle) : *La dette de Ben-Aïssa;* 4° édit. 1 vol. avec 20 grav. d'après Bertall.

— *Nos petits camarades;* 2° édition. 1 vol. avec 18 gravures d'après E. Bayard et H. Castelli.

— *La maison modèle;* 3° édition. 1 vol. avec 42 gravures d'après Sahib.

Martignat (Mlle de) : *Les vacances d'Elisabeth;* 3° édit. 1 vol. avec 46 grav. d'après Kauffmann.

— *L'oncle Boni;* 2° édition. 1 vol. avec 42 gravures d'après Gilbert.

— *Ginette;* 2° édit. 1 vol. avec 50 gravures d'après Tofani.

— *Le manoir d'Yolan;* 2° édition. 1 vol. avec 56 gravures d'après Tofani.

— *Le pupille du général.* 1 vol. avec 40 gravures d'après Tofani.

— *L'héritière de Maurivèze.* 1 vol. avec 41 gravures d'après Poirson.

— *Une vaillante enfant;* 2° édit. 1 vol. avec 43 gravures d'après Tofani.

— *Une petite nièce d'Amérique.* 1 vol. avec 43 gravures d'après Tofani.

— *La petite fille du vieux Thémi.* 1 vol. avec 44 gravures d'après Tofani.

Mayne-Reid (Le capitaine) : *Œuvres* traduites de l'anglais :

— *Les chasseurs de girafes.* 1 vol. avec 10 gravures d'après A. de Neuville.

— *A fond de cale,* voyage d'un jeune marin à travers les ténèbres. 1 vol. avec 12 grandes gravures.

— *A la mer!* 1 vol. avec 12 grandes gravures.

— *Bruin,* ou les Chasseurs d'ours. 1 vol. avec 8 grandes gravures.

— *Le chasseur de plantes.* 1 vol. avec 12 grandes gravures.

— *Les exilés dans la forêt.* 1 vol. avec 12 grandes gravures.

— *L'habitation du désert,* ou Aventures d'une famille perdue dans les solitudes de l'Amérique. 1 vol. avec 23 grandes gravures d'après G. Doré.

Mayne-Reid (Le capitaine) (suite) : *Les grimpeurs de rochers*, suite du *Chasseur de plantes*. 1 vol. avec 20 grandes gravures.

— *Les peuples étranges*. 1 vol. avec 8 gravures.

— *Les vacances des jeunes Boers*. 1 vol. avec 12 grandes gravures.

— *Les veillées de chasse*. 1 vol. avec 45 gravures d'après Freeman.

— *La chasse au Léviathan*. 1 vol. avec 51 gravures d'après Ferdinandus et Weber.

Meyners d'Estrey : *Les aventures de Gérard Hendriks à la recherche de son frère*. 1 vol. illustré de 15 gravures d'après Mme P. Crampel.

— *Au pays des diamants*. 1 vol. illustré de gravures d'après Riou.

Moussac (Mme la marquise de) : *Popo et Lili, histoire de deux jumeaux*. 1 vol. avec 58 grav. d'après Zier.

Muller (E.) : *Robinsonnette*; 4e édition. 1 vol. avec 22 gravures d'après Lix.

Peyronny (Mme de) : *Deux cœurs dévoués*; 4e édit. 1 vol. avec 53 grav. d'après Devaux.

Pitray (Mme de) : *Les enfants des Tuileries*; 4e édit. 1 vol. avec 29 grav. d'après E. Bayard.

— *Les débuts du gros Philéas*; 4e édition. 1 vol. avec 57 gravures d'après H. Castelli.

— *Le château de la Pétaudière*; 3e édition. 1 vol. avec 78 gravures d'après A. Marie.

— *Le fils du maquignon*; 2e édition. 1 vol. avec 65 gravures d'après Riou.

— *Petit Monstre et Poule Mouillée*; 6e mille. 1 vol. avec 36 gravures d'après E. Girardet.

— *Robin des Bois*. 1 vol. avec 40 gravures d'après Sirouy.

— *L'usine et le château*. 1 vol. avec 44 grav. d'après Robaudi.

— *L'arche de Noé*. 1 vol. illustré d'après Robaudi.

Rendu (V.) : *Mœurs pittoresques des insectes*. 1 vol. avec 49 gravures.

Sandras (Mme) : *Mémoires d'un lapin blanc*; 5e édit. 1 vol. avec 20 grav. d'après E. Bayard.

Sannois (Mme de) : *Les soirées à la maison*; 3e édit. 1 vol. avec 42 grav. d'après E. Bayard.

Ségur (Mme de) : *Après la pluie le beau temps*; nouvelle édition. 1 vol. avec 128 gravures d'après E. Bayard.

— *Comédies et proverbes*; nouvelle édition. 1 vol. avec 60 gravures d'après E. Bayard.

— *Diloy le Chemineau*; nouvelle édition. 1 vol. avec 90 gravures d'après H. Castelli.

— *François le Bossu*; nouvelle édition. 1 vol. avec 114 gravures d'après E. Bayard.

— *Jean qui grogne et Jean qui rit*, nouvelle édition. 1 vol. avec 70 grav. d'après H. Castelli.

— *La fortune de Gaspard*; nouvelle édit. 1 vol. avec 32 gravures d'après Gerlier.

— *La sœur de Gribouille*; nouvelle édition. 1 vol. avec 72 gravures d'après Castelli.

— *Pauvre Blaise*; nouvelle édition. 1 vol. avec 96 gravures d'après H. Castelli.

— *Quel amour d'enfant!* nouvelle édition. 1 vol. avec 79 gravures d'après E. Bayard.

— *Un bon petit diable*; nouvelle édition. 1 vol. avec 100 gravures d'après Castelli.

— *Le mauvais génie*; nouvelle édition. 1 vol. avec 90 gravures d'après E. Bayard.

— *L'auberge de l'Ange-Gardien*; nouvelle édition. 1 vol. avec 75 grav. d'après Foulquier.

— *Le général Dourakine*; nouvelle édition. 1 vol. avec 100 gravures d'après E. Bayard.

— *Les bons enfants*; nouvelle édition. 1 vol. avec 70 grav. d'après Ferogio.

— *Les deux nigauds*; nouvelle édition. 1 vol. avec 76 grav. d'après Castelli.

— *Les malheurs de Sophie*; nouvelle édition. 1 vol. avec 48 gravures d'après Castelli.

— *Les petites filles modèles*; nouvelle édition. 1 vol. avec 21 grandes gravures d'après Bertall.

— *Les vacances*; nouvelle édition. 1 vol. avec 36 gravures d'après Bertall.

Ségur (Mme de) (suite) : *Mémoires d'un âne;* nouvelle édition. 1 vol. avec 75 gravures d'après Castelli.

Stolz (Mme de) : *La maison roulante;* 7ᵉ édit. 1 vol. avec 20 gravures d'après E. Bayard.

— *Le trésor de Nanette;* 6ᵉ édition. 1 vol. avec 25 gravures d'après E. Bayard.

— *Blanche et Noire;* 4ᵉ édition. 1 vol. avec 54 gravures d'après E. Bayard.

— *Par-dessus la haie;* 4ᵉ édition. 1 vol. avec 56 gravures d'après A. Marie.

— *Les poches de mon oncle;* 5ᵉ édition. 1 vol. avec 20 gravures d'après Bertall.

— *Les vacances d'un grand-père;* 4ᵉ édition. 1 vol. avec 40 gravures d'après G. Delafosse.

— *Le vieux de la forêt;* 3ᵉ édition. 1 vol. avec 40 gravures d'après Sahib.

— *Les deux reines;* 2ᵉ édit. 1 vol. avec 32 gravures d'après Delort.

— *Les mésaventures de Mlle Thérèse;* 3ᵉ édition. 1 vol. avec 29 gravures d'après Charles.

— *Les frères de lait;* 2ᵉ édition. 1 vol. avec 42 gravures d'après E. Zier.

— *Magali;* 2ᵉ éd. 1 vol. avec 36 grav. d'après Tofani.

Stolz (Mme de) (suite) : *Deux tantes.* 1 vol. avec 43 grav. d'après Ed. Zier.

— *Violence et bonté.* 1 vol. avec 36 gravures d'après Tofani.

— *L'embarras du choix.* 1 vol. avec 40 gravures d'après Tofani.

— *Petit Jacques.* 1 vol. avec 48 gravures d'après Tofani.

— *La famille Coquelicot.* 1 vol. illustré de 30 gravures d'après Jeanniot.

Swift : *Voyages de Gulliver,* traduits de l'anglais et abrégés à l'usage des enfants. 1 vol. avec 57 gravures d'après G. Delafosse.

Tournier : *Les premiers chants,* poésies à l'usage de la jeunesse; 2ᵉ édition. 1 vol. avec 20 gravures d'après Gustave Roux.

Verley : *Miss Fantaisie.* 1 vol. avec 36 grav. d'après Zier.

Vimont (Ch.) : *Histoire d'un navire;* 8ᵉ édit. 1 vol. avec 40 grav. d'après Alex. Vimont.

Witt (Mme de), née Guizot : *Enfants et parents;* 4ᵉ édition. 1 vol. avec 34 gravures d'après A. de Neuville.

— *La petite fille aux grand'mères;* 4ᵉ édit. 1 vol. avec 36 gravures d'après Beau.

— *En quarantaine,* jeux et récits; 2ᵉ édit. 1 vol. avec 48 gravures d'après Ferdinandus.

3ᵉ SÉRIE. — POUR LES ADOLESCENTS

VOYAGES

Agassiz (M. et Mme) : *Voyage au Brésil,* traduit et abrégé par J. Belin-de Launay; 3ᵉ édition. 1 vol. avec 15 gravures et 1 carte.

Aunet (Mme d') : *Voyage d'une femme au Spitzberg;* 6ᵉ édit. 1 vol. avec 34 gravures.

Baines : *Voyages dans le sud-ouest de l'Afrique,* traduits et abrégés par J. Belin-de Launay; 2ᵉ édit. 1 vol. avec 22 grav. et 1 carte.

Baker : *Le lac Albert.* Nouveau voyage aux sources du Nil, abrégé par J. Belin-de Launay; 2ᵉ édit. 1 vol. avec 16 grav. et 1 carte.

Baldwin : *Du Natal au Zambèze,* 1851-1866. Récits de chasses, abrégés par J. Belin-de Launay; 3ᵉ édit. 1 vol. avec 24 grav. et 1 carte.

Catlin : *La vie chez les Indiens,* traduite de l'anglais; 6ᵉ édition. 1 vol. avec 25 gravures.

Fonvielle (W. de) : *Le glaçon du Polaris,* aventures du capitaine Tyson; 3ᵉ édit. 1 vol. avec 19 gravures et 1 carte.

Hayes (Dr) : *La mer libre du pôle*, traduite par F. de Lanoye et abrégée par J. Belin-de Launay; 2e édition. 1 vol. avec 14 gravures et 1 carte.

Hervé et de Lanoye : *Voyage dans les glaces du pôle arctique;* 6e édition. 1 vol. avec 40 gravures.

Lanoye (F. de) : *Le Nil, son bassin et ses sources;* 4e édit. 1 vol. avec 32 gravures et cartes.

— *La Sibérie;* 2e édition. 1 vol. avec 48 gravures d'après Lebreton, etc.

— *Les grandes scènes de la nature;* 5e édit. 1 vol. avec 40 gravures.

— *La mer polaire*, voyage de l'*Erèbe* et de la *Terreur;* 4e édit. 1 vol. avec 29 gravures et des cartes.

Livingstone : *Explorations dans l'Afrique australe*, abrégées par J. Belin-de Launay; 5e édit. 1 vol. avec 20 gravures et 1 carte.

— *Dernier journal*, abrégé par J. Belin-de Launay; 2e édition. 1 vol. avec 16 gravures et 1 carte.

Mage (L.) : *Voyage dans le Soudan occidental*, abrégé par J. Belin-de Launay; 2e édit. 1 vol. avec 16 gravures et 1 carte.

Milton et Cheadle : *Voyage de l'Atlantique au Pacifique*, trad. et abrégé par J. Belin-de Launay; 2e édit. 1 vol. avec 16 grav. et 2 cartes.

Mouhot (Ch.) : *Voyage dans les royaumes de Siam, de Cambodge et de Laos;* 4e édition. 1 vol. avec 28 gravures et 1 carte.

Palgrave (W. G.) : *Une année dans l'Arabie centrale*, trad. abrégée par J. Belin-de Launay; 2e édition. 1 vol. avec 12 grav. et 1 carte.

Pfeiffer (Mme) : *Voyages autour du monde*, abrégés par J. Belin-de Launay; 5e édition. 1 vol. avec 16 gravures et 1 carte.

Piotrowski : *Souvenirs d'un Sibérien;* 3e édit. 1 vol. avec 10 gravures.

Schweinfurth H. (Dr) : *Au cœur de l'Afrique* (1868-1871), traduit par Mme H. Loreau, et abrégé par J. Belin-de Launay; 2e édition. 1 vol. avec 16 gravures et 1 carte.

Speke : *Les sources du Nil*, édition abrégée par J. Belin-de Launay; 3e édition. 1 vol. avec 24 gravures et 3 cartes.

Stanley : *Comment j'ai retrouvé Livingstone*, trad. par Mme H. Loreau et abrégé par J. Belin-de Launay; 4e édit. 1 vol. avec 16 gravures et 1 carte.

Vambéry : *Voyages d'un faux derviche dans l'Asie centrale*, traduits par E. Forgues, et abrégés par J. Belin-de Launay; 4e édit. 1 vol. avec 18 gravures et 1 carte.

HISTOIRE

Loyal Serviteur (Le) : *Histoire du gentil seigneur de Bayard*, revue et abrégée, à l'usage de la jeunesse, par Alph. Feillet; 4e éd. 1 vol. avec 36 gravures d'après P. Sellier.

Monnier (M.) : *Pompéi et les Pompéiens;* 3e édition, à l'usage de la jeunesse. 1 vol. avec 23 gravures d'après Thérond.

Plutarque : *Vies des Grecs illustres*, édition abrégée par Alph. Feillet, 5e édit. 1 vol. avec 53 gravures d'après P. Sellier.

— *Vies des Romains illustres*, édit. abrégée par Alph. Feillet. 5e édit. 1 vol. avec 69 grav.

Retz (De) : *Mémoires*, abrégés par Alph. Feillet. 1 vol. avec 35 gravures d'après Gilbert.

LITTÉRATURE

Bernardin de Saint-Pierre : *Œuvres choisies*. 1 vol. avec 12 gravures d'après E. Bayard.

Cervantes : *Don Quichotte de la Manche*. 1 vol. avec 64 grav. d'après Bertall et Forest.

Homère : *L'Iliade et l'Odyssée*, traduites par P. Giguet, abrégées par Alph. Feillet. 1 vol. avec 33 gravures d'après Olivier.

Le Sage : *Aventures de Gil Blas*, édition destinée à l'adolescence. 1 vol. avec 50 gravures d'après Leroux.

Mac-Intosh (Miss) : *Contes américains*, traduits par Mme Dionis ; 2e édition. 2 vol. avec 120 gravures d'après E. Bayard.

Maistre (X. de) : *Œuvres choisies*. 1 vol. avec 15 gravures d'après E. Bayard.

Molière : *Œuvres choisies*, abrégées à l'usage de la jeunesse. 2 vol. avec 22 gravures d'après Hillemacher.

Virgile : *Œuvres choisies*, traduites et abrégées à l'usage de la jeunesse, par Th. Barrau et Alph. Feillet. 1 vol. avec 20 gravures d'après les grands peintres, par P. Sellier.

ALBUMS POUR LES PETITS ENFANTS

FORMAT IN-4

A 4 fr. le volume cartonné avec couverture en couleurs

Bilhaud (P.) : *Les vacances de Bob et Lisette*. Album illustré de 56 gravures en couleurs d'après Job.
— *Fanfan la Tulipe*. Album illustré de 32 gravures en couleurs d'après Job.

Cim (Albert) : *Spectacles enfantins*. Album illustré de 58 gravures en couleurs et en noir d'après Gerbault et Job.

France (A.) : *Nos enfants*, avec 36 gravures en noir et en couleurs d'après Boutet de Monvel.
— *Filles et garçons*, avec 38 gravures en noir et en couleurs d'après Boutet de Monvel.

Giron (Aimé) : *Trois héros*. Album illustré de 34 gravures en couleurs et en noir d'après Job.

Houdetot (Mme la comtesse de) : *Mémoires d'un parapluie*. Album illustré de 48 gravures en couleurs et en noir d'après Gerbault.

Nanteuil (Mme de) : *Un fils de capitaine*. Album illustré de 24 gravures d'après H. Vogel.

Quatrelles : *Histoire de l'intrépide capitaine Castagnette*, avec les illustrations de Gustave Doré.
— *Croquemitaine*, avec les illustrations de Gustave Doré.

Samary (Mme J.) : *Les gourmandises de Charlotte*, avec les illustrations de Job.

Trim : *Le bon Toto et le méchant Tom*, avec 70 gravures en couleurs et en noir d'Eug. Le Mouel et Semechini.

MON PREMIER ALPHABET

Album in-4, contenant 250 gravures en noir et 4 gravures en couleurs, cartonné. 2 fr.

MON HISTOIRE DE FRANCE

Album in-4, contenant plus de 100 gravures en noir et 10 gravures en couleurs, cartonné. . . . . 2 fr.

MON HISTOIRE SAINTE

Album in-4, contenant 100 gravures en noir et 8 planches en couleurs, cartonné. . . . . 2 fr.

PETITE BIBLIOTHÈQUE DE LA FAMILLE

Format petit in-16

A 2 FRANCS LE VOLUME BROCHÉ

LA RELIURE EN PERCALINE GRIS PERLE, TRANCHES ROUGES,
SE PAIE EN SUS 50 C.

Champol (F.) : *En deux mots.* 1 vol.

Dombre (R.) : *La garçonnière.* 1 vol.

Fleuriot (Mlle Z.) : *Tombée du nid.* 4e éd. 1 vol.

— *Raoul Daubry, chef de famille.* 3e éd. 1 vol.

— *L'héritier de Kerguignon.* 3e édit. 1 vol.

— *Réséda.* 11e édit. 1 vol.

— *Ces bons Rosaëc.* 3e édit. 1 vol.

— *La vie en famille.* 9e édit. 1 vol.

— *Le cœur et la tête.* 2e édit. 1 vol.

— *Au Galadoc.* 1 vol.

— *De trop.* 2e édit. 1 vol.

— *Le théâtre chez soi, comédies et proverbes.* 2e édit. 1 vol.

— *Sans Beauté,* 18e édit. 1 vol.

— *Loyauté.* 2e édit. 1 vol.

— *La clef d'or.* 8e édit. 1 vol.

— *Bengale.* 1 vol.

— *La glorieuse.* 1 vol.

— *Un fruit sec.* 1 vol.

— *Les Prévalonnais.* 1 vol.

Fleuriot Kérinou : *De fil en aiguille.* 1 vol.

Girardin (J.) : *Les théories du docteur Wurtz.* 1 vol.

Girardin (J.) (suite) : *Miss Sans-Cœur.* 4e édit. 1 vol.

— *Les Braves gens.* 1 vol.

— *Mauviette.* 1 vol.

Giron (Aimé) : *Braconnette.* 1 vol.

Leo-Dex : *Vers le Tchad.* 1 vol.

Marcel (Mme J.) : *Le Clos-Chantereine.* 1 vol.

Nanteuil (Mme P. de) : *Les élans d'Élodie.* 1 vol.

Verley : *Une perfection.* 1 vol.
Ouvrage couronné par l'Académie française.

— *Dernier rayon.* 1 vol.

Wiele (Mme Van de) : *Filleul du roi.* 1 vol.

Witt (Mme de), née Guizot : *Tout simplement.* 2e édit. 1 vol.

— *Un héritage.* 1 vol.

— *Ceux qui nous aiment et ceux que nous aimons.* 1 vol.

— *Sous tous les cieux.* 1 vol.

— *A travers pays.*

— *Vieux contes de la veillée.* 1 vol.

— *Regain de vie.* 1 vol.

— *Contes et légendes de l'Est.* 1 vol.

— *Les chiens de l'amiral.* 1 vol.

— *Sur quatre roues.* 1 vol.

— *Mont et manoir en Normandie.* 1 vol.

D'AUTRES VOLUMES SONT EN PRÉPARATION

COULOMMIERS. — IMP. PAUL BRODARD. — 353-5-96. 100.000.